THiNKr
新思

新 一 代 人 的 思 想

从中世纪到
启蒙运动

An
Intellectual
History of
Modern Europe

西方现代思想史

Roland
Stromberg

[美] 罗兰·斯特龙伯格 …………著

刘北成　赵国新…………译

中信出版集团 | 北京

图书在版编目（CIP）数据

西方现代思想史：从中世纪到启蒙运动 /（美）罗兰·斯特龙伯格著；刘北成，赵国新译 . -- 北京：中信出版社，2023.6
书名原文：An Intellectual History of Modern Europe
ISBN 978-7-5217-5525-1

I. ①西… II. ①罗… ②刘… ③赵… III. ①思想史－西方国家－现代 IV. ① B5

中国国家版本馆 CIP 数据核字（2023）第 075095 号

西方现代思想史：从中世纪到启蒙运动
著者： ［美］罗兰·斯特龙伯格
译者： 刘北成 赵国新
出版发行：中信出版集团股份有限公司
（北京市朝阳区东三环北路 27 号嘉铭中心 邮编 100020）
承印者： 保定市中画美凯印刷有限公司

开本：880mm×1230mm 1/32 印张：9
插页：8 字数：200 千字
版次：2023 年 6 月第 1 版 印次：2023 年 6 月第 1 次印刷
京权图字：01-2023-2814 书号：ISBN 978-7-5217-5525-1
定价：78.00 元

版权所有·侵权必究
如有印刷、装订问题，本公司负责调换。
服务热线：400-600-8099
投稿邮箱：author@citicpub.com

目　录

中文版序　　*01*

导论　*03*

第 1 章　伟大的传统及其衰落　　*11*

理性主义和人文主义的遗产　　*11*

中世纪思想及其崩溃　　*20*

从中世纪到现代　　*21*

文艺复兴　　*25*

宗教改革　　*30*

现代政治思想的开端　　*34*

巴洛克时代　　*36*

第 2 章　17 世纪的科学与思想革命　　*45*

中世纪的科学　　*45*

哥白尼革命　　*48*

开普勒和伽利略　　*52*

科学革命的继续　　*58*

新的世界观　　*62*

弗兰西斯·培根　　**66**

勒内·笛卡儿　　*70*

17 世纪的其他哲学家　　*77*

牛顿革命　　*84*

第 3 章　17 世纪的政治思想革命　　*95*

中世纪遗产　　*97*

宗教宽容　　*103*

绝对主义和主权国家　　*110*

清教徒革命　　*115*

哈林顿和霍布斯　　*120*

光荣革命与洛克　　*127*

第 4 章　17 世纪末：转向启蒙　　*137*

路易十四时代　　*137*

正统论与批判　　*144*

复辟时期的英国　　*152*

洛克的《人类理解论》　　*159*

莱布尼茨　　*168*

第 5 章　启蒙运动：自然神论者和"哲学家"　　*175*

自然神论　*175*

伏尔泰和孟德斯鸠　*188*

狄德罗和百科全书　*197*

晚年伏尔泰　*202*

卢梭　*207*

社会契约　*217*

第 6 章　启蒙运动：怀疑主义者和"科学家"　　*225*

英国的怀疑主义　*225*

大卫·休谟　*229*

社会科学在启蒙运动中诞生　*237*

经济学　*239*

历史编纂　*248*

其他社会科学　*251*

启蒙运动的扩散　*254*

启蒙运动的局限　*268*

启蒙运动的结束　*276*

中文版序

得知我的欧洲思想史著作将要译成中文出版，我非常高兴。

我听说，中国古代皇帝总有两个历史学家跟随左右。左边的历史学家负责确保一切事情和行为有序得当，右边的历史学家负责记录人们的思想。（在同一时代的欧洲，奥古斯丁提出两种城市之别：上帝之城和人间之城。在人类历史上，这二者既分立又纠缠在一起。这种思想可以追溯到柏拉图。）这样，我们必须设法在两者中间生活，尽管这并不容易。两者迥然不同，有各自的内在结构，各自的历史和传统……它们在历史上不断地相互作用，在人类事务中互相影响，互相碰撞，互相纠缠，令人迷惑。这就是"思想史"关注的对象。

如何在思想与行动、文学与实践两种领域之间建立"统一的联系"——现代西方文化的很大一部分是出自在这方面的努力和尝试——是小说家福斯特所著《霍华德庄园》的主题，也是两三个世纪以来许多作家和思想家作品的主题。卡尔·马克思试图用"实践"进行综合，就是一个典型的例子。詹姆斯·乔伊斯的《芬尼根守灵夜》中的夜晚世界和白昼世界领域确实有所不同：一个是行动和事件的世界，是战争与政治、商业与工业的世界，另一个是精神、书本、观念和艺术的世界。伟大的德国社会学家马克斯·韦伯在比较中国和西方的思想传统时说过："这里有两个世界，我们注定要同时生活在二者之中。"西格蒙德·弗洛伊德的"现实原则与快乐原则"也都是这方面的例子。（我们这些轻信的人会在暗地里猜想，我们的世界要比政客和工业界领袖们的世界更好。蒙田曾经指出："人是邪恶的，但他们写的书是好的。"）

福斯特的另一部小说试图探讨亚洲世界和欧洲世界的二元论。这种联系是我们面临的又一个挑战，在当今全球化的时代尤其如此。今天我们也必须生活在这两个世界里。因此，我很高兴地想到，我的著作传入中国以后，可能多少有助于这个进程。刘北成教授承担起把我的作品译成中文的工作，这项工作是相当困难的，对此我表示衷心的谢意。

罗兰·N.斯特龙伯格

美国威斯康星-密尔沃基大学，名誉退休教授

2002 年 11 月

导论

    "了解前人是如何想的，比了解他们是如何做的更有益。"伏尔泰如是说。这样说，不仅是因为这种故事比起伤感地转述"行动"历史上那些战争、饥馑和革命（犹如在圣奥古斯丁著名的二分法中上帝之城相对于人间之城）更令人愉快，还因为这种历史似乎代表了更高的人类成就。人类的思想也包含着令人痛心的错误。但是，柏拉图、米开朗琪罗、伽利略和弗洛伊德足以胜过在多数通史中显赫一时的恺撒、拿破仑和俾斯麦。既然我们不可能无所不学，那么与其把有限的精力用于了解军事家和政治家，还不如钻研艺术、文学、哲学和科学领域的伟大作品。

    进而言之，实际上，在事件的背后是思想，至少可以说，思想是事件的重要组成因素。J. N. 菲吉斯[1]宣称："现实世界是人们思想的产物。"H. G. 威尔斯[2]认为："全部人类历史从根本上说是思想的历史。"诚然，另外一些人，如卡尔·马克思宣称，人类行动的"现

---

1 菲吉斯（J. N. Figgis），20世纪初美国思想史研究者。——译者注（以下所有注释，没有标记"原注"的均为译者注。——编者注）

2 威尔斯（H. G. Wells，1886—1946），英国作家，著有《世界史纲》等。

实世界"是第一位的，思想仅仅是副产品。"直接支配人们行动的不是思想，而是物质利益和理想利益，"伟大的社会学家马克斯·韦伯写道，但他马上补充说，"由思想创造的世界观念经常像扳道工一样，决定着利益动力所驱动的行动轨道。"这似乎属于先有鸡还是先有蛋那种没有结果的争论。我们只能确定，在这两个领域，即"两种现实力量"之间存在着紧密联系和无休止的互动。我们会考虑，在所谓的工业革命中亚当·斯密及其弟子的经济思想是否没有英伦三岛上的煤矿或气候那么重要；很难否认二者都很重要，但同样很难证明哪一样是首要的，哪一样是次要的。

约翰·梅纳德·凯恩斯在一篇著名的讲话中指出，"掌权的疯子"会利用某些已故经济学家的思想来为自己的行为辩护。法国大革命中的男男女女从 18 世纪"启蒙哲学家"孟德斯鸠、伏尔泰和卢梭那里获取口号，但往往误解了他们的思想，或在某种程度上把他们的思想简单化。今天，历史学家在考察法国大革命的社会背景时，拥有比当时那些人更多的资料，所看到的情景也与参加革命者所看到的大相径庭。但很显然，在对大革命进行解释时，最重要的是了解那些驱使人们行动的因素。

许多历史学家把思想和现实加以比较，发现二者之间存在很大差异。1789 年以前的法国贵族对自己的看法完全不符合事实。例如，他们自认为是公元 5 世纪法兰克人的后裔。但很显然，这种自我认识规定了他们的认同，强化了他们的高傲意识，在很大程度上决定了他们的行动方式。因此，"思想"可能成为历史的决定因素。约翰·洛克是对 18 世纪启蒙运动影响最大的哲学家。他早就指出："实际上，人们头脑中的思想或意象是看不见的力量，时时支配着人们。"叔本华也说："观念主宰世界。"人们在采取行动时可能完全超越了对外部直接刺激的简单反应，而是以自己头脑中的某种概念或思想为依据。因此，历史最好被理解为思想的集合。[1]

这种争论会无休无止地进行下去，但对于那些对历史感兴趣的人来说，这也正是一个学点思想史的理由。思想史最关注的，正是在重大历史事件的形成过程中思想和行为之间的互动。

思想史不讨论人的头脑中形成的这些"思想"是从哪里来的，以及是如何形成的。这种问题历史学家最好留给别人去解决。[2]古人德谟克利特认为，思想来自人体之外，就像原子轰击大脑。17世纪的洛克显然也赞同这种观点：思想来自经验，经验以某种方式在人脑中留下印记。但柏拉图认为，思想来自另一个世界，并且使这个世界变得可以认识；思想不是来自感官经验，不仅恰恰相反，而且思想（理念）使轰击我们的那些混乱印象变得有意义。康德部分地赞同这种观点。笛卡儿提出灵魂与肉体是两个完全独立的本原，由此挑起了17世纪的一场旷日持久的辩论，争论至今也未结束。我们可以把这个问题留给哲学家、心理学家和"认知科学家"

1　这种说法甚至适用于某些个人化的事物，如爱情。在小说和电影中依然给予赞扬的那种不无夸张的浪漫爱情，是一种文学、艺术和哲学的创造。乔治·吉辛（英国小说家，1857—1903）的"现实主义"小说《古怪女人》中的一个人物不耐烦地说，"在现实生活中"，男人和女人都很少"坠入情网"；"一万对夫妇中也找不到一对会有每部小说中两三对夫妇对彼此的那种感情。"——原注

2　"1号大脑中发生了什么？……在膨胀的灰质旋涡上发生了什么？人们对遥远的旋涡星云了如指掌，但对此一无所知。这可能就是为什么历史更像一种神谕，而不是一门科学。或许以后，很久以后，人们会用统计表和这种解剖切片来讲述历史。教师会在黑板上用几何公式来表示某一时期某一民族民众的生活状况……并且用手中的尺子指着1号大脑的第2叶和第3叶之间的灰色模糊区域说：'你们现在看到的是对这些因素的主观反应。正是这一点在20世纪的第二个25年导致了极权主义原则在东欧的胜利。'"（阿瑟·凯斯特勒《正午的黑暗》）——原注

去解决，暂且认定人有能力——可能是万物之中独一无二的——操控"一个与外部世界对峙、分离且对立的内心世界"（奥尔特加·Y. 加塞特[1]）。

如果说大学生在了解"伟大的思想"后能够受益，那么应该了解哪些思想呢？如今，这些"思想"分布在许多不同的知识领域中。思想史研究的先驱者之一阿瑟·洛夫乔伊[2]也曾感到沮丧，因为活生生的思想被割裂成至少 12 门"学科"，每门学科从被肢解的思想中扯走一块，然后关起门来孤立地研究。这些学科包括：几门不同的"科学"、哲学、宗教、文学（文学又派生出好几个分支）、社会学、经济学等。文学批评家有时会想到应该了解点历史，科学家有时会想到应该学点哲学，但他们通常都对其他领域茫然无知。有时，他们试图编写自己的学科史，但成果通常都很糟糕。

思想史研究者常常坚信，每个时代都有自己的时代精神，这种时代精神影响着思想与表达的所有领域。柯勒律治写道："任何时代都存在着这样一种思考精神，这应该是宗教与道德，甚至是艺术、习俗和时尚的精神和基调。"一位学者宣布："思想史学者的首要任务就是勾画每个历史时代的思想前提，解释这些思想前提在不同时代的变化。"[3] 米歇尔·福柯和朱利亚·克里斯蒂娃[4]等结构主义理论家提出每个时代都有自己的"知识型"、话语模式或符号系统，这

---

1 奥尔特加·Y. 加塞特（Ortega Y. Gasset，1883—1955），西班牙哲学家。

2 阿瑟·洛夫乔伊（Arthur O. Lovejoy，1873—1962），美国的思想史研究开创者，著有《伟大的存在之链》等。

3 约翰·格林《思想史的目标和方法》，《密西西比河流域历史评论》，1957 年 6 月。——原注

4 米歇尔·福柯（Michel Foucault，1926—1984），法国后现代思想家。朱利亚·克里斯蒂娃（Julia Kristeva，1941— ），保加利亚出生，法国当代思想家。

些东西会突然发生变化。换一种更通俗的说法，20世纪60年代有独特的品位和风格，到了70年代则发生急剧的变化。按照海登·怀特[1]的说法，思想史学者"试图撰写一般意识的历史"，而不是各个分支学科的历史。他们力图寻找构成每个时代的"思想基础的词语、情感和概念"（吕西安·费弗尔[2]）。

即便无法把握清晰界定的时代精神整体，我们也能看到大量跨越各个知识领域边界的互动案例。伟大的哲学家伊曼努尔·康德就受到作为小说家和散文家的让-雅克·卢梭的决定性影响。诗人艾略特[3]曾经是哲学系的学生，从哲学家亨利·柏格森和F. H. 布拉德利[4]那里获益匪浅。心理学家弗洛伊德对文学产生了极其重大的影响，而他的许多灵感也源自文学作品。这种例子不胜枚举。

在研究思想时，我们有几种可供选择的方式。我们可以选取一些公认的代表人类思想成就顶峰的思想家，比如达尔文、爱因斯坦、马克思和尼采等。我们也可以不选取个人，而选取一些重要观念。莫蒂默·阿德勒[5]在研究时选取了6个在千百年里让人回肠荡气的重大观念，如正义、平等。约翰·莫利[6]宣称："人类社会的基本争论少之又少，而且出人意料地一成不变。"人们的用语可能变化，但基本理念始终如一。这种"万变不离其宗"的观念恰与进步观形成对照。在进步观念中，"循序渐进，步步为营……每一步都给前人的

---

1 海登·怀特（Hayden White，1928—2018），美国后现代历史学家。
2 吕西安·费弗尔（Lucien Febvre，1878—1956），法国年鉴学派创始人。
3 艾略特（Thomas Stearns Eliot，1888—1965），美国出生的英国诗人，代表作是《荒原》。
4 亨利·柏格森（Henri Bergson，1859—1941），法国哲学家。F. H. 布拉德利（F. H. Bradley，1846—1924），英国哲学家。
5 莫蒂默·阿德勒（Mortimer Adler，1902—2001），美国哲学学者，倡导开设原典研究课程。
6 约翰·莫利（John Morley，1838—1923），英国报人、政治家。

思想增添了某种东西"（路德维希·冯·米塞斯[1]）。不过，这两种观念都有道理。

我们也可以选择不那么抽象但完全切合 19 世纪的思想：民族主义、社会主义、自由主义和民主等支配了那个时代的词语。阿瑟·洛夫乔伊在开创思想史研究时就选取了一些关键性的结构概念，如"伟大的存在之链"和"尚古主义"。我们还可以着重展示公认的重大历史事件，如法国大革命、工业革命、俄国革命，甚至两次世界大战，至少在一定程度上可以归因于纯粹的思想家或学者。我们也可以寻找各个时代的时代精神或知识型，表明这种东西如何跨越各种界限而影响了所有的思想领域。浪漫主义就是 19 世纪初的这样一个主旋律。

本书试图兼收并蓄、博采众长，对上述方式都有所涉猎。思想史应该成为一种了解西方欧洲传统中最重要的思想体系的导引：引导学生接触一些伟大的思想家，希望他们将来能更深入地探讨；把这些思想与社会政治背景联系起来；呈现思想的连续性和谱系；揭示这些思想是如何在大文化语境中相互联系的。一本书很难实现所有目标，但至少应该指出路径。

用思想来丰富我们的头脑，就能成为生活更充实的文明公民。努力学习全部思想，当然是一个伟大的抱负。沃尔特·佩特[2]建议学生"完整地阅读大学者的著作：完整地阅读柏拉图，完整地阅读康德，完整地阅读穆勒"。这是非常好的建议，但对于大多数人根本

1　路德维希·冯·米塞斯（Ludwig von Mises, 1881—1973），奥地利经济学家，哈耶克的老师。

2　沃尔特·佩特（Walter Pater, 1839—1894），英国文艺批评家，著有《文艺复兴史研究》等。

不适用。奥尔德斯·赫胥黎[1]是一位以小说的形式来研究思想史的杰出学者。他认为，"仅有科学是不够的，仅有宗教是不够的，仅有艺术是不够的，仅有政治和经济是不够的，仅有行动（无论是否无私）是不够的，仅有思考（无论是否升华）是不够的——缺了哪一样都不行"。但是，怎样才行呢？"无所不学"是 12 世纪圣维克多隐修院的于格[2]的建议。我们很难做到这点，但尽可能多地了解整个知识结构，是思想史学者的追求。

---

1 奥尔德斯·赫胥黎（Aldous Huxley，1894—1963），英国学者，著有反乌托邦小说《美丽新世界》。
2 圣维克多的于格（Hugh of St. Victor，1096—1141），法国神学家。

第 1 章

伟大的传统及其衰落

中世纪是一个漫长的训练期，使西欧知识界形成了秩序观念。

——阿尔弗雷德·诺思·怀特海 [1]

16 世纪，理性、天启和习俗的结合解体了。

——加勒特·马丁利 [2]

理性主义和人文主义的遗产

一般认为，欧洲思想的现代历史是从 17 世纪开始的，或者至少可以说，17 世纪发生了我们将要描述的具有最深刻意义的文化思想"革命"。这一革命与主要发生在物理学和天文学领域的伟大"科学革命"紧密相关，后者包括在西方传统上无与伦比的人物——伽

1　阿尔弗雷德·诺思·怀特海（Alfred North Whitehead，1861—1947），英国数学家、哲学家。
2　加勒特·马丁利（Garrett Mattingly，1900—1962），美国历史学家、哥伦比亚大学教授。

利略与牛顿的成就。这一革命还关乎那些以培根和笛卡儿为代表、既是哲学家又是科学家的人物，他们大胆地尝试全新的思想方法，从而开创了"天才的世纪"。这一思想潮流导致了18世纪的启蒙运动。启蒙运动虽然在某些方面偏离了17世纪的主流，但毕竟坚实地建立在17世纪的基础之上。因而，17世纪被普遍认为是现代的黎明。

不过，在思想史上，革命比我们想象的要少，而连续性比我们想象的要多。让我们首先简要介绍17世纪以前欧洲拥有的光辉遗产，免得让人误以为严肃的思想都是从17世纪开始的。回想一下古代世界的希腊科学家和哲学家：从泰勒斯到柏拉图（公元前600年—公元前370年），然后是从亚里士多德到斯多葛学派，再到新柏拉图主义者（公元前350年—公元350年），还有希腊化时期的科学家欧几里得、厄拉多塞、盖仑和托勒密。这些人给全世界留下了取之不尽的思想宝藏。尽管在公元6世纪到11世纪，欧洲因蛮族入侵而切断了与地中海世界的联系，这些财富遭受损失，但从未湮没。希腊人以思想开放、勇于探求真理而著称。他们创造的硕果累累的思想成就使得多少世纪以来的欧洲人受益匪浅。欧洲中世纪的历史可以看作是逐渐汲取希腊遗产的过程，这一过程直到16世纪都没有完结。在罗马帝国末期（公元4世纪），圣奥古斯丁的思想就融合了他本人虔诚的基督教信仰、少量的新柏拉图主义以及某些拉丁作家具有教化意义的话语。接下来，在12世纪"中世纪文艺复兴"时期，亚里士多德的一些思想与带有人文主义色彩的文学一道流行起来，某些科学知识（欧几里得、盖仑、托勒密）也被重新发现。13世纪，亚里士多德的全部著作传回欧洲，这是以一人之力完成的希腊思想百科全书。最后，14至15世纪伟大的意大利文艺复兴使欧洲如醉如痴，因为它打开了古典时代的全部源泉，使人们的渴望得到了充分满足。众所周知，文艺复兴是向后看的，它视古代为一切真理的源泉。文艺复兴时期人文主义者对古人的顶礼膜拜，有时会让现代研究者迷惑不解：他们本来以为那些人文主义者是无所畏惧的现代人，没想到他们却拜倒在古代权威脚下。但只要我们想想那些字字珠玑的诗文所包含的古典思想是多么丰富，这个困惑就烟消云散了。在古代文明没落了 10 个世纪之后，能够对古代顶礼膜拜，这本身就足够解放了。

中世纪的伟大哲学家安瑟伦[1]、阿奎那等人致力于将希腊哲学融入基督教，向野蛮的欧洲灌输理性世界观，力求将希腊罗马思想与基督教早期神学家的思想融为一体，铸造一个伟大的传统。他们努力调和各种对立的思想。如果要概括欧洲的思想传统，首先应该指出的一个基本特征就是它的活力。其他文明在多少世纪里死气沉沉，束缚于习惯之网，没有什么明显的变化，或者说像冰川那样缓慢移动。其他文明（现代历史学家阿诺德·汤因比想建立一种文明形态学，认为人类历史上有 21 种或 24 种文明）从来没有现代西方文明所显示出的那种变革能力。这可能是因为它拥有来源丰富的复杂遗产。正如尼采指出的，在西方文明传统破晓之时，希腊人的灵魂中就有狄奥尼索斯精神和阿波罗精神同时在挣扎。这无疑是希腊充当了东西方桥梁，以及混合了不同民族（爱奥尼亚人和多利亚人）的结果。在马其顿和罗马世界帝国时期，希伯来因素与希腊哲学及其他思想源流冲撞融合，形成了基督教。在接下来的中世纪，整个古

1　安瑟伦（Anselm，1033/1034—1109），经院哲学学派建立者。

代世界的多重遗产——希腊哲学和科学，以及东方宗教——都流入日耳曼社会这个精力旺盛的蛮族世界模型中。这种情况就如同各种陈年老酒装入新瓶子，或者说是烈酒在年轻的躯体里燃烧。欧洲被迫将各种思想和价值体系融为一体，因此不断致力于进行新的综合。在具有创造力的两极对立中，人们能反复看到欧洲历史的无穷活力。

西方历史充分展现了辩证发展进程。在希腊哲学中，毕达哥拉斯与泰勒斯对立，亚里士多德与柏拉图对立，唯物主义者和怀疑论者又与前两者对立。基督教融合了希腊哲学，形成了更高的综合。在中世纪，彼得·阿伯拉尔[1]用他的理性哲学反对圣伯纳尔[2]的强劲的存在信仰，阿奎那将二者综合起来，但又遭到奥卡姆[3]的否定。接下来，我们看到新教反对天主教，还看到文艺复兴时期许多古代哲学的复兴给现代欧洲人提供了异常丰富的精神食谱。

如果说各种紧张或对立关系中有一种基本结构，那大概就是科学、崇尚理性、深思熟虑的希腊哲学思想传统与狂热、"献身的"、推崇道德的基督教信仰之间的紧张或对立。马修·阿诺德在一个多世纪前就指出："希伯来文化和希腊文化——我们的世界就在这两极之间摇摆。"他将希腊文化的精髓界定为"恰如其实地看待事物"（see things as they really are），将希伯来文化的精髓界定为"品行与服从"。对真理的渴求、明晰的头脑、敏锐的洞察、深刻的判断——这就是希腊精神。希伯来精神则追求公正，要求道德完善，坚持寻求人们的行动准则。二者之间难免会发生冲突，最严重的莫

1　彼得·阿伯拉尔（Peter Abelard，1079—约1142），法国哲学家、神学家。
2　圣伯纳尔（St. Bernard，11世纪末—约1130），法国哲学家。
3　奥卡姆（William of Ockham，约1285—1350），英国经院哲学家。

过于 16 世纪清教主义兴起后对文艺复兴时期人文主义狂放思想和情感的谴责。二者也可能相互融合，从奥古斯丁、阿奎那到伊拉斯谟与罗耀拉的伟大思想体系就是如此。二者可能轮流占据上风，也可能在不同地区表现为不同的形式。但这两种精神过去确实存在，现在依然存在，只是不再像过去那样受到赏识或者唯我独尊。

对中世纪的哲学家来说，神学的真理和自然界的真理是两个领域，它们自立门户，各不相同，但彼此之间并不矛盾，而是相互补充。基督之光与古代哲人之光照亮了人类活动的道路，前者无疑更加崇高，但后者也不可或缺。在阿奎那的思想中，信仰和理性是旗鼓相当的伙伴。二者都基于权威，一个以教会为权威，另一个以亚里士多德为权威。这两股强大的真理源泉有时会发生冲突，但它们也有很多共同之处，所以阿奎那可以在表面上成功地将二者调和。它们的确有许多共同之处。

欧洲思想传统最普遍也最重要的一个特征，是近乎乐观的理性主义，也就是相信外部世界有一种合乎逻辑的秩序。这种秩序不仅可以为人类头脑所认识，几乎也可以用概念性语言准确地表达出来。我们必须牢记，宇宙完全可以被看成没有任何计划和模式的混沌——或许我们从身为希腊人和希伯来人的后继者所拥有的思想遗产出发，很难承认这一点。然而，许多人秉持这种看法，希腊哲学家中就有伊壁鸠鲁学派以及更早的"晦涩的哲学家"赫拉克利特如是想，但这些声音被坚信理性世界秩序存在的柏拉图和斯多葛学派的相反观点所淹没。或许还有人得出这样的结论：无论宇宙是什么样的，我们的思想都受制于我们的人类感觉，根本不可能直接触及外部现实，因此也不可能认识外部现实。这种怀疑论观点也可以在某些希腊人那里找到，譬如爱里斯的皮浪或者柏拉图的先驱克拉提罗斯，据说后者完全沉浸于哲学而默不作声（只是摇动手指），因为他认为关于事物的任何说明都不是真实的。（当代一位重要的哲学家也一度陷入类似的绝境。）但是，克拉提罗斯终于被口若悬河的苏格拉底和柏拉图所取代。苏格拉底喋喋不休，直到雅典人用毒药封住他的嘴。柏拉图意识到大多数人生活在阴影中，他确信存在着一种高于感觉的理性，而聪明人可以通过理性确定真正的知识。即使皮浪以及柏拉图学园后期的教师转向了怀疑论，在西方流传下来的也不是这种怀疑论，而是通过柏拉图主义或斯多葛主义（被基督教吸收）流传下来的对一种合理的客观秩序的信念，也就是说，这种秩序至少能被人类部分地认识。（古代的怀疑论在文艺复兴后期被发现，但在此之前湮没了许多世纪。）

我们不应该忽视基督教的理性脉络。当然它是犹太宗教思想的一个衍生物。宇宙中存在着一种秩序，上帝作为超验原则的存在保障着这种宇宙秩序。当代一位著名的以色列人阿巴·埃班写道，主宰犹太人思想的信念是，"宇宙不是各种狂野不羁的神秘力量组成的混沌状态，而是在一种可以表达出来的智慧与法则指导下遵循着秩序和进步的模式"。亨利·法兰克福在《哲学之前》一书中评论道，"看来，希伯来人与希腊人一样，也打破了此前一直流行的思考模式"，即抛弃了早期民族所具有的非理性的自然无序观。"一个充满了各种鬼神的宇宙，乃至诸如伊朗宗教里的二元论宇宙，都是随机而反复无常的宇宙。希伯来人的全能上帝乃是世界秩序和律法的保障者，也是实现其最终仁慈目标的保障。"

希腊哲学家反对诗意比喻，寻求更准确的术语，发明出西方人后来耳熟能详的"理性主义"。希腊哲学的理性主义是抽象的、形而上学的。其主导思想是柏拉图对感觉世界的不信任，即认为我们所触摸、感觉和目睹的世界是杂乱无章的、不可知的；只有通过坚决地压制感性、推崇理性，才能找到作为解决之道的秩序原则；理性的典范就是数学和演绎逻辑。牛顿教诲现代人，观察和理性可以同时并用。但直到 17 世纪，人们还觉得前者会玷污后者。不过，柏拉图并非对可感知的世界没有兴趣，他的弟子亚里士多德更是坚持把可感知的世界作为出发点。希腊人和中世纪哲学家都没有嘲笑深入细致的观察，但他们确实有些偏爱抽象推理。我们应该意识到，科学必须以假定事物存在合理的秩序作为前提条件，否则观察就一无所获。西方思想的主流就是以苏格拉底的热忱、柏拉图的洞察力和基督教的信仰来恪守这种信念，抗击非理性主义和怀疑论。亚里士多德的出发点是："人是理性动物。"之所以如此，是因为人是一个理性世界的一部分。西塞罗宣称："完美的理性存在于我们人性的深处。"在今天这个达尔文和弗洛伊德的时代，我们已经不像古人那样相信这种说法了，但我们的全部现代科学都建立在这个基础之上。这种观念也渗透到有关人与社会关系的传统认识中。

欧洲的传统肯定通过沉思、冥想、"哲学"获取真知和"智慧"的可能性，并对这种方式予以高度评价。"哲学"（philosophy）原意就是"爱智慧"。柏拉图和圣奥古斯丁一致认为，鉴于世人被污泥浊物裹挟不前，既世俗又有缺陷，他只有排除万难才可看清真理，但他也正是因此才有幸窥得部分真理，并始终追求真理。按照柏拉图的说法，人的灵魂来自纯粹知识领域并将回归那里，因此人与知识领域有了一种不可分割的联系。正如亚里士多德所说的，沉思的生活是最有价值的生活，沉思生活高于纯粹行动。后来有人认为，这种对沉思冥想的偏爱使伟大的西方传统丧失了许多宝贵的实用知识，而这些实用知识可能来自平凡的日常。这种说法确实符合中世纪大学的情况，但这种偏爱是对思想潜力的极大肯定。

当然，异教的古典思想范式与基督教思想范式之间存在着矛盾，但奥古斯丁至少部分地化解了这个矛盾。他认为，希腊哲学家所主张的智慧理念是一种实用的善，不过还有另外一种更高的智慧，那是真正的智者在掌握了实在的智慧之后还要进一步追求的东西。到了中世纪，亚里士多德和奥古斯丁的遗产之间的这种矛盾体现在相互冲突的人物身上。一方面是中世纪思辨思想的开创者阿伯拉尔，他利用亚里士多德的逻辑工具进行理性的分析。另一方面是圣伯纳尔，他宣扬通过基督教的默祷而不是通过逻辑来认识上帝的神秘方式。但 12 世纪的圣维克多隐修院的于格、索尔兹伯里的约翰[1]以及13 世纪伟大的托马斯·阿奎那都认识到二者的价值，力求调和这两个对立面。应该强调的是，中世纪思想的主旋律是寻求两种思想方式之间的调和，毕竟二者都承认人类具有认识客观真理的可能性。

这里还需要指出与此紧密相关的西方传统另一特点。西方传统抵制那些轻视物质世界、认为人的精神与物质世界格格不入的倾向。那些倾向在某些东方哲学中十分明显，在西方也时有表现。基督教在早期阶段曾经面临所谓的诺斯替教派渗透的危险。诺斯替教派大概可以追溯到波斯的二元论。诺斯替教派对基督教具有某种吸引力，因为基督教本身也具有精神和物质的二元论倾向。基督教的二元论

---

1 索尔兹伯里的约翰（John of Salisbury，1115/1120—1180），英格兰学者，曾任坎特伯雷大主教的秘书，著有《教廷史》。

没有这种东方信仰那么绝对，因此，诺斯替教派最终被视为异端。中世纪的法国南部也出现过类似的现象，如清洁派，但遭到残酷的镇压，成为欧洲中世纪历史上的著名事件之一。诺斯替教派及清洁派，与印度的托钵僧存在相同之处，即极端蔑视肉体。他们认为，人的闪光点是人的灵魂，灵魂完全独立于肉体，却又受到肉体的束缚。灵魂必须设法逃脱这种禁锢。他们往往会变成极端的禁欲主义者，寻找机会尽早结束生命。还有些人会用打破一切道德戒律的放荡行为来表达对物质世界的蔑视。在基督教内部，他们否认基督曾经道成肉身，认为他只不过是看似拥有血肉之躯。在他们看来，精神和肉体是截然分离的两个领域。

正统基督教坚持道成肉身，因此对肉体更加尊重。对于基督徒来说，物欲尘世和肉体虽然是次要的东西，但仍然是好东西。此岸生活虽然只是通向彼岸更纯粹生活的驿站，但也应该予以尊重。人不是这个世界的匆匆过客；相反，这个世界被交给人类，让人类来支配，由人类来塑造和创造。[1]

与东方相比，西方具有更多的人文主义精神。这一点早已显露。公元8世纪，西方基督教教会和东方基督教教会（罗马和君士坦丁堡）之间爆发了激烈的争论。起因是拜占庭基督教教会颁布法令，禁止偶像崇拜，即绝对禁止在宗教艺术中把基督描绘成人像。（在伊斯兰教艺术中也可以看到类似的情况。）如果说西方人喜欢把基督想象成一个人，像凡人一样有生有死，那么东方则将其视为对基督的贬低。

---

1 这种基督教人文主义最终可以追溯到犹太教的先知，后者"在历史中（而不是在超时空的层面）与上帝交流"，在普通人和各个民族日常遭遇的事件中发现了深刻的宇宙意义。——原注

当然，自然主义和理性主义一直是中世纪思想中的强大要素，甚至在中世纪思想屈从于专横的信仰要求之时也是如此。11 世纪，欧洲刚刚重新产生了有体系的思想，我们就看到安瑟伦在试图用理性的观点论证上帝的存在，阿伯拉尔则用严密的逻辑来检验《圣经》是否存在自相矛盾之处。在中世纪盛期，大学相继建立，亚里士多德备受推崇，法则的观念，即必然客观的联系支配着宇宙万物的观点十分流行。[1]

中世纪思想及其崩溃

与过去流行的看法恰恰相反，中世纪不仅是现代科学理性主义的苗圃，而且在技术上也颇有成就。另外，中世纪在其他方面似乎也具有惊人的现代性，这让我们想到西方思想在本质上具有连续性。流行思想常常表现出一种千年王国的主题，与现代的革命意识形态极其相似。在中世纪盛期，弗罗雷的约阿欣[2]的信徒在《圣经》的《但以理书》和《启示录》中找到依据，鼓动穷人起来打倒富人，建立一个公正、富裕、平等的人间天国。历史进程将在这个大灾变的事件中达到顶点，在一次剧烈的革命之后，上帝的王国会降临人间。当代马克思的信徒没有走得更远，进步和革命观念的萌芽已经在这里出现。这种运动从来没有成功过，但它们表明了中世纪思想

1　哥特式大教堂是中世纪最光荣的成就，曾被视为神秘主义和思想混乱的产物，现在则被认为具有几何学的合理性，是基于柏拉图的宇宙和谐论思想的深刻成就。参见奥托·G. 冯·西姆森的《哥特教堂：设计和意义》，载西尔维亚·L. 思拉普主编《中世纪社会的变化》，1964 年版。——原注

2　弗罗雷的约阿欣（Joachim of Flores，1130/1135—1201/1202），意大利神秘主义者、预言家。

具有丰富的多样性，也证明了一个事实（再一次与那些老生常谈相反）——官方教会的正统观念并没有包容一切思想。

从中世纪到现代

中世纪曾经遭到误解和贬低，现在则凸显出来，被视为欧洲历史上最重要的思想复兴时期。这一次复兴为随后的一切发展奠定基础并创造了条件。截至 13 世纪，大学已经成形。欧洲人主要通过西班牙的阿拉伯人，掌握了大量的古代科学、数学和哲学知识。13 世纪，更多知识流入欧洲，这些知识通常包含在阿拉伯人和犹太人的注释本中。它们是东方长时间消化希腊思想的成果。当时影响最大的是亚里士多德的思想。现在我们能清楚地发现，其中不仅有亚里士多德主义，还有新柏拉图主义。这两种因素有时被解释者混在一起，有时被分开展现出来。这里不可能讲清楚中世纪哲学的复杂故事。应该指出的是，巴黎大学和牛津大学是 13 世纪的大型知识活动场所。正如群山中凸起的巅峰，托马斯·阿奎那在这些知识舞台中兀然突起。

托马斯主义乃是欧洲思想的一次大胆飞跃，使亚里士多德的自然主义哲学有可能为基督教所用。亚里士多德是一个科学家和哲学家，他的思想体系无所不包，但没有任何强加于人的"信仰"因素，因为在他看来，人们观察、思考、接受的东西没有一样不能经受严格的分析。后世科学家发现，亚里士多德说错的地方往往比说对的地方多，但他之所以出错绝不是因为他拒绝科学探讨。他一直被教会怀疑。阿奎那冒着身败名裂的危险，据理力争，终于使人们接受了这样的看法：基督徒无须害怕亚里士多德和理性，理性与信仰从根本上说是和谐一致的。

亚里士多德建构了一个博大精深的百科全书式思想体系，似乎融古代思想精华于一体。几乎在所有的领域里他都是伟大的神谕代言人。科学史研究者克龙比（A. C. Crombie）说他是"那种跨越中世纪科学的悲剧性人物"，长久占据着舞台中心，直至最后被他自己锻造的武器打倒。除了物理科学外，这个说法也适用于其他领域，如政治学、生物学、美学，当然，还有形而上学或是纯粹的真理论和认识论。在物理学和天文学领域，亚里士多德曾长盛不衰，但后来伽利略发起攻击，17世纪的伟大科学家也加入战斗，导致亚里士多德在一系列的问题上——天体的位置和结构、运动理论、自由落体理论、重力理论、真空理论、液压理论——节节败退。他的静止世界观一直统治着自然科学的许多基本方面，直到19世纪达尔文才将其推翻；他的四元素说一直是化学公理，直到18世纪的化学革命将其颠覆。在形而上学领域里，亚里士多德宇宙观强调的是，万物皆有追求的目的，每种物体皆是形式与物质的结合，所有物体构成一个"伟大的存在之链"，通向上帝。上帝矗立在那里。他是事物的终极原因，但他没有创造宇宙万物，也不可能关心宇宙万物。这种观念渗透进人们的世界观，直到17世纪受到哲学革命（科学革命的伴生物）的挑战。亚里士多德的逻辑学虽然被文艺复兴时期的人文主义者所厌恶，并丧失了其在中世纪时的威望，但不可能被彻底抛弃。他的诗学也同样如此。他的政治学也形成了中世纪的思想背景，成为17世纪政治学思想反叛的对象。

有关亚里士多德体系的细节，我们留待各个思想领域发生反叛之时再来详述。有一点需要重申，尽管亚里士多德的方法有各种缺陷，但基本上是科学和理性的。在许多重要问题上（上帝的性质、天命、灵魂的性质、世界的创生），他的结论与基督教并不一致。但亚里士多德的体系与我们今天的观念相去甚远，对我们大多数人来说，它是陌生的，甚至是非理性的。除了地球不动此类事实性错误，那种目的论（一切事物都有各自追求的目标）的解释对我们有什么用呢？或者说，他将生命特征赋予无生命物体的做法现在还有什么价值？本质和偶然、潜能和行动、形式和质料都是亚里士多德哲学的关键术语。它们今天已经失去原来的意义。它们都属于中世纪经院哲学的流派术语。但我们应该记住，正是这个遭到蔑视的学派教会西方人有条理地思考、分类、批判和观察。13世纪阿奎那对两个体系的调和没能长久地流传下来，真正流传下来的是他对广大知识领域的解放，使它们成为纯粹理性或者哲学的对象。由此，科学、政治、经济以及其他领域都可以作为独立的学科进行探讨，不再听命于宗教的正统要求或是圣经权威。

13世纪末，神学与哲学、信仰与理性的托马斯主义结合开始破裂，但不是势如水火，而是友好分离，各走各的路。两个领域开始明显区分。它们的道路有可能交叉，也有可能冲突，但通常不存在一方控制或主宰另一方的问题。理性思想已经获得自由，踏上漫长的征程。

14世纪和15世纪是两个十分大胆的世纪。这是一个转变时期，西方的基本制度发生深刻变化：教皇权力衰落，现代世俗国家崭露头角。奥卡姆大概是那个时代最敏锐的思想者。他的思想显露了那个时代的勇气。例如，13世纪的那种理性与信仰的结合已经不复存在。奥卡姆指出，以上帝的存在为出发点的宗教真理根本不能接受理性的验证，人们只能凭借信仰接受这一真理。司各脱[1]也在一定程度上这么认为。正如戈登·莱夫（Gordon Leff）描述的，"就彻底的摧毁力而言"，奥卡姆在欧洲思想史上可能是无与伦比的，他在许多方面都惊人地超前且具有现代性。他和他的伟大对手方济各会教士邓斯·司各脱促成了中世纪经院哲学的终结，虽然他们还在使用它的方法。他们的结论在根本上往往是怀疑主义的，从而关闭了通向旧式"理性"的大门，同时又打开了其他大门。他们根本不试图理性地思考上帝、事物的本质或中世纪经院哲学家喜欢探讨的那些抽象概念。对于奥卡姆来说，那些不过是文字游戏。我们能认识的只是直接经验，只有我们体验到的事物的现象特征才是真实的。奥卡姆代表了人们的兴趣从形而上学到科学、从抽象与一般到具体与特殊的转变。他的一些信徒对现代科学做出了开创性的重大贡献。[2]

人们通常把这些后期经院哲学家视为思想史上的转折点。过分雕琢的经院研究方法反而使"灵巧博士"邓斯·司各脱受到责难，从而被视为一个衰败的信号，或许也标志着用怀疑主义探索形而上学真理的终结。大卫·诺尔斯（David Knowles）写道，随着奥卡姆去世（1350年），"一种伟大的思想结构和一种古代哲学观念逐渐消失，在经历了纯哲学黯然失色的两个世纪后，让位给现代世界的新世界观和各种思维方式"。在奥卡姆去世和伽利略诞生之间的两个世纪里，在"纯哲学"领域之外，一系列划时代的运动席卷了欧

1　司各脱（John Duns Scotus，1266—1308），苏格兰神学家。
2　这些人包括奥雷姆、比里当、萨克森的艾伯特。——原注

洲：文艺复兴人文主义、宗教神秘主义、新教改革运动。说到现代思想的奠基者，谁也不会遗漏伊拉斯谟、路德和加尔文，尽管他们在某些方面远非现代。16世纪初期震撼欧洲的反叛并非仅仅属于思想史，而是属于整个历史。这是西方文明史上的经典一幕，只有罗马帝国的衰亡和法国大革命可与之相提并论。当然，这同时也是一场思想运动。

文艺复兴

当经院哲学分裂成对立的两派，即现代派（奥卡姆主义）和古代派（司各脱主义）之时，文艺复兴的人文主义者开始挑战逻辑学和形而上学，推崇诗歌和语言学。人文主义者和经院哲学家陷入激烈的争论。其中最著名的例子发生在德意志，即科隆经院哲学家与人文主义者雅各布·罗伊希林[1]及其追随者之间的争论。在这场"书籍之战"中产生了一部文笔辛辣的讽刺作品《无名人物的信件》（罗伊希林著）。1500—1520年，在宗教改革运动爆发前夕，人文主义运动达到激动人心的高潮，其标志包括这场争论以及马基雅弗利、伊拉斯谟、托马斯·莫尔和欧洲各地其他伟大的人文主义者的著述。为了理解这场运动，人们应该把它看作对一个枯燥乏味的"理性时代"的反叛。人文主义者转向文学，把文学当作破除经院哲学那种毫无想象力的重智主义的解毒剂，但人们应该也想在古代经典中找到极大的乐趣。或许对我们来说，这些经典已经没有那么大的价值，

1　罗伊希林（Jacob Reuchilin，1455—1522），德国学者。

但它们在文艺复兴时期是具有完美风格的智慧宝库。在我们这个时代，所谓自明的真理正在逐渐被人遗忘，但我们应该记住，古典作家及其辉煌风格曾经产生长久且广泛的影响。人文主义的教育理想是，通过接触希腊罗马文献来丰富和陶冶人们的心灵。这种理想一直流传到19世纪，至今尚未完全过时。或许，只要西方文明存在，这种理想就不会消亡。[1] 人们不仅会在这些作品中发现用优美语言表达的最高智慧，还会发现那种伟大的艺术品才会具有的、对人类性格的持久影响。古代的经典作品无与伦比，更不可超越——这种看法几乎没有人提出质疑。甚至到了17世纪末，有人提出质疑后，招致当时最伟大的批评家布瓦洛的嘲笑。这是由于古典语言，尤其是希腊语极其完美，即便已经掺杂讹误，但就其涉猎的范围、文字的优雅、表达的精确而言，在当时仍然是首屈一指的。另一个原因是，古人所具有的那种天然的尊严——罗马人的严肃、荷马时代的简朴——在日益"堕落"的时代已经变得可求而不可得。人类少年时代的语言毫不造作，不是"文学风格"而是自然风格。这种风格一去不复返。文明也如人生，有其黄金时代，当青春的自发性与成熟的智慧混合在一起时，就会产生卓越的思想能力和表达能力。古希腊和古罗马时期就是如此。在近代早期的欧洲，这种看法极为普遍。

人文主义者不仅把目光投向雕塑艺术，也投向历史。他们用一种现实主义的眼光来研究人类事务，开始深入到人类经验的真正结构，但他们最根本的目的，即这种广泛的历史和文学教育的目标，

1　瑞士著名哲学家、历史学家卡尔·雅斯贝斯曾写道："我们把西方使人得以充分发展的基础归功于古典世界……在西方，自我的每一次大提升都源于和古典世界的重新接触。"（《现时代中的人》，1963）——原注

是追求文化与智力的统一，也就是塑造拥有最高智慧的全才（Whole Man）。这种人应该受传统陶冶而变得文明，受文学训练而能明晰地表达。与现代的异化诗人不同，他们是社会的充分参与者，充当政治和社会领袖的角色。他们与其他人共享文明遗产，懂得文明遗产是共同财富，个人能给它增添的东西微不足道。可以说，文艺复兴时期的人文主义者也是真正意义上的古典主义者。

他们也把神学变得更人性化。马丁·路德既受益于人文主义者，也受益于奥卡姆主义及其在宗教上的盟友（对待上帝的非理性主义和神秘主义态度）。路德否定经院神学，反对其苍白的重智主义，强调人们的内心情感生活，从而在中欧的普通民众中掀起了前所未有的巨大波澜。与此相仿，我们看到亨利八世的代理人在牛津烧毁司各脱的著作；"至尊法"使英国教会与罗马教皇一刀两断，随之而来的包括教育方面的禁令，旨在改变原来的教育。"教会法的研读受到压制，学习古希腊文、拉丁文、希伯来文、数学、医学则受到鼓励。中世纪基督教教义的标准概要，即彼得·隆巴德[1]的《箴言四书》被废止，人们被鼓励直接阅读《圣经》，并借助人文主义作家的作品研读亚里士多德和逻辑，而把经院学派的'烦琐问题和晦涩注释，弃置一旁'。"[2]

这里有必要破除历史学家所谓的文艺复兴神话。正如一位当代学者指出的，这种神话"尽管遭到众多批评，却依然在流传"。这种神话说的是，中世纪几乎是一个完全黑暗的时代，当时仅有的智

1　彼得·隆巴德（Peter Lombard，1100—1164），意大利神学家，曾任巴黎大主教。

2　A. R. 迈尔：《中世纪后期的英国》。

性活动就是那一点点徒劳而烦琐的演绎推理；15世纪文艺复兴的到来，奇迹般地使所有领域摆脱了愚昧无知，给欧洲带来了生机、光明、科学和创新。至少就科学和技术而言，这个神话毫无真实性可言。文艺复兴的人文主义者对于科学和技术几乎毫无贡献。对于现代物理学更有价值的传统，乃是中世纪晚期巴黎经院学者那一谱系，其中有让·比里当、尼科尔·奥雷姆以及萨克森的艾伯特。[1] 人文主义者潜心研读古书；总体上，他们对亚里士多德和盖仑亦步亦趋。他们拒绝依据新的经验来修正古典思想，在这方面有惊人的事例。至于技术，中世纪建造大教堂、制造钟表的工匠们在机械方面拥有卓越才智，但中世纪和文艺复兴时期的学者都对他们不屑一顾，而这种才智恰恰是现代科学得以发展的基础。[2] 直到16世纪末，现代科学才开始起步，而且是在那些与人文主义不同的路线代表的指引下发展起来的。如果我们硬要把这个运动说成是"文艺复兴"的一部分，那么至少应该说清楚，它与那个产生了米开朗琪罗、马基雅弗利、伊拉斯谟和托马斯·莫尔的运动并不是完全一致的。

无须把人文主义者未曾梦想到的更遥远的未来境界归功于他们，他们的成就已经足够辉煌。首先，所谓的文艺复兴大大拓展了欧洲人的思想范围。实际上，这种量的变化本身就是文艺复兴时期知识变化最显著的特征。大量的古代文献被挖掘出来，从希腊语或

1　让·比里当（Jean Buridan，约1297—约1358），法国经院哲学家、数学家。尼科尔·奥雷姆（Nicole Oresme，1323—1382），比里当的学生，德国数学家。萨克森的艾伯特（Albert of Saxony，1316—1390），德国教士、数学家。
2　中世纪的技术成果值得一提。正如小林恩·怀特指出的，"中世纪晚期乃是历史上人们有目的地以机械方式利用自然力的一个决定性发展时期"（《中世纪的技术与社会变迁》，1962）。在这方面，古代人极其落后，而所谓的黑暗时代则迈出了决定性的第一步。——原注

希伯来语翻译过来（对于欧洲大部分地区来说，这两种文字显得相当陌生），编辑加工之后出版。具有重要意义的是，重新发掘出来的遗产当然也包括那些因不同于主流思想方式而遭到压制或被遗忘的东西。其中包括：有意思的、不落俗套的希腊哲学家；被否定（但结果更接近真理）的科学家；卢克莱修和伊壁鸠鲁学派；斯多葛学派；怀疑论者；希腊化文明时期的各种神秘哲学，诸如秘术哲学和犹太教神秘哲学。这些东西都重见天日了。意大利的人文主义者也热衷于挖掘，并且部分地通过考古学形成一种洞察古代世界的历史认识。这是人文主义者的另一显著特点。

知识和思想的拓展造就了一种精致的怀疑主义，因为人们很难设想在众多的知识和思想中只有某一种是正确的。怀疑主义也是历史意识的产物，因为人们已经可能去想象其他话语和生活方式。意大利人文主义者所追求的理想，不是某种信条或某种意识形态，而是一种优雅的、有风格的生活方式，即"把生活创造成一件艺术品"。人们努力通过文学的风格意识与古典的和谐意识来全面开发、协调人的天性，培养自己的品性。实际上，人们兼收并蓄，避免教条主义，形成了一种用美学原则将各种思想结合在一起的折中主义。艺术感和美感是文艺复兴时期的显著特征，在一定程度上也是更复杂精深的知识环境的产物。这里没有新的教条，没有主宰一切思想活动的探究路线。人们在大量有趣的古代思想中尽情享受。

从一方面看，文艺复兴时期的人高雅深刻。他们具有怀疑精神，语言表达细腻，通晓各种不同的观点，也了解各种不同的表达方式。但从另一方面看，他们似乎令人惊异地古怪和愚笨。他们固守传统的宇宙观和物理学，还固守传统的生理学和心理学。他们不仅相信地球不动、星体由透明空虚之物构成，还相信四元素说（土、水、火、风）和四体液说（血液、黏液、黑胆汁和黄胆汁），认为体液在人体中的组合决定了人的脾气和性格。他们相信大自然的宏观世界和人的灵魂的微观世界之间存在着感应，例如，绿宝石保护贞节，肠鸣与雷鸣相关。他们大半相信炼金术士那种点石成金的梦想，相信希伯来神秘哲学中的神秘字母或数字的魔力。魔法和巫术包围着文艺复兴时期的哲学，它们之间的界限模糊不清。医学从古代以来几乎没有什么进展。

总之，在我们看来，科学革命来得太迟了。但许多历史学家提醒我们，对于人的生存而言，那个旧世界比现代世界更令人满意。可惜当时的种种解释并不准确，这一点在后来显得越发清楚，但它们在许多方面非常符合人的天性。对此，我们不详细论述。在这个"被遗弃的意象"（C. S. 刘易斯[1] 的说法）、"人的小世界"（J. B. 班伯勒[2] 的说法）里，人与自然更为统一、亲近，人被当作宇宙的焦点和中心——这些都是我们耳熟能详的观点。有人说，那个世界有更多的本体保障和美学启示，但它不得不让位给另一个在科学事实上错误少得多的世界。

宗教改革

不论我们怎么大谈校园里的哲学家和文学方面的专家，其实在

1　C. S. 刘易斯（C. S. Lewis, 1898—1963），英国学者，先后在牛津和剑桥任教。
2　J. B. 班伯勒（J. B. Bamborough），当代英国学者。

16世纪，对老百姓的生活影响最深的还是基督教。它渗透进生活的每个方面，用它的礼拜日规定了时间的节律（"礼拜日"这个词的现代意义对西方文明所经历的变化提供了一个讽刺性的说明）。基督教还影响了建筑和艺术的形式，以及民众思想的基本结构。我们只需想象一下无处不在的教会、修道院、大教堂、宗教游行和钟声——赫伊津哈在其名著《中世纪的衰落》中描述了这些钟声如何在居民区上空回荡。那种把中世纪说成是"信仰时代"的陈旧说法会使我们想象一幅充满虔诚和祈祷的画面，从某些方面看，其实大谬不然。在那个时代，野蛮民族的凶猛力量随时可能推翻全部秩序；虔诚被迫退缩到修道院里，而正如周期性的改革呼声所显示的，即便在修道院里保持虔诚也很艰难。教会被封建化了，教皇统治逐渐堕落。一个精力十足的下层阶级不时地产生大声疾呼的异端代言人，而民间诗歌则取笑教士，颂扬肉体快乐。13世纪晚期最有名的作家让·德·墨恩在《玫瑰传奇》中既嘲讽批评教士，又表现出极端享乐主义和非道德主义的性爱态度，二者可以说是当时文人阶层对于性爱的典型态度。[1] 但即便反抗，也无法逃脱这种无所不在的宗教，因为它笼罩着全部文化。人们甚至都不会想到要脱离它。[2] 基督教是人们共同的信仰、共同效忠的对象。人们可以属于基督教的某一派，而攻击其他派别的基督徒，但成为一个反基督徒或非基督徒，是根本无法想象的事情。

1　这部名著的第一部分反映了比较纯洁的"典雅爱情"传统，第二部分篇幅更长，墨恩以肉体之爱更高级的理由抨击前一种精神恋爱。——原注
2　一个具有民众基础的著名异端案例是法国南部阿尔比教徒中的清洁派。他们遭到残酷镇压，成为中世纪最著名的不宽容的表现。——原注

文艺复兴拓展了有教养的欧洲人的视野，使他们看到了某些与中世纪教会的教条不同的古代观念（如伊壁鸠鲁主义），但这只影响到极少数人。人文主义者中彻底反基督教的人数往往被夸大了。17世纪以前，反基督教立场还没有一个真正的思想基础。当时，有些人梦想实现一种普世宗教的综合，以一种非教条的结构来体现所有宗教，包括当时人们已知的其他宗教犹太教、伊斯兰教的真谛。这就是后来的自然神论的先声。当时也确实存在着少数大胆的"无神论者"，尤其在马基雅弗利居住的佛罗伦萨——伊壁鸠鲁派和斯多葛派分子否认有一个人格化的超验的神灵。但大多数人文主义者提出了自己的基督教解释，鹿特丹的伊拉斯谟是其中的领头人。他们并没有因为反对经院学派的理性主义神学和僧侣的隐修精神而变得不虔诚。

从1520年到大约1540年，"德意志的戏剧"（指宗教改革）吸引了欧洲的注意力。路德抨击罗马教会的呼声传遍了欧洲各地，激起了轩然大波。这里无须详述人们经常描述和分析的过程，只需指出，到16世纪40年代，新教也僵化成了同样不宽容的教条，加尔文主义者与反宗教改革者之间开始了宗教战争，导致许多知识分子对宗教的幻想破灭。欧洲知识分子最初对路德大无畏的反叛行为倍感兴奋，但他们很快就认识到，这场反叛除了产生新的教条主义和对异端的迫害外，不会有其他任何结果。许多人文主义者最初对反对教会腐败和虚伪的主张十分同情，但新教对艺术的破坏、天主教徒歇斯底里的"教皇崇拜狂热"以及下层阶级中爆发出来的各种超乎常理的教派，都使他们感到厌恶。然而，谁也不能否认那种使加尔文宗信徒和耶稣会的热情达到高潮的属灵操练是多么引人瞩目，这种操练对平民百姓的影响尤为显著。

除了唤起一种更狂热、更不宽容的信仰外，伟大的宗教改革运动还有许多其他后果。这场运动本身就是国家日益成熟、民族主义兴起的一个表现。它最终消除了对王权的制约，强化了享有主权的民族国家。它还消除了人们对超越国家层面的天主教会的忠诚，从而加强了民族主义。它使各个国家都陷入内战和动乱，从而迫使世俗政府来维持秩序，并决定信仰的条件。因此，宗教改革具有重大的政治意义。在思想领域，伴随宗教改革出现了主权概念和君权神授观念，与之对立的是加尔文宗和耶稣会的反抗权利理论。各种不同的教派都执意向全社会宣扬自己的宗教正统观念。它们都确信教会应当有权支配世俗政府，使之能够执行教皇或长老的指令。它们导致了16世纪最后数十年中法国激烈的内战。虽然一些可恨的专制君主翻云覆雨、纵横捭阖，从而损害自由、强化君权，但比起那些党同伐异、在欧洲搅起腥风血雨的神职人员来，他们更值得同情。因此，通过种种方式，现代国家在教会破产的过程中诞生。

宗教改革的爆发打破了欧洲在宗教上的统一，使整个大陆陷入动乱，人们对神学狂热的厌恶情绪最终孵化出一种怀疑主义。蒙田一针见血地指出："仅仅因为一个人提出某种猜测就把他活活烧死，他为此付出的代价未免太高了。"[1] 欧洲慢慢地走向宽容（这一点将在下一章展开论述）。人们还需要些许时日才会完全接受怀疑主义，把它作为政治秩序的基础。不过，调和适应的方式正在逐渐形成。人们惊讶地发现，两种或者更多相互冲突的意识形态可以相安无事

1　参见《蒙田随笔全集》下卷，陆秉慧、刘方译，译林出版社，1996年版，第300页。

地共存于一个政治共同体之中。由此，西方文明渡过了自古以来的一个重要的政治难关。

现代政治思想的开端

16世纪后期最重要的思想家是政治理论家让·博丹[1]。他相信巫术和魔法，他对自身思想体系的呈现看起来混乱不堪，这些都在提醒我们：我们距离启蒙时代已经多么遥远。但是，他的一篇论文预示了两个世纪后的经济理论方向。他还与蒙田共同主张，讨论宗教是毫无结果的，宽容是唯一的出路（出自《悖论》，该书在博丹死后于1596年出版）。博丹最著名的是他提出的主权概念。他有点夸张地宣称，在他之前没有人真正懂得国家是怎么回事。他抨击亚里士多德这位政治理论的古典权威，尽管他自己也使用了亚里士多德的许多概念。博丹坚持这样一种观点：在政治体的某个地方寄寓着一种"绝对和永恒的权力"，这种权力不可分割、不受限制且长久不变，它可以由某一君主行使，但不因君主去世而消亡，它是归属于国家的一种不可摧毁的抽象物。博丹对当时法国政局的混乱痛心疾首。虽然有些混乱而且方向不明，但他还是得出了对于后人极为重要的思想。[2]

1　博丹（Jean Bodin，1530—1596），法国政治哲学家。

2　博丹还论述过历史研究方法。他对历史研究的重视远远超过17世纪深受笛卡儿影响的那些哲学家的看法。在这方面，他也是启蒙运动的先声。当时还有几位法国人，包括弗朗索瓦·博杜安、拉波普里尼埃，也写了论述历史方法与历史哲学的小册子。参见 J. 富兰克林《博丹与16世纪法律和历史的方法论革命》（1963）和唐纳德·凯利《现代史学的基础》（1970）。——原注一种新型国家正从 16 世纪的大混乱中脱颖而出。它更为强大，往往形成绝对主义的政府，但它对各种宗教信仰日益宽容，而且能够在广阔的疆域内加强秩序，推动经济发展。在博丹去世前一年，纳瓦尔的亨利恢复了法兰西王国的统一，平息了各个教派之间的冲突，随后在 1598 年发布了著名的《南特敕令》。在 1610 年被暗杀之前，这位精明能干但有些放荡的国王已经为后来强大的法国奠定了基础。因此，当 17 世纪的曙光降临时，正如博丹等人隐约预见到的，欧洲已经站在大变革的门槛上。王权领导下主权国家的兴起也是这些变革中的重要环节。在博丹的思想（以及那些与博丹关系密切的"政治家学派"的思想）中，强大的世俗国家与宗教宽容乃是相辅相成的。两者结合起来，才能恢复国家的统一，结束宗教内战。大约与此同时，海德堡的医生埃拉斯都（Erastus）创建了一种后来以他的名字命名的重要教义，即"埃拉斯都主义"，这个术语长期以来被用来表示在信仰问题上世俗权力拥有最高权威。

博丹的思想还有一个引人瞩目之处，那就是他试图通过对各种法律的收集、比较和分析建立一种法理学。与亚里士多德对古代世界所做的伟大综合相似，博丹怀着新的信心，开始为建立一种关于人类制度的科学而进行现代探索。在这方面，博丹也隐约是启蒙运动的先驱者。人们可以看到新时代破晓的曙光，但旧时代的阴影依然没有散去。

因此，至少在那些新教流行的国家，文艺复兴的人文主义与新教对传统宗教权威的攻击相结合，破坏了传统的思维模式。即使在其他国家也有今昔之别。新建的耶稣会的观念就体现了这一点，尽管耶稣会是天主教反击宗教改革的打手。耶稣会和加尔文宗这两大对头也有一些显著的共同特点。其中之一是，二者都极力想要弥合积极生活与冥想生活之间的裂痕。柏拉图和古希腊人宣称后者比前者优越。这就带有分离二者的倾向。中世纪的修道院制度进一步加深了这种分裂。13世纪大学里的教职员都是那些离开了修道院的修士，但他们仍然倾向于把形而上学和神学置于其他实用学科之上（法律是一门独立学科，机械工艺却完全被排除在各学科之外，实验科学则几乎不存在）。中世纪晚期的神秘主义强调寂静主义。人文主义者本身往往流露出唯美欣赏的贵族理想，但意大利文艺复兴的一个重要主题是，提倡积极生活，肯定政治和商业之类事业的价值。

或许，我们能够从这种积极行动主义的反叛中看到当时各种革命的一个共同特点。它们都宣称经院学者已经变得冷漠而猥琐，指责他们脱离现实、不食人间烟火。修道会受到严厉批评而被废除，甚至在天主教国家也是如此。许多人认为，加尔文将（世俗）工作的尊严提升到前所未有的高度。不久，弗兰西斯·培根发出号召，要求从机械工艺中汲取活力，在科学领域里与死气沉沉的经院哲学一刀两断。耶稣会士、热衷现世的人、策士谋臣、周游四海的旅行家都热血沸腾，急于在工作中表现自己的宗教热情，把理论与实践结合起来，把行动与思考结合起来。马基雅弗利、伊拉斯谟和莫尔把政治变成了一门独立自主的研究学科。

巴洛克时代

16世纪末，举目四望，我们会看到一个伟大传统的种种衰亡迹象，但这并不是说有反叛者完全否定了这种传统。现在的学术研究有力地证明，路德的思想来源包括圣保罗、圣伯纳尔，以及中世纪晚期的神秘主义者和奥卡姆主义者；如果说加尔文是更激进的反叛者，那么他也是优秀的古典学者，他当然要把基督教神学建立在《圣经》的基础上。人文主义者都对他们心目中的伟大古典传统顶礼膜拜。正如我们将要看到的，科学革命虽然开辟了新的天地，但也从历史上有所借鉴。它的大多数伟大先驱，诸如开普勒、伽利略、培根、笛卡儿，即便不敬仰亚里士多德，也会对柏拉图推崇备至。尽管如此，16世纪的多数大学虽然讲授这个传统，但对它缺少敬意；有人反对所谓典型的经院哲学方法；有人不满意中世纪以来占据统治地位的亚里士多德哲学；有人在寻求新的综合体系。

法国随笔作家和怀疑主义者蒙田是16世纪的一个"世纪末"伟人。他对莎士比亚有很大影响。他和莎士比亚一样，兴趣广泛，对人性好奇，头脑开放，不恪守教条，喜欢标新立异，讨厌学究气。这才是成熟的文艺复兴人文主义结出的硕果。蒙田精通古典作品，但不做它们的奴隶，而是创造性地运用它们。哲学上，他是怀疑主义者，他在这方面继承了皮浪等古代哲学家的观点。在他思想发展的某一阶段，现在发现的古代斯多葛主义哲学或宗教——在戏剧家塞涅卡的作品中有所体现——深深吸引了他。但是，他并没有长久停留在任何一个立场上。蒙田睿智的散文吸引了许多读者，因为这位伟大的作家洞悉人性，深切了解人类的处境。可以说，蒙田对人类愚昧和虚妄的抨击体现了一种最高深的智慧，但我们也很难否认他的悲观主义色彩。虽然他怀有一种斯多葛主义的信念，相信哲学家通过理解真理、超然物外可以获得拯救，但他没有给人类整体提供多少希望和鼓励。没有人会把他当作进步观念的提倡者。蒙田对于自己的同胞极其厌恶，因为在他看来，这些人为了自己并不真心坚持的观点而互相厮杀。这些人既残忍又虚伪。他思考人类的处境，感叹道："还能想象出有什么东西比这种凄惨而卑劣的生物更可笑吗？"他的悲观主义就源于这种怀疑主义。既然人类只能用无望和不完善的感觉来指引自己，人类就割断了"与其他一切的联系"，如果人类以为自己是理性的，那不过是一种荒唐的自我欺骗。最聪明的人懂得，他们所知道的一切不过是揭示了他们根本上的无知。如果伟大的西方思想传统像人们乐观认为的那样理性，那么不难想象，蒙田的存在也使这种说法一度失效了。

虽然蒙田自称是天主教徒，但他实际上"用丝带绞杀了宗教"。他与其说是一个基督徒，不如说是一个斯多葛主义者，"将异教道德移植到法国"。[1] 因此，他或许可以说是启蒙运动的先驱。"自由思想"在17世纪的法国私下流传，催生了18世纪的"自然神论"和无神论。这在很大程度上应归功于蒙田。但他的怀疑主义、对理性的攻击以及对人性的过低评价，与理性时代所流行的观念圆凿方枘、不相契合。17世纪晚期和18世纪，由于重新发现了大自然的秩序，人们开始恢复对理性的信心。当然，这种信念已不是旧的信仰。蒙田的时代正处于未死与方生之间。

蒙田目睹了宗教战争的恐怖，因而转向斯多葛主义和古典作品寻求内心的解脱。他文雅的怀疑主义思想中潜藏着一颗因同胞的暴行和愚昧而深深战栗的心灵。他们怎么能确保自己的信仰就是正确的？他嘲笑新教徒，因为后者以为人们可以在《圣经》的基础上达

1　H. 丹尼尔-罗普斯：《天主教改革》，1962年版。

成一致。不可能！好斗而又愚昧无知的人类会为《圣经》的每一句话而争执不下。这正是虔诚的主教波舒哀[1]后来用以反对新教的一个论点。不过，蒙田支持的是那些被称作"政治家"或现实主义者的天主教徒，他们想要最大限度地实现宽容；他还支持纳瓦尔的亨利，因为后者愿意放弃自己的新教信仰来换取国内和平。（蒙田曾拜访亨利四世，可能对后者产生了影响。）

蒙田一直被视为典型的巴洛克作家。"巴洛克"这个词最初被用来表示一种艺术（绘画、建筑、雕塑和音乐）风格，后来扩展到文学领域，最终涵盖了当时整个欧洲的思想文化，其时间是从文艺复兴之后到宗教改革在某种意义上结束之前，大约是从 1570 年到 1650 年。学者们对巴洛克时期的起讫时间说法不一，相差数年。这是因为巴洛克现象极其复杂，分期上的差异不足为怪，毕竟这里涉及许多国家和许多文化领域，但对于这个概念本身，人们基本上是认可的。至少它是一把打开人们对这个时代的思想和情绪理解之门的钥匙，而且是我们所能拥有的最好钥匙。巴洛克是对纯粹古典主义的反叛，在某些方面狂野不羁，甚至杂乱无序。在某种程度上，它是 19 世纪浪漫主义的先声。它是一个令人赞叹的艺术创新运动，让美学想象自由驰骋，但我们可以在它对古典主义的片面否定和它的反叛情绪中，看到当时侵袭欧洲的某种思想和情感危机的征兆。随着科学和理性主义的胜利，到 17 世纪中期，古典主义开始卷土重来。巴洛克是适应那个躁动时代的躁动风格。导致躁动的原因包括

1　波舒哀（Jacques-Bénigne Bossuet，1627—1704），法国高级教士、历史学家、王权神授理论家。

宗教不宽容和内战、怀疑主义、文艺复兴的复杂性，还有不久之后全新天文学的首次冲击。

在结束关于蒙田的介绍之前，有必要谈谈他在写作上的巴洛克风格。他的写作有些杂乱，至少表面上看来如此，缺少古典的整齐对称，似乎没有规矩。他注重变化和运动：他的生活和写作都不是静止的，而且他迷恋过程而非结果。他写道："我不描写存在，而是描写转变。"当然，这是他怀疑主义的一个侧面：除了我自己的思想外，没有什么确实存在的真理，而我的思想一直在变化和成长。[1]在这方面，蒙田的前现代怀疑主义与现在的西方思想潮流颇为相似，正如当代艺术形式与巴洛克艺术有许多共同之处。但蒙田断言，人性是相同的，人也是一样的，因此他理解了自己，也就普遍理解了人。现代存在主义对于其他一切持根本怀疑态度，似乎也提出了同样的假设。

蒙田在写作上还表现出一种跌宕起伏的风格，追求震颤和冲击效果。他还在某种程度上迷恋怪诞，甚至残酷。尽管他真诚地厌恶人们之间的野蛮残杀，但我们觉得他很喜欢玩味血腥的细节。蒙田曾经是军人，并以此为荣。总的来看，与19世纪的浪漫主义相比，巴洛克时代显得有些硬朗。

1560年前后，巴洛克风格开始统治南欧的建筑艺术，在某种程度上也扩展到北方。它最伟大的天才是那不勒斯人贝尔尼尼[2]。进入17世纪，罗马城开始焕然一新。贝尔尼尼发挥他巨人般的精力，对

1　参见英国诗人约翰·多恩在其《悖论与问题》中对"易变"的讨论：万物皆变，越变越好。

2　贝尔尼尼（Gian Lorenzo Bernini, 1598—1680），意大利雕刻家、建筑家、戏剧家和画家。

新罗马城的建造贡献甚大。他建造了许多广场和喷泉，至今令游人赞叹不已。巴洛克建筑与罗马的结合，广义地说是与当时天主教建筑的结合，特别是与最有活力的新修会耶稣会的结合，使得它在精神上与天主教的反宗教改革联系起来。可以以格列柯[1]触目惊心的绘画作品中那种扭曲的渴望为例：一种强烈的宗教精神，受客观现实的羁绊，有点像19世纪浪漫主义的方式，拼命地想变形和扭曲——这是一种神圣的疯癫，迥异于冷静理性的古典风格。

巴洛克这个术语也常常用在文艺复兴后的大画家身上，如鲁本斯、丁托列托、伦勃朗和委拉斯凯兹。[2]当然，丁托列托和鲁本斯看上去是最典型的巴洛克画家。无论我们在哪里看到巴洛克风格，它都显得活力四射、无所顾忌，追求宏大效果，推崇不对称而非对称，追求运动而非静止，喜欢打破边界而非整齐划一。在文学领域，我们可以看到巴洛克精神既体现为"玄思"诗人[3]的奇思妙想和诡异意象，又体现为詹姆士一世时期的狂野风格戏剧，后者往往以谋杀、乱伦、巫术为主题，表现叱咤风云的英雄。法国的舞台也表现出同样的趣味：喜欢华丽，渲染暴力。从西班牙引进的悲喜剧就属于这一类。尼古劳斯·佩夫斯纳[4]说："无比的辉煌、疯狂的铺张和极度的繁复，这一切很可能会让米开朗琪罗[5]本人感到厌恶。"但是，它

1　格列柯（El Greco, 1541—1614），西班牙画家。据说，格列柯是因为眼球畸形才导致画面扭曲，或许他本人想画得整整齐齐。

2　鲁本斯（Peter Paul Rubens, 1577—1640），荷兰画家。丁托列托（Tintoretto, 1518—1594），威尼斯画家。伦勃朗（Rembrandt, 1609—1669），荷兰画家。委拉斯凯兹（Diego Velázquez），西班牙画家。

3　"玄思"诗人通常指多恩、马韦尔（Marvell）和沃恩（Vaughan）等。

4　尼古劳斯·佩夫斯纳（Nikolaus Pevsner, 1902—1983），德裔英国艺术史学者。

5　他被奉为风格主义宗师。

们出现在文艺复兴后的某些极端的艺术形式中。（"风格主义"先于巴洛克，并预示了后者。）

巴洛克的关键理念是运动和变化。万物无常，一切皆变，犹如万花筒。让·鲁塞[1]对法国巴洛克文学进行了深入研究，他的专著名为《喀耳刻和孔雀》，前者是希腊女神，是变化和巫术的象征，后者是喜欢装饰和炫耀的鸟。二者都是巴洛克艺术家和剧作家所赞美的。要复杂不要简单，要变化不要稳定，要繁复不要单——这些就是巴洛克的永恒主题，它们与古典主题正好相反。古典绘画，如17世纪晚期新古典主义回潮时期普桑[2]的某些作品，就是把作品题材瞬间冻结，呈现为永恒的静止，并且追求完美的统一和对称。古典派画家也不喜欢曲线。相反，巴洛克绘画作品凸显弯曲旋转的线条。贝尔尼尼的喷泉就是如此。巴洛克"对待直线就像对待一大罪恶那样，唯恐避之不及"（让·鲁塞）。鲁本斯和丁托列托的绘画作品充满了曲线和螺旋，贝尔尼尼的喷泉也是弯曲、旋转的，它们常常被视为最典型的巴洛克作品。此外，巴洛克显示出一种对下层人物的偏爱（带有浓郁的田园气息），与古典主义对尊贵英雄的推崇形成反差。

体积庞大也常常被视为巴洛克风格的一个要素。这不是说所有的巴洛克艺术都是庞大的，或者说庞大的就一定是巴洛克艺术，但追求壮观和幻觉效果可能导致"巨人症"。贝尔尼尼建造的圣彼得教堂大广场以及他建造的那些大型喷泉都被公认是巴洛克风格的。

1　让·鲁塞（Jean Rousset, 1910—2002），瑞士学者，日内瓦大学教授。
2　普桑（Nicolas Poussin, 1594—1665），法国画家。

有人发现路易十四辉煌的凡尔赛宫也有巴洛克因素，尽管它的主要风格还是古典的。对庞大艺术的喜好早在古代希腊化时期就已经出现，当时对希腊城邦那种纯粹严格的古典主义有一种否定。打破桎梏，追求最大极限，显然可能导致巨人症。

我们不应该蔑视巴洛克时代，否则会犯下错误。虽然巴洛克只是昙花一现，但 20 世纪的人比 19 世纪的人更欣赏这种艺术风格。毫无疑问，这是因为二者之间存在着某种文化亲缘关系。威特科尔教授（一位高级权威）写道，巴洛克那一代人是"几乎令人难以置信的一代强人"。贝尔尼尼、博罗米尼、委拉斯凯兹、伦勃朗、鲁本斯和哈尔斯[1]都属于当时的艺术巨匠。我们还可以把丁托列托和年轻的普桑列入这个名单。如果把巴洛克的概念推广到文学领域，莎士比亚和詹姆士一世时代的剧作家以及其他一些作家也可以被包括在内。在建筑领域，巴洛克大概产生了最后一种真正原创性的、有活力的欧洲风格，至少在 20 世纪之前可以这样说。18 世纪和 19 世纪的折中主义不断向它回溯借鉴，当然前者也借鉴了欧洲其他伟大的风格，如哥特风格、文艺复兴风格和新古典主义风格等。

巴洛克有许多侧面，因此我们必须警惕那些削足适履的定义陷阱（和后面要谈到的浪漫主义的情况一样）。但冒险与困惑相结合的巴洛克风格恰好符合那个迅速转变的时代的形象：它提起古老的锚链，开始在尚不熟悉的大海上向着未知的目的地远航，但对船体的平衡毫无把握。对运动和不稳定的强调正是巴洛克的精髓。贝尔

1　博罗米尼（Francesco Borromini，1599—1667），意大利雕刻家。哈尔斯（Frans Hals，约1581/1585—1666），荷兰肖像画家。

尼尼宣称，人在运动时最像人。巴洛克时代的人赞同古代哲学家赫拉克利特的观点，即"旋转主宰一切"。这是一个不安定的时代——政治不安定（宗教战争导致国内冲突和国际争端），思想也不安定。自宗教改革与反宗教改革的可怕冲突开始，欧洲就进入了开普勒和伽利略的时代：他们对整个宇宙进行探索，力图建立物理学的新秩序。直到 17 世纪末，牛顿才将这个新秩序建立起来。因此，毫不奇怪，16 世纪后期和 17 世纪初期人们不可能保持古典式的平静。对于这几代人来说，他们什么也不能驯服，什么也不能平衡。他们发现了一些奇异而可怕的事物。随着两千多年的世界图景土崩瓦解，现代世界的景象在 17 世纪的人们眼前闪烁不定，忽而令人兴奋，忽而令人惊骇。

这是巫术与魔法的时代，也是现代科学和哲学诞生的时代；这是伟大艺术和建筑的时代，但这种艺术风格缺少稳定性，很快就土崩瓦解；这是战争、革命、饥馑与苦难的时代，现代国家和现代经济社会历经磨难而崭露头角；这是奇迹般的巴洛克时代。大约从 1580 年到 1630 年，这段岁月将永远与莎士比亚、蒙田和鲁本斯的名字连在一起，同时这也是开普勒、第谷和伽利略的时代。正是科学革命最终塑造了 17 世纪，为其指明了方向。

第 2 章

17 世纪的科学与思想革命

思想史上有许多无聊的真理和有益的谬误。

——阿瑟·凯斯特勒

希腊人把科学视为对自然的理性探索，这种思想似乎正是西方文明特有的理智特征的根基。

——莫里斯·科恩 [1]

中世纪的科学

实际上，科学革命有着深远的历史根源。中世纪科学绝不像人们过去理所当然予以鄙薄的那样，它在现代神话破灭的当下，反而时常受到人们的肯定。12 世纪，在重新发现亚里士多德的逻辑学和科学方法论论著（《后分析篇》）的同时，学者们还重新发现了希腊

---

1 阿瑟·凯斯特勒（Arthur Koestler, 1905—1983），匈牙利裔英国小说家、批评家。莫里斯·科恩（Morris Raphael Cohen, 1880—1947），美国哲学家。

和阿拉伯的数学。中世纪的数学家，如比萨的莱昂纳多和乔丹纳斯[1]都做出了重大贡献。如果说科学分析的数学演绎法相当兴盛，那么观察和实验方面的经验方法也在某种程度上得以流行。诚然，中世纪的大学实际上几乎没有实验技术，但主流哲学观念，即亚里士多德主义，在某种意义上是很注重经验的。阿尔伯图斯、罗吉尔·培根等中世纪的大学者都怀有浓厚的科学兴趣，尽管他们之中最伟大的托马斯·阿奎那对物理和自然科学的关注并不如对伦理、政治和形而上学思想那么多。凡事都有个先后顺序。12世纪和13世纪给后来的科学奠定了坚实的逻辑思维基础。因此，如果嘲笑亚里士多德和中世纪经院学者的错误而忘记他们建立的基本真理，这是不合情理的。不过，他们确实不能造就一次科学的复兴，因为他们是陈腐错误观点的囚徒，且无法挣脱出来。

14世纪似乎正在酝酿直到16世纪末才真正发生的那场突破。奥雷姆、比里当、萨克森的艾伯特等晚期的经院学者已经在研究那些运动概念，而200多年后开普勒和伽利略正是因为探索这些概念而赢得了更大的名声。但是，这是一次流产的科学革命。历史学家承认，这些北方的经院学者的工作虽然开始很有希望，但最终不了了之，"14世纪末，经院学术创新的辉煌时期走到了尽头"，巴黎和牛津在科学领域停止了创新。大约从1350年到1660年，几乎所有的领域都奇异地摇摆不定，这个时期因百年战争和随后宗教改革时期的冲突而普遍停滞。欧洲北部受到的破坏比南部严重，由此可

1　比萨的莱昂纳多（Leonard of Pisa，约1170—约1250），意大利数学家。乔丹纳斯（Jordanus Nemorarius，1225—1260），德国数学家。

以解释为什么意大利能够在这个"文艺复兴"时代跃居前列。意大利北部的帕多瓦大学成为中世纪晚期主要的科学中心，它在科学革命中也是光荣之地。哥白尼曾经在那里学习，伽利略后来在那里任教。帕多瓦还是解剖学家维萨里[1]的定居之地，被称作"生理学的伽利略"的英国人威廉·哈维师从于他。帕多瓦在一定程度上保存了中世纪的成就并将其发扬光大。

帕多瓦的哲学传统实际上是左翼亚里士多德主义，即阿威罗伊主义（阿威罗伊是阿拉伯著名的亚里士多德哲学注释者）。阿威罗伊主义保持了亚里士多德主义对实验的兴趣，但没有中世纪基督教世界里亚里士多德主义信徒常常表现出的那种教条主义。帕多瓦长期保持着对自然科学感兴趣的传统。而且正如克龙比所说的，"16世纪和17世纪的主要科学家熟悉并运用了中世纪前辈的著述"，每一项重大的成就都建立在前人的基础之上。无知的历史著作对中世纪怀有一种非理性的偏见，总是重复着中世纪毫无科学建树的老调。这种偏见至今广为流传。实际情况并非如此。不过，在16世纪，只有少数地方和少数人维护着科学传统，他们将永远受到人们的尊崇，代表着流芳百世的人类思想成就。

文艺复兴时期的意大利人，这里说的是主流的人文主义者，往往重视文学而忽视科学。诸如不朽的艺术家兼科学家达·芬奇等某些人文主义者虽然怀有科学兴趣，但他们总体上注重美学而不是科学（而达·芬奇作为科学家的才能一直以来被夸大了）。人文主义

1　维萨里（Andreas Vesalius, 1524—约1564），比利时医师、解剖学家，生于布鲁塞尔，后来在巴黎、帕多瓦任教。

者对古代经典顶礼膜拜，但他们对科学却会产生一种反动作用，因为本本主义和食古不化是科学发展必须克服的障碍。人文主义者重新引入柏拉图主义，但正是由于推崇与亚里士多德主义对立的理论，他们间接地刺激了科学探究。尽管与亚里士多德相比，柏拉图算不上科学家，但他是数学家。凡是对这位伟大的雅典人有所了解的人都知道，他把数学置于教育的首要地位，因为数学教给我们的是所有复杂思维的基本原理。因此，在空间、重力、物质性质和天体性质等重大问题上，柏拉图学派（以及与其关系密切的毕达哥拉斯学派）发展出一系列与亚里士多德学派不同的观点。对于哥白尼所进行的划时代研究工作来说，这个被重新发现的古代科学学派是其最重要的背景。

哥白尼革命

1543 年，柏拉图学派与亚里士多德学派曾就这个问题展开激烈的辩论。文艺复兴时期波兰裔德国天文学家尼古拉·哥白尼出版了《天体运行论》一书，提出日心说这一假设，认为地球和行星围绕太阳运转，而不是像公认的那样，所有天体在一系列球面轨道上围绕着不动的地球旋转。（这部作品此前已经以手稿形式在少数学者中间流传。）关于这本书有许多神话。在此需要谈两点。首先，哥白尼并不是第一个提出日心说的人，在古代就有几个著名科学家已经提出过。其中最重要的是萨摩斯岛的阿里斯塔库斯，他是公元前 3 世纪亚历山大大帝时代的希腊人，是"古代的哥白尼"。柏拉图主义和新柏拉图主义的复兴，对于哥白尼、开普勒和伽利略这些关键人物都产生了重大影响。（甚至连弗兰西斯·培根也把注意力从亚里士多德转向柏拉图。）在哥白尼之前，15 世纪德国牧师库萨的尼古拉斯也曾经推测，地球是在一个无限的宇宙中运动。他的这个想法来源于柏拉图主义，并且被他的宗教神秘主义笼罩着。

其次，长期流行的地心说不是简单地基于迷信和神学偏见，而是基于当时看来最好的证据。中世纪学者所公认的宇宙论出自亚里士多德和希腊化时期的埃及天文学家托勒密。托勒密对亚里士多德的天体学说体系有所修订，但基本上赞同这一体系。大地在宇宙的中心静止不动，因为在没有任何东西推动它的情况下，如此沉重的实体是不可能动起来的。古人不懂得惯性定律，这很容易理解，因为人们很难想象那些巨大的物体在没有任何东西推动和指引的情况下在空中旋转，并且一直沿着轨道运行。这样的结论是科学天才进行大量研究的结果，单靠观察是不可能得出这个结论的。伽利略赞扬哥白尼具有想象力，能够设想在常理中不可能的情况。因为经验常常显示的是，当我们抛出一个物体后，它不会无限地持续运动，而是很快就落到地上。

亚里士多德的物理学解释说，物体被抛出后，在其原先的位置上会形成真空，空气填充真空从而形成动力。重力则是推动所有物体寻找它在地球中心的自然归宿的力量。亚里士多德的运动理论认为，物体的自然状态就是静止，除了天然要动的生命体和下落的物体外，任何物体都必然需要一个推动者使它动起来。物体下落的速度与其质量除以空气阻力的值成正比。在真空中，物体以无限大的速度下落。不过，亚里士多德学派认为不可能有真空。

大地之外就是水、气和火的领域。由此可以解释，为什么按照当时的说法这些要素都是上升的。然后是太空，天体在一系列球面轨道上围绕着地球旋转，第一层是月球，然后是水星、金星、太阳、火星、木星、土星，最后是恒星。（月球是一个分界线，在它之上都是纯粹的、不可败坏的、永恒而神圣的，在它之下都是不完善的、易变的和不纯粹的。）"最高轨道"凭借某种飞轮结构转动着球面轨道的其他层级。正如通常的天堂示意图所显示的，天空的最高层是"上帝和所有得救者的住处"，但它与这个体系没有直接关系。

这幅画面有些难解之处，尤其是亚里士多德和托勒密并不完全一致，天体观察的结果迫使托勒密的体系增加了"本轮"这种很别扭的结构设计，即行星在自己轨道上运行的小圆周和地球并没有完全位于各种轨道中心的偏心圆周。随着人们的观察结果越来越准确，这些"保全面子"的小机关也越来越多。然而，通常人们会说哥白尼的假说简化了这个模式，这种说法其实不正确。这里有必要重申，反对地动说的主要论据都是物理学方面的。这些赞成地球静止的论据令人信服，动力学领域的论据尤其如此：像地球这样沉重的物体，如果没有另外一个推动者，怎么可能动起来？如果动起来，又有什么东西能够阻止它下落？要使人们相信地球在空中旋转，那就必须先有关于万有引力和惯性运动的现代理论支撑。人们的常识和实验证据似乎都支持这种观点：如果没有向它们施加一种有形的推动力，物体不会保持运动状态；抛出的圆球会很快落地。手离开后，圆球显然还保持短暂的运动状态，对此亚里士多德物理学用气流来加以解释。亚里士多德物理学还支持这种观点：由于物体向地球中心的方向下落，引力必然向这个方向吸引宇宙万物。哥白尼也知道自己的假说有许多未明之处，他没有设想过自己能证实这个假说。他只是将其作为一种建议提出来，留待未来的科学检验。

最后还有一种荒诞的说法，即某些势力合谋压制了哥白尼的真理。其实，哥白尼假说在提出之时并非不证自明的真理，相反，在大多数受过教育的人看来，它几乎是不证自明的荒唐；而且它也并非像后来许多人所说的那样是惊人的新发现。诚然，公认的宇宙论已经被纳入基督教神学，抛弃它会对教徒造成许多伤害，但教会并没有反对哥白尼的工作。路德称哥白尼是傻瓜[1]，但许多博学的科学家也持有同样的看法。学术界早已证明，哥白尼学说被拒绝接受的主要原因不是什么反动派的阴谋，而是其学说本身缺乏令人信服的证据。当时，宗教改革和文艺复兴依然主宰着欧洲大部分地区，人们更加关注其他领域的研究，要么是神学，要么是人文学科。

针对物理学界对地动说的否定，哥白尼用经院哲学的方式加以反驳，即从事物的性质和目的来论证，这种解释显得软弱无力。[2]例如，他只是说，我们应该认为运动比不运动更高贵、更神圣，而不是相反；引力是"造物主赋予物体各个部分的一种天然倾向，是为了把各个部分结合成一个天体，从而促成它们的统一和整体性"。

1　与有些人的说法相反，加尔文显然对哥白尼一无所知。如果他知道，可能会欣然接受哥白尼的观点，因为加尔文自己在论述这类问题时所阐释的主要观点是，大自然的神奇造化证实了上帝的荣耀；自然现象越奇妙，就越彰显上帝的伟大。加尔文接受新的天文学没有什么困难。参见爱德华·罗森《加尔文对哥白尼的态度》，载《观念史杂志》，1960年，7—9月号。——原注

2　在亚里士多德的四因说（质料因、形式因、动力因和目的因）中，目的因（终极因）最为重要，也最受重视。要理解一个对象，我们需要知道它的物质成分、形式或构造，以及形成的动力，但最重要的是，需要知道它的目的。例如，一扇窗用玻璃做成，有窗户的形状，由工匠制造，而所有这一切都是为了使它成为其所是；但很显然，如果窗户没有用途，就不可能有什么窗户。对一扇窗户的最终解释是，它之所以存在，是为了向外看。这是一个非常严密的逻辑推理，但在后人眼中，它显得很可笑，好像不动脑子，是用现象解释原因。对目的论的颠覆，是科学革命的一个关键组成部分。——原注

哥白尼不愿发表他的学说（直到临死前，才在他的一个年轻弟子、德国新教徒雷蒂库斯的一再敦促下公布），并不是害怕教会不高兴，因为教皇本人似乎也敦促哥白尼发表成果。哥白尼其实是担心遭到嘲笑，因为他还不知道该如何回应人们提出的反对意见。我们可以换个理由来为哥白尼秘而不宣的做法辩护：当时公开他的学说有可能败坏科学革命的名声，从而延误整个科学革命的事业。过早公开那种让人目瞪口呆的创新，或许不是明智的策略。在没有充分论证之前，不应该将其公布出来。哥白尼的胆怯可能是更明智的选择。总之，哥白尼确实没能使自己的假说令人信服。当时的人也不应该因为他们对哥白尼宇宙论的怀疑而受到谴责。

开普勒和伽利略

整个亚里士多德科学已经在逐渐受到怀疑。人们在1572年对一颗新星的观察，以及在1577年对彗星的观测活动都具有重要意义，因为这些现象无法被纳入托勒密的框架。（这颗彗星竟然穿越了所有的水晶球层面！）伽利略认为，亚里士多德学派都是一些傻瓜。他对经院学派的观点逐一给予毁灭性打击。他们不仅在宇宙论和动力学上存在谬误，其他方面也是如此，例如水力学，亚里士多德学派认为，物体在水中是下沉还是漂浮与其形状有关，伽利略则认为这与比重有关。曾经被视为最尊贵也最可信的科学体系在17世纪初陡然崩塌。但到伽利略为止，使沉重的地球运行的动力体系仍然最令人困惑。这个问题到了牛顿那里才得到完全澄清。

如果说帕多瓦在解决哥白尼的难题方面遥遥领先，德国南部在宇宙论革命的初期也起了突出作用。实际上，欧洲各地的天才人物都发挥了他们的才能。出身低微的士瓦本人开普勒在图宾根大学（在德国南部斯图加特附近）接触哥白尼学说，随后来到波希米亚的布拉格，在魅力四射的丹麦天文学观察家第谷手下工作，再后来成为哈布斯堡皇帝的官方天文学家。第谷在家乡丹麦备受嘲讽，但在德国城市奥格斯堡则受到热烈追捧。第谷孜孜不倦地工作，逐渐积累了大量证据，从而使旧天文学日益动摇。开普勒历经磨难，后来又在"三十年战争"（1618—1648）的艰难环境中工作。他终于打破了"圆形的专制"，发现了行星运行的真正规律。他还阐释了惯性运动的概念，伽利略后来对此做出了精彩的论证。开普勒的才华超群逸伦，但他始终是半个中世纪人。他寻求天体的和谐，将神秘主义与科学融为一体，显现出半新半旧的思想状态。另外，他始终坚信几何学是宇宙的基础。（"几何学在创世之前就存在，它与上帝的精神同样永恒，它就是上帝本身。"）行星运动三定律以及其他真知灼见都被他的玄思所淹没。如果他把这些发现集中起来，或许就能早于牛顿近一个世纪发现引力定律。[1]人们普遍认为，开普勒的非凡劳动和创造力标志着新物理学与天文学的关键性突破，但这位出身低微的德国人还无法实现对新知识的综合。在他所处的那个时代，也只能如此。

开普勒既有超乎常人的信念，也有超乎常人的精力，正如阿

1　行星运动第一定律是，行星的轨道是椭圆形的。第二定律是，行星到太阳的向径在相等时间内扫过的面积相同。第三定律是，行星公转周期（即围绕太阳一圈的时间）的平方等于行星到太阳平均距离的立方。第三定律已经预示了牛顿的引力定律（引力与物体之间的距离平方成反比）。——原注

瑟·凯斯特勒所形容的，开普勒是"毕达哥拉斯式的神秘主义与科学的综合体"。虽然他未能完全进入现代科学，但他克服了物质和精神上的重重困难，抵达了现代科学的大门。德意志的皇帝要把有限的资金用于军费这类更重要的开支上，因此付给开普勒的薪金少得可怜。当时受雇的天文学家主要被当作占星术士使用，因此开普勒通过给名人算命赚钱维持生计。他死的时候身上不名一文。由于缺少必要的数学工具，他不得不在计算上进行艰辛的劳动。他从未停止寻找他所坚信的宇宙中的和谐与法则。他最大的不幸在于，几乎没有人能接受他最重要的发现，因为人们无法抛弃把圆周运动视为完美的理想形式的观念。这种观念的退场是一个渐进的过程。开普勒描述的椭圆形运动不那么受到看重，似乎就像他本人的命运一样尴尬。他在默默无闻中死去，但身后的声誉不断上升。今天，他已被奉为人类历史上最伟大的人物之一。

伊丽莎白女王的宫廷医生、英格兰人威廉·吉伯[1]于1600年发表了关于磁体的研究成果（这也是延续了自中世纪开始的研究），苏格兰数学家约翰·纳皮尔[2]发明了一种重要的数学工具（对数）。稍早些时候，英国通过伦纳德·迪吉斯、托马斯·迪吉斯和约翰·迪伊[3]向哥白尼伸出援手。法国在笛卡儿之前就已经拥有了伟大的数学家皮埃尔·费马。在德国，纽伦堡可以被宣称为最早的天文观察重镇，在科学革命中地位依然显著。不过，伽利略在世时，意大利占

1　威廉·吉伯（William Gilbert，1544—1603），英国物理学家。

2　约翰·纳皮尔（John Napier，1550—1617），英国数学家。

3　伦纳德·迪吉斯（Leonard Digges），于1550年制造了第一架望远镜。托马斯·迪吉斯（Thomas Digges，1546—1595），英国数学家，对哥白尼体系做了改进。约翰·迪伊（John Dee，1527—1608），英国数学家。

据着舞台中心。1610 年，伽利略用望远镜所做的观察（这个望远镜不是他发明的，但经他改进过）及其轰动一时的观察报告，使欧洲人开始关注托勒密体系的崩溃，并且激发起人们对天文领域前所未有的普遍兴趣。

伽利略的天才和预见由此主导了科学革命。这位伟大的意大利人并非永远正确，[1] 但他那激扬的文采和丰富的科学想象力，能够使有教养的人完全信服地接受哥白尼的"假说"。他不仅通过令人信服的观测成果动摇了旧的宇宙论，还有力驳斥了许多反对地动说的老调，诸如离心力会把地球转成碎片，抛向空中的物体会落在任何一个不同的点。随后他又以卓越的才智对另一个人们长期关注的话题进行探究，发现了落体加速度定律。最关键的是，他实际上已经发现惯性定律：与人们原本的认知常识相反，物体在运动时并不需要持续的推动力，一旦动起来，靠自身的动能就能持续运动。

伽利略与教会当局冲突的故事众所周知。在他的晚年，准确地说是 1633 年，伽利略受到审讯，被迫放弃自己的观点，随后被软禁在自己的农庄（他在那里没有停止撰写科学著述）。罗马教会的立场有时会让人产生误解：哥白尼学说若是作为纯粹的"假说"而不是作为事实提出来，教会就准备容忍它，事实上教会也是这样做的。[2] 虽然所有记载都表明，伽利略是一个非常虔诚的教徒，无意嘲弄教会当局，也不想败坏宗教信仰，但他犹如一个先知那样有力地

1　例如，他绝不接受开普勒的行星椭圆形运行轨道的重要定律。他对这位同时代的伟大德国人总是表现出不宽容和忌妒。——原注

2　正如克里斯托弗·希尔指出的，在罗马天主教统治的西班牙，"哥白尼革命很容易得到认可"。1594 年，萨拉曼卡大学就讲授哥白尼学说，腓力三世还邀请伽利略到马德里。——原注

宣称，《圣经》不应被当作物理学教科书，否则宗教本身会名声扫地。当时，在特兰托公会议精神的支配下，教会不可能接受与《圣经》某些段落相悖的哥白尼-伽利略宇宙观。新教有时也会有类似的反应。教会蒙昧主义既可悲又无效，因为无论在天主教国家还是在新教国家，科学革命都已经开始了。意大利的博雷利[1]和托里拆利，法国的笛卡儿和帕斯卡都是这方面的杰出例证。这些人接受现行的惯例，把他们的一些科学成果当作"假说"而非事实。笛卡儿生前积压了一些成果不予发表。对科学家的迫害，只能延迟科学革命，而不能挫败它。

纵观现在的许多研究成果，可以得出这样一个结论：有关教会压制科学真理、推行蒙昧主义的传统故事有许多夸大之词。虽然确有其事，但不像流行的历史书本说的那样严重。许多"理性主义神话"必须被抛弃。开普勒名义上是路德宗教徒，但大部分时间是在天主教国家工作，不仅没有被滋扰，反而很受尊崇。伽利略与教会的戏剧性冲突乃是由于他触及前文所说的禁区，即如果将哥白尼学说当作"假说"提出来，教会不会反对。（实际上哥白尼学说应当也算是"假说"，而不是绝对真理。）也有人说伽利略生性好斗、难以相处；恃才傲物的性格在他身上得到充分体现。耶稣会很快就接受了新天文学，并且对此做出新的贡献。例如，可能就是沙伊讷[2]在因戈尔施塔特最先观察到太阳黑子。（不过，耶稣会愿意支持第谷的学说，而不愿支持哥白尼的。第谷认为，行星围绕太阳旋转，但行

---

1 博雷利（Giovanni Alfonso Borelli，1608—1679），意大利生理学家、物理学家。
2 沙伊讷（Christoph Scheiner，1573—1650），德国人，耶稣会士、因戈尔施塔特大学数学教授。

星和太阳都围绕地球旋转。这样的修正既能适应新的观测结果，又维护了旧体系的本质。）当然，那种反对新学说的保守僵化势力肯定存在，但这一群体主要存在于大学和科学院中，其基础是阿瑟·凯斯特勒所说的那些"维护传统、垄断学术的专业人士……迂腐的学究"。

在我们这个时代，也有人反对弗洛伊德，反对现代绘画，反对乔伊斯和劳伦斯的小说，这可能与上述情况相似。反对者并非都是"宗教人士"，也并非都是愚钝之人。各种保守分子以及那些未能迅速适应新观念的人都会联合起来，一些敏锐的教会人士反而会成为先锋派的成员。保守主义和教权主义并不能算是一回事。在伽利略时代，教会势力要更为强大，但它的基本态度是，避免用自己的权力来限制科学探究。相比之下，低级教士的视野更为褊狭，高级教士的思想则开明得多。总之，对伽利略的惩戒十分可悲，但不能简单地归咎于整个教会对科学的无知和排斥。

伽利略毕生致力于破除反对地动说的种种经典论点。这位意大利人常常被赞誉为最伟大的实验科学家。在科学想象力方面，即在提出假设和设计实验方面，他确实超凡绝伦。（他是否真正做过从比萨斜塔上往下抛掷两个不同重量物体的著名实验，是值得怀疑的；这个故事似乎是张冠李戴。）他认为自己采用的主要是数学方法，而不是实验方法。一位研究科学革命的历史学家指出："现代惯性定律是人类仅凭实验几乎不可能得出的。"柏拉图主义对伽利略产生了决定性影响。伽利略的核心思想或者信念是："宇宙是一本用数学语言写成的书。"由此，我们回到《圣经·约伯记》和柏拉图著述所阐述的西方传统的古老核心信念：宇宙有一种秩序，即事物之间都是均衡的。当然，柏拉图主义的影响不止于此。伽利略的方法相当复杂，包括提出假设，在严格控制变量的条件下检验假设，依据所得的结果提出进一步的假设等等。但这种方法的基础是一种柏拉图主义信念：大自然的结构可以被人认识，也可以通过数学公式被表达出来。伽利略具有把物理问题"数学化"的能力，也就是说，不是仅仅从纯感知角度或动力学角度来设想问题，而是要寻找数学规律。正是这种能力使他有可能达成诸如惯性运动定律等根本性的发现。这实际上是对"经验主义"的突破——伽利略把亚里士多德主义等同于"经验主义"。这条成功之路最终通向了牛顿。

科学革命的继续

总而言之，伽利略的天才实验冲击了欧洲人的想象。他雄辩的文风，以及1633年他与教廷的冲突都促成了他的巨大声誉：他被视为在人类的世界图景中开辟新时代的先驱者。像他那样把强大的理智能力与大胆的想象力集于一身的人极其罕见。与此同时，1600年，布鲁诺被烧死在火刑柱上，科学事业拥有了一名殉道者。布鲁诺是神秘主义者和宗教异端分子，并非真正的科学家。（不过，在中世纪与现代之交的晦暗微明时期，许多重要人物都是汇集真正的科学天赋与幻想、神秘哲学甚至是秘术于一身，例如库萨的尼古拉斯、医生帕拉切尔苏斯[1]，第谷和开普勒也是如此。）精力旺盛的布鲁诺提出了许多标新立异的思想，其中最离经叛道的是多重宇宙论。当我

1　帕拉切尔苏斯（Paracelsus，1493—1541），瑞士医生、药理学家。

们知道地球不再是独一无二的，即不再像以前所说的那样是唯一拥有重量的实体时，就会想象可能存在着许多地球、许多种人类以及许多个基督。在梅内尔夫人[1]这样的现代基督徒看来，不难想象"这些星辰展示了千百万种上帝"，但这在16世纪的绝大多数基督徒看来，实在难以想象。

甚至连才华横溢的帕斯卡也承认，新宇宙的空空荡荡令他感到害怕；他的意思不仅是说宇宙空前地扩大了，也是说旧的宇宙观中不会有"虚空"，即宇宙是充实的，里面没有间隙或空白。简单地说，宇宙论革命包含着人类整个观念的重大变化。与严格的科学问题相比，思想史学家对"世界观"这个东西更感兴趣，也更为关注。他们会把科学问题留给科学家考虑。人们经常说，"就思想视野而言，现代世界是从17世纪开始的"（伯特兰·罗素）；17世纪科学造成的思想视野的变化"使基督教兴起以来的一切都黯然失色"（赫伯特·巴特菲尔德）；"上千年来支撑着人们理性意识的那种现实观念正在消退"，新的现实观念正取而代之（梅里克·卡雷）。

要想描述这一巨大变化，就要全面观察17世纪的科学家和哲学家，如培根、笛卡儿、伽桑狄和霍布斯。这是下一节的内容。这里，我们只能概括地描述伽利略之后，17世纪中叶科学革命持续展开的进程。

要继续伽利略开创的伟大事业，人们就有必要发展数学这种"大自然的语言"。伽利略的方法局限于几何学。因此学者们的下一项任务是把代数学应用于物理学；伽利略的嫡传弟子卡瓦列里在这

1　梅内尔夫人（Alice Meynell，1847—1922），英国诗人。

方面有所贡献，但主要的进展是由法国的费马和伟大的笛卡儿取得的。用代数符号表示几何关系，是科学方法的一项重大成就。由此发展下去，经由帕斯卡，最终由牛顿和莱布尼茨创立了微积分。

同时，伽利略的另一个学生托里拆利于 1643 年进行了关于大气压的实验，吸引了欧洲所有渴求知识的年轻科学家。实验结果在法国由梅森神父[1]公布。（梅森所在的修道院是当时科学运动的一个中心——这是教会并非总是科学之敌的另一个证明。）接下来，杰出的帕斯卡通过一系列经典实验对托里拆利的工作成果加以完善。帕斯卡爬到山上，观察气压计的水银柱是否随着空气比重的减轻而下降。结果，帕斯卡推进了气体力学的发展，这一次实验方法取得胜利，亚里士多德主义再次遭到失败。我们知道，亚里士多德主义的一个重要信条是：真空是不可能的。但帕斯卡证明，真空确实存在！17 世纪的气泵实验就像 18 世纪的电力实验一样，是业余科学家最爱在社交聚会或公共场合向目瞪口呆的观众演示的项目。

英国实验家罗伯特·波义耳发现了气体体积随压力和温度而变化的定律。始于中世纪的光学实验在 17 世纪特别盛行，伟大的笛卡儿和牛顿完善了光及其折射的色谱分析。如何解释光的折射现象成为一个重要的科学问题，并引发了激烈争论。

由于有了更完善的显微镜和更精准的观测技术，科学家也能对生物进行更仔细的研究。虽然公认的“生物学”时代的到来还有待时日，但此时已经有了一些重大发现。威廉·哈维[2]的成就十分突

---

1 梅森（Marin Mersenne，1588—1648），法国数学家、医生、音乐理论家、神学家。
2 哈维（William Harvey，1578—1657），英国医生、生理学家。

出。他是伟大的比利时实验解剖学家维萨里的弟子。正如他的英国同胞霍布斯所说，是他（哈维）第一次使"人体科学"引起了世人的注意。其实，哈维的成就不过是正确地描述了心脏和血液循环系统的机能，但这足以赢得普遍的赞赏，也恢复了人们对解剖学的强烈兴趣。笛卡儿用他的权威来支持这样一种机械观念：动物和人的身体不过是机器而已。这种做法是把有机现象强行纳入物理学体系，只取得了部分成功，因为这毕竟涉及两个不同的领域。然而，新的观念激发了学者们的研究工作并提供了新的知识。另一个引起轰动的事件是荷兰观察者发现了微生物。由此，人们可以通过显微镜获得有关生物体的大量新知识。

到 17 世纪 60 年代，伟大的科学学会的时代到来：英国皇家学会、法国科学院先后成立。此前，科学工作在很大程度上要仰仗国王对科学家个人的资助，例如第谷曾领取丹麦国王的津贴，开普勒由德意志皇帝资助；或者靠某些科学"爱好者"、赞助者的活动，如梅森神父或英国的亨利·奥尔登伯格[1]。科学研究变得越来越有组织，越来越同步，从而使人们能够获得的知识资源远胜于从前。等到牛顿出现时，科学资料和数学方法已经累积到足以支撑他完成大规模的知识统合。这种学统合固然需要他这样的旷世奇才，但在 1687 年以前，即便是最伟大的天才也力有未逮。

一般来说，到牛顿出现时，许多激动人心的科学前沿成果产生了既令人不安又深刻的影响。谁也不知道这些成果会产生什么结果，

---

[1] 奥尔登伯格（Henry Oldenburg，1615—1677），德国人，英国皇家学会首任秘书、皇家学会学报创始人。

或者说它们会如何组合。人们只知道，自古以来基本不变的宇宙观再也无法让人信服了：

> 太阳失落了，大地失落了，人类的智慧
> 不能告诉人类该向何处寻觅。
>
> ——约翰·多恩[1]

新的世界观

我们前面提到的哥白尼、开普勒和伽利略都不是哲学家，但他们的思想在哲学领域产生了重要影响。他们推翻了中世纪的宇宙论以及亚里士多德物理学的大部分内容；同时，他们往往蔑视亚里士多德基于"目的因"、目的与目的论进行的阐释。目的论在17世纪备受批评。弗兰西斯·培根指出，它就像献身上帝的处女，看起来赏心悦目，但不会生育。在莫里哀[2]的一部戏剧里，一个亚里士多德主义学者遭到嘲笑，因为他煞有介事地解释说，鸦片能让人入眠是因为它有催眠性质。在莫里哀的时代，这种解释等于什么也没说。在今天看来，这也是一句废话。解释的方式在发生变化。亚里士多德学说曾经让多数人信服，但科学革命时代的培根和伽利略们已经弃之如敝屣。人们必须放弃寻找终极原因，否则会一事无成。不要去想什么终极目的，人们只需对观测结果进行分类和计量，虽然这

1　约翰·多恩（John Donne，1572—1631），英国玄学派诗人、散文作家。

2　莫里哀（Molière，1622—1673），法国剧作家。

远离了宏大的事业追求，却会有更多收获。终极目的是不可知的，只要细心研究实际原因，就能获得征服大自然的力量。

遭到批评的还有亚里士多德学说中万物统一的观念。伽利略致力于用数学和量化方式来解释物理世界，因此他主张区分物体的基本性质（第一性质）和次要性质（第二性质）。只有前者可以被视为实在的，即在科学上是有意义的，后者则都可以归结为前者。基本性质是指大小、形状、运动、体积和数量等这些可度量的性质。物理性质应该被简化成可以确切计算的力学命题。一切泛灵论的表征，即那些看似表现灵魂、生命或意志的东西都需要被排除。今天，我们理所当然地认为物理世界是毫无生机的。由此可见，17世纪的思想对于西方世界的渗透是如此彻底。（现在有哲学家重提所谓的"泛心理主义"，但这种哲学很少被广泛接受。）赋予水或岩石某种程度生命特性的解释行为会让我们觉得很奇怪。不过，亚里士多德在某种意义上就是如此。他教导说，万物都是质料和形式的结合体，都被连接在伟大的"存在之链"中，这个链条从最底层、最惰性的物质一直延伸到顶端最纯粹的天使本质。（这个观念及其吸纳的一些新柏拉图主义因素，至少在中世纪是被广泛接受的。）笛卡儿哲学提出物质（延展的物质）与精神或灵魂（思维的物质）鲜明区分的二元论，这导致他与亚里士多德学派的冲突。后者将灵魂视为肉体的形式，与肉体不可分割，灵与肉是事物的一体两面。新观念则与之相反。基本性质与次要性质，笛卡儿的心物二元论等与新观念十分契合。还应该指出，具有等级性质或主张"存在之链"的亚里士多德宇宙体系让位于新的宇宙体系：万物都具有相似的性质，服从同样的法则，仅有数量上的差异。

机械的世界图像取代了有机的世界图像。"世界是一个整体，所有动物的躯体都是其中的一部分，世界整体是有生命的。"这是文艺复兴时期佛罗伦萨一位著名柏拉图主义者的说法，也是古希腊哲学家的典型观念，无论他属于柏拉图学派、亚里士多德学派还是斯多葛学派。实际上，我们已经学会把世界基本看成一部机器——至少在牛顿之后的两个世纪，受过教育的人中很少有人不把世界看成一个由运动中的物体组成的动力系统。或许是因为古代哲学家对机器没有多少体验，所以他们倾向于用生命体的比喻来想象宇宙。这种看法产生了一个让现代人感到惊异的观念，即人与宇宙、小宇宙与大宇宙之间有一种感应或亲和关系。在莎士比亚的时代，正如他的戏剧所表现的，人们认为天上的乌云和雷鸣预示着人间的某种坏事。这并不完全是无端的迷信，而是一个从强调万物联系的哲学可以得出的推论。文艺复兴时期，博学之士认真地寻找点金石，试用各种魔法，因为在他们看来，大自然充满了各种奇异的潜力，通过某种办法或许能把这些潜力发掘出来。

17世纪的科学和哲学却把人与物理世界隔离开，把世界看成机器，把人看成与之不同的东西——把大自然与精神分开，这在西方思想史上是前所未有的、革命性的。正如怀特海指出的那样，大自然变成了"阴暗沉闷的状态……只有无休止、无意义的物质骚动"——"坚硬，寒冷，没有色彩，没有声音，一片死寂"。人们再也不必像过去那样根据物体的目的来理解星星、石头、彩虹，也不必把人的灵魂与这些东西所谓潜藏着的灵魂扯到一起。但物理世界具有可度量的关系，这些关系是人们可以发现的。只要把握住物理世界的规律，就能使它为人类服务。一些敏锐的批评家认为，旧

　　　　　　　　　西方现代思想史：从中世纪到启蒙运动

宇宙观在许多方面能让人获得更多的心理满足，而新宇宙观则体现了人与自然的"分离"和疏远，会产生不好的影响。帕斯卡正是对这一点感到恐惧，因而回归了宗教，但更多的人并没有采取这种态度。在伽利略之后，谁也不可能恢复旧的宇宙观了；像伟大的笛卡儿这样的哲学家开始推演新的宇宙观。

人们司空见惯的"世界图像"（海德格尔的术语）确实在发生巨大变化。蒂利亚德教授在论述莎士比亚时代时指出："上帝把又热又潮的空气放在又热又干的火与又冷又潮的水之间，旨在制止它们的战争。天使显形于以太之气，魔鬼显形于尘世浊气。"这类观念在今人看来是多么不可思议。我们在这些观念里看到亚里士多德的四元素化学理论的影子。这种理论直到 18 世纪末才被完全取代，但此时科学界对目的论解释以及天使和魔鬼显形等内容已经不屑一顾了（尽管牛顿在炼金术上投入了许多精力，17 世纪还有一些科学家依然迷恋巫术）。一种思想结构的完全消亡和另一种思想结构的取而代之需要很长时间，但在 17 世纪，这个过程正在发生。

这里再概括一下上面所谈的要点：人们将学会把自然界看作由惰性物质按照力学关系组合而成的机械世界，而不是类似生物的巨大有机体。人们将把精神世界与物质世界截然分开，这种二元论与亚里士多德的一元论形成强烈的反差，后者认为，所有物体都具备同样的基本心理特征，彼此间只存在程度上的差异。人们将不再寻找物体的不可捉摸的"本质"，而是去关注可观测的属性。人们也将把中世纪人的"封闭世界"极大地拓展为"无限的宇宙"，而且两种宇宙还有一个差异：前者是完全充实的，后者则充满了广阔的虚空。如人们常说的，科学革命产生一种十分重要的心理后果：从

"把世界看成一个有限的、封闭的、等级森严的整体"转变为视世界为"一个因事物具备相同的基本要素和法则而结合在一起的、不确定的，甚至无限的宇宙"（A. 科伊利）。[1] 在旧秩序下，人是大自然的一个组成部分，现在人们或许再也感觉不到与大自然的那种血脉相连的亲近感了，但新的知识给人类带来了支配力量。

将来人们很难毫无疑问地认定，伽利略-笛卡儿-牛顿的新观念就是对的，旧观念就是错的。我们现在知道，宇宙其实不像一台机器；17 世纪和 18 世纪人们形成的宇宙图像一直流传到我们的时代，而且被大多数人下意识地视为理所当然（在爱因斯坦和普朗克的时代，受过最好教育的人已经不这样看了），但这种宇宙图像是一种人为的设想，是一系列思想建构，不一定符合客观现实。不过，它可能是很有用的工具。它确实发挥了很大的作用。有人甚至说，它是人类历史上最有益的谬误。

弗兰西斯·培根

培根是伊丽莎白时代的权贵，可谓阅历丰富、见识过人。他大胆抨击传统的思想流派，号召知识领域的变革，主张建立新术语、新方法、新机构和新教育。[2] 他文笔犀利，佳句连篇。实际上，培根著名的《新工具》（1620）一书几乎满篇都是格言警句。培根最醒目

---

1 但正如 R. G. 科林伍德指出的，变化主要不是在数量方面，而是在性质方面——宇宙变大了，而且地球的位置也变了，使得宇宙丧失了有机性质。——原注
2 培根的同胞、伊丽莎白时期的沃尔特·罗利勋爵，也对传统学术进行了大胆的抨击。1656年，弗朗西斯·奥斯本认为，他"第一个冒险转动风帆，改变航向，偏离经院学派的老路"。——原注

的警句有："抛开种种观念，从头了解事物""实践出新知""把公认的看法束之高阁""重新考察所用的术语""观察、实验重于一切"等等。他对古人大加贬斥。他说，古希腊人没有给我们留下哪怕一个有用的实验。这个刚愎自用的英国人有时显得过于"务实"，无法容忍任何文人的空话。他也错误地嘲笑伽利略，他在科学问题上的判断确实很不可靠。他自己不是伟大的科学家，但他对观察知识的热情是真诚的。在热烈提倡实验时，他不能理解数学分析的重要性。不过，他写的东西总是既有刺激性又犀利深刻，因此能够产生巨大的影响力。培根被誉为"现代亚里士多德"和"大自然的秘书"（后一个头衔也被赋予同时代的法国人笛卡儿）。在 17 世纪的英国，人们引用他著作的频率超过其他所有哲学家的著述。他也蜚声海外。英国皇家学会的建立以及发生在英国的科学复兴（产生了波义耳和牛顿），在很大程度上应该归功于培根的开创性启示。英国人后来也倾向于把他们在科学和工业方面的领先地位归功于培根勋爵这位"归纳科学之父"。

尽管培根有种种缺点而且反复无常，但他一贯坚持的怀疑主义（在任何事情上绝不唯权威是从，敢于对一切公认的观念提出质疑）是积极健康的，犹如一阵清风吹扫了亚里士多德学派的枯叶败絮。他不仅敲打神学家和经院学者，还严厉地警告神学家不要插手科学问题，并且抨击人文主义者，因为后者只专注文艺风格的做法使他感到愤怒。17 世纪，甚至在科学界依然有人迷恋巫术和占星术，这是培根无法容忍的。我们可以感到我们已经和培根一起进入了新时代，但他未能完全成功地界定新时代的方法。在英国，培根主义不分青红皂白地讥讽纯粹的理论家，这常常导致无方向的经验主义陷入混乱；霍布斯后来写道，"药剂师、园艺师、狂热者和补锅匠"都在皇家学会里漫无目的地进行实验。与笛卡儿相比，培根的思想没那么系统，因此笛卡儿的名声总是比他大。与这位法国人相比，培根也算不上科学家。最重要的是，他因为相对忽视数学，而错过了时代的主题。虽然他已经意识到粗鄙的经验主义的某些危险，但他还是应该受到批评，因为他没有注意到，如果我们只是积累事实并用表格把它们排列起来，那是不可能得出多少东西的。我们必须首先提出问题，构想出一个假设，然后用事实来检验它。不过，长时间受困于玄思的"沙漠"之后，也不妨潜入事实的"海洋"中浸泡一会儿。在后一种情况下，培根的建议也许是一种很好的策略。

在培根的论著中，最脍炙人口的段落是《新工具》中关于人们常犯的错误或谬见的论述。这段文字试图对难以界定又极为诱人的谬误加以分类。培根说，人类有四种假象（谬误），即族类假象、洞穴假象、市场假象和剧场假象。族类假象是人类作为一个种族所共有的谬见，培根发现人们太容易迷恋某一教条。我们不妨将其称作难以控制的常见谬误，即不愿保持开放头脑的错误。洞穴假象涉及的是个人特质；这种假象使人过分强调个人眼界和经验的重要性，个人应该超越自己的偏见。培根对市场假象的论述特别有意思，因为这正是他最喜爱谈论的语言问题。他认为，人们一直是"标签癖"的受害者，人们给事物贴上一个标签，然后就被自己制订的概念误导。这就是标签假象或者未经检验的词汇导致的假象。剧场假象其实就是人们所熟悉的制造体系的假象：理论家用很少的东西编织出很大的网，然后使信奉者陷入这些表面有理、实际虚构的体系中。

培根的假象论至今仍然能使我们摆脱大部分常见的思维错误。

它能打倒一大片轻浮的记者、狂热的理论家、草率的思想家（以及乱写应试论文的学生）。它可能不能作为严格的科学方法，但在日常生活和政治中作为清晰思维的基本指南可能更有实用价值。假象论显示了培根不盲从、敢怀疑的基本思想特征。他坚持认为我们应该扫除过去的"假象"，重新检验一切——语言、体系、教条。至此，我们可以说，在欧洲历史的这一特定时刻，没有比这更中肯的忠告了。

整个17世纪的科学复兴可以看作实验者和数学家之间的争论，双方各有长短，直到最后牛顿出来表明，二者的恰当结合能够产生最佳结果。无目的的实验可能一无所获，自然科学和化学都有这方面的典型例子。在实验热情方面，无人能与炼金术士相比。深受培根主义影响的英国皇家学会常常受到霍布斯嘲笑。但正是由于这种瞎忙活，才有了罗伯特·波义耳的气体定律。没有实验，是不可能发现这个定律的。托里拆利和帕斯卡对大气压的令人振奋的发现，是实验的另一个胜利。这一发现推翻了重要的亚里士多德原理（大自然憎恶真空），从源头上修改了理论。

在另一阵营中，笛卡儿的纯粹数学演绎法（在很大程度上也是伽利略的方法）在17世纪取得了许多轰动一时的突破，赢得了很高的声誉。但当人们发现这个伟大的法国人的科学错误并不比他的成就少时，他的方法论也声名扫地。下面我们将讨论这位卓越的法国人，他对17世纪科学发展的影响甚至超过了培根。他们两人分别代表了看似对立的演绎法和归纳法。其实，这两派不可能泾渭分明。也就是说，培根派并没有完全抛弃理论，笛卡儿派也没有完全抛弃观察和实验。但培根不是数学家，他提倡的是：广泛开展事实研究，用表格排列观测结果并比较它们的异同，人们通过这种归纳方法能真正理解大自然的属性。他意识到，基于事实提出的假设乃是推进实验的实用工具之一。他与笛卡儿一样嘲笑经院哲学的终极原因，主张将自然现象归结为数量和力学现象（"物质和运动"），关心支配大自然的力量——关注实际结果而非思辨智慧。与笛卡儿一样，他希望将科学与形而上学分开。总之，这两位17世纪伟大的"大自然的秘书"既有重大分歧，也有许多关键的相似点。

勒内·笛卡儿

笛卡儿出生于法国都兰，受业于拉弗莱什城著名的耶稣会学校。虽然他一直尊重那些博学的老师，但与培根以及同时代的其他一些人一样，他觉得传统知识不能令人满意。只有数学对他的胃口，因为数学似乎显示了其他学科所缺乏的确定性。三十年战争期间，他曾在军中服役。根据他自己后来的描述，1619年11月10日晚上，他突然感受到一种启示，向他揭示了一条重建科学的人生道路。直到17世纪30年代，他才完成并发表了他的研究成果，立即引起轰动。伽利略受审事件使笛卡儿搁置了《世界体系》一书的出版计划，但1637年他发表了著名的《谈谈方法》（全名《谈谈正确运用自己的理性在各门学问里寻求真理的方法》）。接下来，笛卡儿发表的著述有《第一哲学沉思集》（1641）、《哲学原理》（1644）。他于1650年访问瑞典时去世，年仅54岁。在随后的半个世纪里，他的天体力学体系得以完整地面世，赢得广泛的声誉，直到牛顿给了它致命一击。笛卡儿身为伟大的数学家，其公认的成就首先是发现了坐标几何学或称解析几何学，然后是推进了光学的发展（发现折射定律），但他的方法论和哲学更引人瞩目。笛卡儿主义是一种方法，一种哲学，也是一种自然科学。在这三个方面，它都深刻地影响了17世纪，乃至整个现代的思想。

在17世纪中期的欧洲，笛卡儿哲学已经如日中天。笛卡儿似乎是新科学中最完美的哲学家。与伽利略不同，他是体系完整的哲学家。与培根不同，他是真正的科学家，而不是业余爱好者。此外，他的文学才能也非同一般，虽不敢说与伽利略和培根相提并论，却也成鼎足之势。这三人与迂腐偏执、轻视语言技巧的经院学者形成鲜明反差。如果说培根喜欢漫谈，笛卡儿则拥有那种后来成为法国标志性思想风格的明晰；尽管有人说这种风格是笛卡儿开创的（他的直接前辈拉伯雷、博丹和蒙田的文章谈不上很有条理），但它可能是巴黎经院哲学的一份遗产。笛卡儿在耶稣会接受了全面的教育，而且确实广泛深入地钻研过经典著作。但他与培根一样，公开与过去决裂，并宣告了一种新的方法。

笛卡儿的重力和宇宙旋涡运动理论最终被牛顿的理论取代，这使笛卡儿作为科学家的名声有些受损，但没有人能剥夺他在科学上的一系列荣誉。其实在笛卡儿生前，帕斯卡就发现了他的实验和观测存在一定缺陷。笛卡儿作为哲学家的情况同样如此。18世纪的启蒙运动转向约翰·洛克指引的方向，却依然将笛卡儿奉为伟大的先驱者。他被公认为现代最有影响的三四位思想家之一，这种历史地位始终不可动摇。

"笛卡儿的梦想"，准确地说是1619年的三个梦想，是建构一种放之四海而皆准的"普遍科学"、科学的科学，即基本的方法论。

确定一个新的起点，从不证自明的第一原理出发，运用不可推翻的逻辑推演——这种新方法将是无懈可击的。这就意味着，它必须是数学方法，因为笛卡儿一直确信其他知识都不具有确定性。他沉迷于几何学。"几何学家运用那些长长的其实很简单的推理链条，能完成种种艰深的证明。这引发了我的想象：所有进入人们认知范围的事物都能借助同样的方式恰如其分地联系起来。"只要确保起点正确，把问题分解成最简单的要素，按部就班地进行推理，还有什么解决不了的呢？只要推理顺序正确，一切问题就会迎刃而解。培根也有类似的见解，他曾说，不要跳跃太快，必须沿着真理的阶梯一步一步攀登。培根和笛卡儿的差异在于，笛卡儿致力于宏大的体系建构，重视数学，相对忽视实验。笛卡儿曾经暗示，我们真正需要的其实就是一个起点，接下来几何学就可以带着我们完成旅程。

笛卡儿赞成这位英国同道（他读过培根的著作）的观点：要以"系统怀疑"为起点，不要轻信任何东西，除非是绝对自明的东西。他赞成伽利略和开普勒的信念，即数学是宇宙的语言。与伽利略和开普勒相比，他的这种信念没有那么强烈的柏拉图式神秘主义色彩，却更坚决、更专断。笛卡儿确信，逻辑，尤其是几何学那种从公理出发的推理，只要被正确运用，就是绝对可靠的工具。这种逻辑可以应用于大自然，从自明的定理推演出物理定律。他对自己发现的解析几何学或坐标几何学感到惊讶，因为这一发现显示了代数和几何，即数字领域和空间领域之间存在着严密的联系。这种体验类似于毕达哥拉斯惊讶地发现音符竟然显示出一种数学对称性（由此开启了柏拉图思想流派）。笛卡儿更重要的一个思想是解析，即为了把一个问题简化成便于理性处理的要素，我们应该把它分解开来——毫无疑问，这是他所擅长的光学给他的提示。我们将问题逐一解决之后，就可以把这些片段重新组合成完整的答案。

笛卡儿把所有的物体分成广延类和思维类两种。自然物质等同于"广延"。他断言，物体的基本性质不是硬度、重量、颜色等，而是长度、宽度和深度，即"广延"。前面那些性质是伽利略所说的"次要性质"，后来被洛克说成是主观性质；"基本性质"是可度量的性质。这种二元论使笛卡儿声名卓著。笛卡儿的二元论是对物质世界和精神世界的区分，用他的术语来说，是对广延物体与思维物体的区分。为了对付物质世界，笛卡儿将它说成是严格受规律支配的机械世界，他将亚里士多德生机论的最后一点残余从这个世界清除出去。一切物质，包括生物的身体在内，都受到这个物质定律领域的严格支配。与此相对的是，人的认知心灵则被纳入另一个领域，即心灵或精神的领域。为了使之"符合科学"，笛卡儿不得不让自然界变得毫无生机，他甚至提出一个有争议的著名命题，即动物没有灵魂，没有情感，不过是一些机器。他的二元论引发了一些严重的问题。由此，我们必须假定，人的身体与心灵只有一种偶然的关系，没有其他关系。灵与肉之间的关系迄今仍然是一个不解之谜，但这种"机器中的鬼魂"图像一直受到现代人的严厉批评。不管怎么说，笛卡儿将物质世界说成是一台完美的机器，它极其有序，因而可以用严格的定律来解释。

我们没有理由相信笛卡儿会认可他的一些门徒从他那里引申出来的唯物主义。如果广延物体存在于一个独立领域，那么思维物体也是如此，后者对于笛卡儿的体系来说也是必不可少的。他著名的确定性起点就是我们本能地认识到我们正在思考的自我本身，对于这一点我们不可能有任何怀疑。"我思故我在。"从这个所谓的确定性出发，笛卡儿推导出上帝的存在。他的论证让人想起中世纪安瑟伦和阿奎那关于上帝存在的证明。这种证明方式遭到奥卡姆的否定，后来康德也予以批驳。但当时绝对有必要肯定上帝的存在，以此作为存在着一个合理的世界秩序的证据。笛卡儿指出，即便我存在，即便我有着明晰的思想，这些思想也可能是错误的。这种"过分怀疑"法使我们可以接受这样一种说法，即一个邪恶的上帝会赋予我这样一种让我很容易上当的天性。因此，有必要证明确实存在着一个完美、仁慈的上帝，而我不可能根据外部事物来证明这一点（怀疑方法否认这种证明方法，外部事物可能是错觉），只有从我的存在出发来证明。笛卡儿的论证是，我对完美和无限有清晰明确的观念，这种观念不可能从我的存在中产生，因此只能来自上帝；我不可能从我自身引申出我的存在，否则我就是完美的化身了。

从我的存在和思考到上帝的存在，再回到客观自然界的确定性，"我思故我在"引发出来的这一连串论证似乎陷入了循环论证，使许多人不能信服。我们被告知，即便是一个清晰的观念也不足为凭，因为魔鬼可能在我们的头脑里做了手脚，但一个关于完美的清晰观念就可以当作上帝的证明。实际上，相信上帝存在的唯一理由是，上帝存在着，我有关于上帝的清晰明确的观念。但我有清晰明确的观念的唯一理由是，上帝存在着。这里所说的至少是笛卡儿关于上帝存在的一个论证。对于这些论证，人们很容易做出有力的批驳。但历史学家看到的是，笛卡儿极其渴望把他的科学建立在一个坚实的基础上。与哥白尼和伽利略一样，他在寻找确定性，而不是可能性。他觉得，必须要有一个上帝作为秩序的保障者，作为一个本原，以确保我们的科学不仅是我们建构的任意一组符号，而且确实也是大自然的语言，使我们能够借助它来窥见大自然的秘密。

笛卡儿的宇宙体系也需要上帝充当原动力。但也仅仅是原动力而已，因为这个宇宙机器一经启动就可以自动运转了。因为大自然憎恶真空，所以在上帝推动了第一个粒子之后，粒子就一个推动一个，形成了循环流。这样散布在整个空间中的许多旋涡很复杂地组合在一起，足以解释一切运动，上帝仅仅作为原动力而不可或缺。笛卡儿在他的体系中没有留下虚无的空间，他不喜欢宇宙中有虚空或真空，就此而言，他更接近于旧物理学而非新物理学，但他那独具匠心的体系为天体运动提供了一个机械解释。他在这里误入歧途。正确的路线是牛顿对引力定律的探寻。而且这位英国的天才很快就证明，即便是按照笛卡儿的理论进一步推导，他的"旋涡"说也无法解释人们已经观测到的运动。尽管如此，笛卡儿的体系还是红极一时，虽然它是一个"美丽的传说"。即便在英国，牛顿学说取而代之也还需要一些时日。在法国，甚至在1687年之后的很长时间内，它仍然独领风骚。

笛卡儿还犯了其他一些错误。除了否定动物感觉之外，他最著名的错误或许是，他确信灵魂（更确切地说是灵与肉的接触点）藏在松果体里。实际上，他认为可以从第一原理推导出一套完整的先验医学！很显然，演绎法也会走火入魔。但在笛卡儿的惯性理论的透彻解析以及他所钟爱的光学研究中，演绎法得以大展身手。我们可以断言，他意欲建立一种放之四海而皆准的科学方法，但这其实只是一个幻觉。没有什么魔法钥匙能够打开所有的科学大门。但与培根一样，他给所有的思想一种激励。他自信的理性主义基调唤醒了欧洲，把 17 世纪变成了一个"理性时代"。这位非学院派哲学家文采飞扬，佳作连篇，具有很好的宣传效果。笛卡儿有意为一般读者写作。甚至有人建议，应该主要从这个角度来看待他的哲学。也许最意味深长的是，17 世纪和 18 世纪中左右潮流的思想家不再像过去那样都出自大学，例如培根、笛卡儿、洛克、孟德斯鸠、伏尔泰和卢梭等人便是如此。

笛卡儿把自然界说成一台机器，把人说成能够掌握机器原理的理性人。他成为 17 世纪"理性主义"的主要先知。他确信，所有人都拥有领悟某些事物的先天的自然能力，例如，领悟"一些事物与同一事物等同，它们也彼此等同"（即 A=C，B=C，那么 A=B）的命题。我们会回想起苏格拉底和小奴隶的故事：即便是没有受过教育的头脑，也能理解逻辑命题。[1] 如果我们发现了一个清晰而明确的思想，那么它很可能是这些先验真理中的一个，即不是从经验习得的真理。因此，我们可以从头反思哲学，只要我们使用正确的方法，我们的头脑有这种能力。到 17 世纪末，洛克的经验主义抨击笛卡儿的"先天观念"[2]，但实际上保留了他的大部分理性主义要素。笛卡儿选择了理性世界，他使其后的两个世纪在很大程度上都追随着他的思想路径。他是理性时代的真正奠基者。

1　苏格拉底向一个小奴隶问几何学问题，这个小奴隶的回答表明他具备这种知识，尽管他自己没有觉察到这一点。见柏拉图的《美诺篇》。

2　严格地说，笛卡儿并不相信"先天观念"，即头脑中的某种内容，而是相信人有一种与生俱来的思维能力，即不需要学习或从经验中寻找就能认识某些事物的能力。就此而言，他似乎是正确的，但他把这种信念推到了极端：心灵本能地看到的一切"清晰而明确"的观念都应该是真理。——原注

17 世纪的其他哲学家

笛卡儿无疑是对 17 世纪的思想影响最大的人物。他身后留下一系列的论争风波。他的门徒、敌人、修正者层出不穷。1633 年，他的著作被教会列入禁书目录，尤其遭到耶稣会的极力反对。但有些教团对他的著作颇有共鸣，奥拉托利会和詹森派尤其支持一种修正过的笛卡儿主义。这些教团反对亚里士多德主义，保留了奥古斯丁-柏拉图主义传统。该传统所主张的那种理念-物质二元论与笛卡儿的二元论颇为相似。奥拉托利会神父马勒伯朗士[1]就是某种修正过的笛卡儿主义的最著名支持者。实际上，马勒伯朗士的哲学可以被视为笛卡儿主义与奥古斯丁主义的新综合，是基督教教义与笛卡儿主义调和后产生的新经院哲学，正如阿奎那曾经对基督教教义与亚里士多德的调和。

马勒伯朗士神父希望创造出一种不伤害基督教传统的新的科学哲学，怀有这种愿望的人不止他一个。英国有一个剑桥柏拉图派就致力于调解科学与宗教，该派成员有亨利·摩尔、拉尔夫·卡德沃思、本杰明·惠奇科特[2]。大自然对他们来说完全是精神的，上帝赋予人类心灵一盏理性神灯，因此探索大自然就是在完成一项虔诚的工作。约翰·雷[3]在《造物中展现的神的智慧》中表明了他们的观念。这个剑桥群体在英国促成了一种舆论，让人们觉得宗教和科学是亲

---

1 马勒伯朗士（Nicolas de Malebranche，1638—1715），法国哲学家。
2 亨利·摩尔（Henry More，1614—1687），拉尔夫·卡德沃思（Ralph Cudworth，1617—1688），本杰明·惠奇科特（Benjamin Whichcote，1609—1683）。
3 约翰·雷（John Ray，1627—1705），英国博物学家。

密的伙伴。他们的名声远播海外，例如，莱布尼茨这位重要的欧陆思想家就很尊重他们。另外，伟大的英国科学家罗伯特·波义耳曾主持一系列反对无神论的著名讲演，第一讲由他本人开讲；牛顿也陷入这种科学有神论的模式。人们完全可以说，这个时期的英国有一个"祭坛与实验室的联盟"。

但也正是在英国出现了科学哲学中最激进的异端——勇猛的托马斯·霍布斯。能与他相提并论的或许只有同样离经叛道的巴鲁赫（本尼狄克特）·斯宾诺莎。后者是荷兰阿姆斯特丹的一个以磨镜片为生的犹太人。霍布斯自称是一个唯物主义者。他把精神简化成"头脑的运动"，从而抛弃了笛卡儿的不伦不类的二元论。霍布斯深受笛卡儿的影响，接受了几何学推理方法，同时深受他的法国朋友皮埃尔·伽桑狄的影响，后者恢复了古代伊壁鸠鲁的原子论。笛卡儿不是原子论者，并且否认真空的存在，他心目中的世界里没有"虚空"，而是充满了互相碰撞的微粒。伽桑狄则认为，世界是由"原子与虚空"构成的，原子以不同的方式结合，形成我们所知道的物体。这种观点听起来比笛卡儿的微粒充满论更现代一些。

至于霍布斯的政治学巨著《利维坦》（1651），容后再谈。霍布斯是个性情中人，也是一个攻击型激进分子。他被视为无神论者，尽管他否认这一点，但这种看法或许没有错。他曾经说上帝是一个"有血有肉的精神"（根据霍布斯的观点，如果有上帝的话，他应该以物质形态存在，这也是古代伊壁鸠鲁学派的观点）。他否定自由意志，因而把新科学哲学中的决定论因素推到了前台。作为一名科学家，霍布斯没有什么名气。在与剑桥教授约翰·沃利斯辩论时，他自称有数学才能，结果遭到痛击。他主要是作为政治理论家而闻名。但他的无神论唯物主义招致正统派的怒火，实际上他几乎引起当时所有人的公愤。

因此，左翼笛卡儿主义能够导致严重的颠覆倾向。马勒伯朗士努力使笛卡儿主义得到人们的尊重，却遭到怀疑，因为斯宾诺莎让笛卡儿主义显出无神论面孔，这让后者声名狼藉。斯宾诺莎这位伟大的犹太哲学家在1677年过早地去世了，他因离经叛道而被阿姆斯特丹的犹太教公会革除教籍。（从此，他放弃了自己的犹太名字巴鲁赫。）他坚信清晰而明确的观念不可能错，因为宇宙是理性的，人是理性宇宙的一部分；他关心的是动力因而不是目的因；他探索单一的科学方法。就这些而言，他是笛卡儿主义者。但与霍布斯一样，他抛弃笛卡儿的二元论，转而采纳一元论：万物都是由同样的物质构成。他注意到笛卡儿陷入循环论证，指出这个法国人实际上是以上帝为出发点，而不是以他自己的存在为出发点。而人自身的存在正是斯宾诺莎的出发点，也是他的落脚点。他将万物所包含的单一物质称作上帝，并将上帝等同于自然界。他不加掩饰地追问，如果上帝是无限的，他怎么可能是超验的，即脱离这个世界的？

这种"泛神论"类似于古代的斯多葛主义；泛神论信条在意大利文艺复兴时期东山再起，殉道的布鲁诺就遭到这种指控。现在，它又尾随笛卡儿卷土重来。斯宾诺莎将其与一种新的科学机械论结合起来。斯宾诺莎认为，其他的精神和实体都不过是单一神圣物质的存在形式。这种泛神论观念使他必然会确认一个决定论的宇宙：自由意志不过是我们有限的知觉所产生的一种幻觉。我们可以这样说，脚指头在晃动时会想象自己有自由意志。但我们知道，是大脑，甚至是整个有机体在控制它。我们的任何行动都是如此，它们实际上出自上帝的思想，是那个包罗万象的伟大有机体的一部分。如果万物归于一，任何形式或部件都不可能拥有自身的自由。决定论是斯宾诺莎的核心观念。这一点十分契合新科学，因为它没有给"终极因"留下任何余地。因为一切都必须如此，所以除了严格描述它们的实际运转外，不必寻求进一步的解释。

但斯宾诺莎对伦理学的兴趣大于物理学。他的伦理学体系的含义引起了很多争论。如果我们承认一切都是必要的，就得承认一切都是必然和恰当的，不论它是多么邪恶。斯宾诺莎在18世纪的声誉，很大程度上建立于他对邪恶问题提供了一个至少是自圆其说的答案，这是一个困扰着启蒙运动的难题。我们称之为邪恶的东西，不过是一些我们无法知道它在宇宙计划里的终极目的的东西。如果脚指头能够思考，它肯定会觉得把它削掉是不公正的。同样，我们之所以认为某种东西邪恶，不过是我们的偏见所致。斯宾诺莎把这种冷静的哲学超然态度奉为伦理理想，在这一点上，他类似于斯多葛派。毫无疑问，斯宾诺莎受到那个学派强烈的直接影响。

他还对我们关于善恶的错误判断做了一个分析，并将这种错误判断归咎于我们感情用事。我们说一个事物好，是因为我们想得到它，而不是相反。我们的情感与意识紧密相连，会欺骗我们，但理性能够揭示真正的哲学，并且战胜情感。（在斯宾诺莎的必然世界里，为什么感情可以例外？这一点还不清楚。）斯宾诺莎在情感和态度方面是一个非常超然的理性主义者。指出这一点很有必要，因为后来的浪漫派泛神论者倾向于从他身上解读出一种神秘的自然崇拜，但其实他与此几乎毫无关联。他还经常被人说成是"沉迷于上帝的人"，但实际上任何沉迷都与斯宾诺莎无关。"不喜不悲，只是理解"是他的经典格言。他给出的是一种平静的独断论："我不假设我发现的是最好的哲学，但我知道自己懂得真正的哲学。"斯宾诺莎以这种谦逊、退让的方式掩盖着一种安详的自信。

他或许不是最伟大的哲学家，但他为 17 世纪已经令人兴奋的哲学"佳酿"增添了许多风味，即古典理性主义。除了之前的斯多葛派和之后的黑格尔之外，其他的哲学家没有像他这样断言"凡是存在的就是合理的"。斯宾诺莎完全非正统的一元论使他在基督徒和犹太人中都成为异端的代名词。在这一点上，他超过了笛卡儿：泛神论被视为比笛卡儿二元论更危险的敌人，因为笛卡儿的二元论有可能与基督教达成和解。

霍布斯的唯物主义、斯宾诺莎的一元论和伽桑狄的原子论，使 17 世纪后半期喜欢思考的人有了充分的选择。他们可以偏离传统的思路，要么去追寻新的神灵，要么根本不要任何神灵。与此相反的是马勒伯朗士和剑桥柏拉图派所代表的调和倾向。在某种意义上，最引人注目的时代标志是布莱斯·帕斯卡。帕斯卡生于 1623 年，是数学和科学方面的天才，16 岁就发表几何学方面的重要论文，两年后又发明了一种加法器，后来在微积分方面有开创之功（之后由莱布尼茨和牛顿予以发展），在概率论方面也做出根本性贡献。托里拆利在真空管和大气压方面所做的实验激发了帕斯卡的兴趣，他做了前面描述过的实验，并提出了以他的名字命名的水压定律。他曾与年长的笛卡儿见过一面，虽然当时他还是个小伙子，却敢与笛卡儿进行争辩。无论怎么看，他注定有一个极其辉煌的科学前程。但他仅仅活到 39 岁，而且在 1654 年之后，在历史上最著名的一次宗

教归信事件 [1] 之后，他主要致力于道德和神学问题。但我们不能说他为了宗教而放弃科学，因为他与剑桥柏拉图派一样，认为真正的科学是为上帝服务的。

帕斯卡卷入詹森派的争论，这使他在法国经历了很长一段时间疾风暴雨的生活。为了捍卫詹森派并反击其主要敌人耶稣会，他撰写了一部伟大的作品《致外省人信札》。詹森主义是一种奥古斯丁神学，有点路德的风格，强调人无法靠自己得救，完全靠上帝的恩宠。帕斯卡可能并不完全是一个詹森派教徒，但他的其他家庭成员是，因此他捍卫詹森派教徒，免得家人遭受教会惩罚。

与笛卡儿不同，帕斯卡认识到数学方法的局限性。数学在自己的领域里是确实可靠的，但不能以同样的方式应用于自然科学。在自然科学领域，实验是必不可少的，而且我们能获得的结果是或然性而非确定性。在形而上学领域和宗教领域里，情况又有所不同，那是信仰的领域和心灵的领域，用帕斯卡的名言说，这个领域有其自身的理性（理由），那是理性不了解的。帕斯卡从内心发出呼喊："基督教的上帝并非只是几何学真理的创造者。"他宣称"我不能原谅笛卡儿"，因为笛卡儿把上帝仅仅当作一个伟大的钟表匠，一个原动力。

实际上，帕斯卡相信人类活动有三个不同的领域。大脑和心灵（理性和意志）的活动分别对应的是科学领域和宗教领域。此外，他加上一个政治领域，这个领域显然是肌肉活动的领域（在这里，力

1　1654 年，帕斯卡陷入宗教狂热。1654 年 10 月撰写了《罪人的归信》，11 月撰写祷文并秘藏于贴身衣衬。

量最重要）。这些领域都自成一体，我们不应该把它们混为一谈。帕斯卡不赞成科学家去当政治家，反之亦然，教会也不要插手政治或科学。这种观念与现代西方的许多思想和实践相抵牾，在盎格鲁-撒克逊世界尤其如此。同时代的霍布斯极力把政治和宗教纳入科学；启蒙运动也追寻这样的目标。清教徒把政治道德化，这种倾向一直贯穿现代的政治社会改革。然而，帕斯卡认为，数学家用几何学来探讨上帝或国家问题，其荒谬程度不亚于政治家以为用战争可以解决科学问题。每个领域都有自己的技巧、方式和天才人物。帕斯卡让我们把它们分得清清楚楚的。

帕斯卡竭力使宗教和哲学的大部分从科学理性的怀抱中挣脱出来，在这一点上，他与时代潮流背道而驰。连剑桥柏拉图派都向自然神论靠近，即用大自然的杰作来证明上帝的存在。在 18 世纪，伏尔泰承认帕斯卡的伟大，但不能理解帕斯卡怎么会是一个如此执迷的基督徒。帕斯卡是一个孤独的巨人，不属于任何学派。在我们这个时代，偶尔有人把他视为基督教存在主义的一个先驱。他对科学主义的流行深感不安，认为如果不加遏制，这种潮流会摧毁精神价值。今天，我们比他那个时代的人更能理解这一点。这种强大的新力量（我本人也参与其中）究竟是什么？我们听到帕斯卡的追问。它会对人类造成什么影响？三个世纪之后，我们走在这种科技文明的道路上，依然追问着同一个问题。而帕斯卡是第一个正视这个问题的人。

尽管帕斯卡有种种先见之明，但当时是笛卡儿的时代、理性的时代、科学的时代。到 1687 年，一个更伟大的人将打消所有残存的疑问，给欧洲人提供一个他们所渴望的彻底的科学体系。这个人就是出身于林肯郡农庄的艾萨克·牛顿。

牛顿革命

由伽利略、培根和笛卡儿发起的思想革命，在 17 世纪后半期得到许多人的热烈支持。科学和数学引发的兴趣成为几乎没有人能抵挡的诱惑。从欧洲的一端到另一端，每一次发现都引起轰动。物理学和数学一路领先，但哈维发现血液循环规律，马尔比基随后加以补充，列文虎克深入"小动物"的微观世界，约翰·雷发表植物学巨著，这一切使生物科学也进入人们的视野。各种各样的神学偏见几乎都在新科学的成功面前烟消云散了。由于最伟大的科学家中间也有帕斯卡和波义耳这样虔诚的教徒，因此就产生了一种强大的和解潮流。与此同时，笛卡儿主义激起了一场辩论。在辩论中，一些左翼笛卡儿主义者走向唯物主义和无神论。1687 年牛顿澄清迷雾之前，人们一直不能确定科学运动会有什么样的结局。尽管科学成果捷报频传，但在牛顿之前没有产生一个公认的综合体系：没有一个普遍的运动和引力理论，而且新的世界观正经受推敲。1672 年，一位学者认为，有 4 种不同的宇宙学说供人选择。还有人宣称有 7 种可能。例如，第谷的学说主张，行星围绕太阳运转，太阳围绕地球运转。但根据观测的结果，无法在这几种学说中做出选择，因为这几个模式都同样符合观察资料。只有解决运动和引力问题，才能解决这个宇宙理论问题。

有必要重申，在许多人看来，笛卡儿是"把哲学从神学中解放出来"，打破了由逍遥学派（亚里士多德学派）长期维护的科学、形而上学和神学的联盟，创造了一种新的力学。新力学只需上帝在某个缥缈的过去给世界推第一下——这是危险的无神论观念，即便笛卡儿非常依赖上帝，需要上帝来充当一个秩序井然的宇宙的保障者。许多伟大的学者，如帕斯卡和莱布尼茨等，发现这种观念令人不安。我们马上会想到帕斯卡的著名例子：没有神灵的世界机器让他感到恐怖，因而退缩到神秘的宗教信仰。尽管剑桥柏拉图派和马勒伯朗士派力求实现一种调和，许多人仍在怀疑观望。人们需要有一个令人信服的说明：新科学不会破坏道德和社会秩序的基础。

尽管出现了一些现代科学理性主义的先驱者，但大多数人，甚至包括受过教育的人在内，还远远没有转而确信或者沉浸于受有条理的科学定律所支配的宇宙。巫术信仰依然盛行。大多数欧洲国家在 17 世纪一直有针对男巫和女巫的司法判决，尽管有减少之势，但到 18 世纪初才结束。17 世纪末北美马萨诸塞发生的著名的巫术恐慌，不能被简单地视为西方文明的愚昧部分的反常表现，因为马萨诸塞的清教徒远远不是那种情况，英国和欧洲大陆有教养的圈子也相信同样的东西。当时英国最伟大的作家托马斯·布朗或许就是一个狂热的巫术信徒。在 17 世纪强烈的非理性主义精神的种种表现中，还应该提到致力于神秘知识的秘密会社，其中最著名的是玫瑰十字会。"舆论"在整体上还不属于理性时代。直到牛顿对宇宙的"法治"（定律）做出令人信服的证明之后，理性时代的舆论才得以形成。

由于牛顿 1687 年对运动定律和引力定律做出了伟大的综合与总结，所有的迷雾似乎被一扫而光。尘埃落定，大自然显露出最隐秘的秘密。于是，欧洲准备进入乐观的启蒙运动时期。另外，牛顿对有神论伸出援手，宗教与科学的合作再次进入一个长时间的蜜月期，而霍布斯和斯宾诺莎则成了奇特的古玩。当时，牛顿很快就被视为非凡人物。迄今为止，这位剑桥巨人沐浴着诸如"人类思想最伟大的成就"这样的颂词。在欧洲大陆，一些笛卡儿主义者反对牛顿体系，但越来越不成功。与此同时，少数人对泛神论倾向感到不满。但直到贝克莱主教[1]发声，才有反对牛顿世界机器观念的重要声音出现，就像帕斯卡反对笛卡儿体系那样。"上帝说，让牛顿出世，于是便有了光。"[2]拉普拉斯称赞《自然哲学的数学原理》是"人类天才作品中的极品"。牛顿引力公式所概括的宇宙原理成为全部物理学的基础，直到爱因斯坦革命之后才发生变化。

牛顿是数学家、物理学家，还是不太成功的神学家和哲学家。另外，他对炼金术非常入迷。他是万有引力定律的发明者、光线分析的概括者，他还和莱布尼茨一起成为微积分的创始人，这些表明他的天才是毋庸置疑的。但正如他自己清醒地意识到的，他走在别人已经为他铺设好的大道上，他的任务是把一个世纪以来的科学家和数学家们提供的大量资料汇集起来并加以综合。开普勒和伽利略的宏大的开创工作，笛卡儿和帕斯卡的数学贡献，吉伯、托里拆利、波义耳的各种真知灼见只不过是最显眼的一部分，还有许多科学成就在这里没办法提及。[3]应该指出，牛顿并没有"发明"万有引力学说，仅仅是给了它一个严格的表达公式和严格的论证。他和莱布尼茨分别、同时、独立地提出了微积分，然后为着荣誉而展开了一场很不体面的争吵，这件事也说明微积分在很大程度上是积累的产物，

---

1 贝克莱（George Berkeley，1685—1753），爱尔兰主教、哲学家。

2 这是蒲柏撰写的颂词。

3 在另外一些人中，值得一提的有丹麦的罗默（Roemer，1644—1710）的光速测定与恒星观测，法国的皮卡特（Picart，1620—1682）的大地测量学，荷兰的惠更斯（Huygens，1629—1695）对牛顿也关注的许多问题的探讨。意大利的博雷利与罗伯特·胡克（Robert Hooke，1635—1703，牛顿的英国同胞和一贯的竞争对手）几乎更早地发现牛顿的万有引力定律。胡克一直这样认定。——原注

其构成要素是数学在长期演进中发展形成的。例如，帕斯卡就发现了一些要素。这里并不是抹杀牛顿的任何功绩，而是鉴于他被恭维之词覆盖，需要把他的成就摆正。简单化的历史把功劳归于发明的最后完成者，但其实发明是一种社会产物。

尽管如此，牛顿的非凡能力是毋庸置疑的。他是一个性格古怪、喜怒无常的天才，他那部注定成为欧洲历史最重要著作的作品差点儿就没有拿出来付印。牛顿是一个贫穷的农村孩子。他进入剑桥大学，表现出数学天分，适逢其时地成为剑桥的数学教授。1665—1666年，瘟疫流行，他从剑桥回到故乡林肯郡。显然，就在那时，这位23岁的年轻人做了全面的思考，从而奠定了他后来关于运动和引力的伟大发现的基础。苹果落地的传说就是借青年牛顿在田园风光中思考这一情节虚构出来的。他考虑的问题并不简单。牛顿突然想到，使物体落地的力可能与使月球保持运行轨迹不变的力是同一种力，并且得出了平方反比定律。他发现，两个力"几乎不差毫厘地"相等。所有的质点互相吸引。两个物体的质量的乘积除以距离的平方，就能得出它们之间的引力。

在家乡伍尔斯索普村，牛顿还开始研究微积分。这是数学的一个分支，对象是各种变量及运动中的事物，例如计算曲线变化的速度。但回到剑桥之后，牛顿又忙于其他有意思的科学项目和数学项目。尤其在光学方面，他用棱镜把白光分解成不同颜色组成的光谱。他的光学实验和分析成为科学研究方法的一个典范。1672年，牛顿发表了这些成果，并因此被接纳进入皇家学会。他认为，光基本上是由粒子组成的。这种粒子说使他陷入一些他不喜欢的争论。（19世纪科学家抛弃光的粒子说，支持波动说，后者符合实验数据。但由于爱因斯坦革命，科学家们认识到，光至少在有的时候应该被视为像牛顿的粒子那样的东西——爱因斯坦的光子。）牛顿的划时代的引力论著作得以发表，显然缘于在皇家学会与埃德蒙·哈雷（哈雷以发现哈雷彗星而闻名）的一次偶然交谈。哈雷敦促牛顿写出详细的论证并交付印刷。哈雷还承担了出版费用。在这种敦促下，原来秘不示人的牛顿抓紧撰写了《自然哲学的数学原理》这部巨著。

《自然哲学的数学原理》于1687年出版。牛顿在这部非凡的天才之作中贡献的不是一项成就，而是一系列的成就。众所周知，他严密地证明了引力定律，他还证明这个定律可以应用于一切类似的物体，无论地球上的还是宇宙中的。而这种普遍性是此前不被接受的。（例如，伽利略曾认为，地球上的重力不同于支配天体运行的力。）牛顿出色地把伽利略的自由落地运动定律与开普勒的行星运动定律结合起来。在知道行星速度的条件下，引力定律足以解释行星的运动。应该指出，在解决宇宙动力学时，牛顿也给有关太阳与地球的相对运动的争论盖棺论定。"他证明，从动力学的角度看，巨大的太阳不可能围绕着小地球旋转，但一种中心物体及其附属物体应该围绕它们共同的引力中心旋转，太阳系的中心在太阳内部。"（A.C.克龙比）

经过严密的计算，牛顿还废除了由笛卡儿提出、后来常常被用于解释天体运动旋涡的学说。牛顿从宇宙力学转向宇宙结构，突出了恒星与行星的质量。他关于地球在两极略微扁平的推论使得18世纪持怀疑态度的几何学家远赴秘鲁和拉普兰（瑞典北部）进行证实。另一个出色的计算是岁差，即地球轴心略略有些晃动，其来回角度缓慢变化的结果就是岁差。牛顿严格地证明，地球两极拉平造成中间略略膨胀，会对地球轴心产生可以观测到的影响。不仅如此，《自然哲学的数学原理》还解决了潮汐和彗星问题，对这些长期难以解释的现象做出了解释。例如，潮汐是由月球引力造成的。

总之，所有难题顷刻之间迎刃而解，整个画面井然有序。牛顿发现了钥匙。这就好像一种密码，原来破碎难认，现在突然一下子就全部破解了。因此，很有必要认识牛顿方法论的重要意义。与帕斯卡一样，他懂得实验验证的重要性，因此在利用数学作为研究工具的同时，他也纠正了笛卡儿对演绎法的夸大。当然，他接受伽利略和笛卡儿的基本假定：科学探讨的是"基本性质"，即可度量的运动和广延性质。而且，他是用数学方法表达了他的著名引力等式。如果没有数学方法，他不可能得出那样的结论。但牛顿坚持认为，"假说"，即未经实验证实的学说，在科学中没有立足之地。一种学说在得到实验证实之前，是无法被接受的，无论它在逻辑上多么诱人。"清晰"和"美丽"都不是一种学说的正当性证据。"美丽的学说被丑陋的事实杀死"，对于这种可能性，牛顿十分理解，笛卡儿却不以为然。我们必须避免"自己编织的梦幻和虚构故事"。牛顿的方法也是完善的：提出临时的假设，充分利用数学工具，但又以经验为基础。牛顿的"推理规则"包括解释的节约原则：除了对现象的必要解释外，不需要多余的说明。用牛顿的话说："我们只接受能够真实而充分地解释自然现象的原因。"

除了他的科学成就[1]和成功的方法论外，牛顿在思想史上之所以重要，还因为他支持一种有神论：给上帝保留一个位置，把上帝说

1　关于牛顿物理学的局限性（绝对空间和绝对观察者的设定），见本书后面的阐述。牛顿并非完全没有意识到这方面可能遇到的困难。这些困难在他那个时代以及他身后的两个世纪还没有变成实际问题，而牛顿格守他的原则：不允许理论超越观测到的数据。——原注

成宇宙所遵循的一项计划的积极维护者。应该强调的是（因为有时被忽视），牛顿学说是从有神论的角度对笛卡儿主义的改进。笛卡儿允许上帝承担一个消极的角色，即宇宙的秩序与合理性的保障者，允许上帝开动这个机器，此后这个机器就自行运转了。牛顿的世界机器（如果可以这么称呼）需要上帝照看。牛顿宣布："他永远存在，无处不在。正是因为他时刻存在，处处存在，他就构成了时间和空间。"在1692年致理查德·本特利的信中，牛顿写道，"我认为仅仅用自然原因解释不了"天体状况，"我不能不把它描述成一个自觉的能动者的设想和发明"。"行星体系有着如此令人惊叹的统一性，这应该被视为一种选择的结果。"他公开否定笛卡儿主义，即"用力学原理根据均匀散布在天空的物质推导出世界的构架"。牛顿所提倡的节约原则也支持他的有神论。就引力而言，他自称不了解它的原因，只能描述引力是如何起作用的。笛卡儿学派就以此来攻击他，说牛顿并没有真正对引力做出一个解释，而笛卡儿则用旋涡理论给出了这种解释。情况的确如此。牛顿仅仅满足于提出十分精确的描述性公式，而且完全服务于实际目的。如果再往下探求，就将像古人那样追问无法解答的问题。引力依然是一种神秘的力量，是一种有距离的作用，无法解释，只能描述。牛顿留下的印象是，这种奥秘以及其他奥秘只能求助于"该体系的创造者"。有人指责牛顿学说是一种唯物主义，即把运动的固有力量和引力视为物质的属性，但牛顿的信徒认为他们根本没有这种思想。

由于牛顿的万有引力定律和运动定律问世，这个自哥白尼开始的科学天才的世纪并没有抵达终点，只是获得了胜利的证明，结束了基本原理的探索。下一个世纪，在物理学和宇宙学领域里，除了给牛顿做注脚外可做的事情不多。但人们受到强大的激励，认为在其他领域应用类似的方法也会取得类似的胜利。笛卡儿的普遍科学方法之梦已经破灭，于是人们会情不自禁地相信牛顿的方法会有广泛的适用范围，尽管牛顿不曾明确认可这种信念。牛顿很谦逊，知道人们能认识的东西是有限的，但他对大自然的征服诱发了一种过分的骄傲与自信。人们觉得，用同一把钥匙很快就能解开大自然的所有奥秘。因此，牛顿学说率先进入启蒙运动。

在研究 17 世纪的历史发展时，许多历史学家经过深思熟虑得出的结论是，如果我们以为这是常识战胜迷信的征程，那就错了。最大的错觉莫过于，因为我们现在知道了某种知识，所以就认为那种知识应该是很容易了解的。我们现在觉得理所当然的东西，当年是需要天才来揭示的。天才的思路多半不是常识的思路。伽利略受到触动的是，哥白尼在想象一个以太阳为中心的宇宙时，竟然"允许理性如此强暴他的感知"，因为"日心说"在当时是一个几乎令人难以置信的错误。我们时代的伟大科学家西格蒙德·弗洛伊德曾说，天才的一个特征就是，他能够设想任何东西都不是它表面那个样子。从哥白尼到牛顿，17 世纪的科学天才的标志不是"常识"意识，而是奇幻的梦想、飘逸的想象和大胆的理论。所有这一切都结束于一个简单的公式，一个表面上非常简单的成功秘诀，但我们不要被这一点欺骗。一位高尔夫大师表面上毫不费力的一击，乃是多年练习和特有的运动才能的综合表现。表面简单的牛顿公式背后包含的是超过一个世纪的天才们的努力。

牛顿的时代开始了，但牛顿这个名字的流传还需要一些时间。在牛顿的巨著问世后的一段时间里，牛顿自己所在的大学还在教授笛卡儿体系！牛顿在欧洲大陆也没有很轻易地被人接受。笛卡儿的传统已经根深蒂固，名声极大的荷兰科学家惠更斯和德国天才莱布尼茨都反对牛顿。惠更斯早前就发现了牛顿引力定律的许多内容，但他在 1690 年提出了一个笛卡儿旋涡理论的修改方案，以回击牛顿对这一理论的批评。他不怀疑牛顿平方反比定律的有效性，但他认为牛顿根本没有解释引力是什么（确实如此）。法国著名的科普作家、法兰西科学院秘书丰特奈尔（1657—1757）是一位待人和气的朝臣和高雅的作家。他是 18 世纪启蒙哲学家的先驱，从未背离他从年轻时起信奉的笛卡儿主义。1752 年，已经 95 岁的丰特奈尔依然捍卫笛卡儿的旋涡说。[1] 迟至 18 世纪 30 年代，才由伏尔泰承担起使法国转向牛顿学说的任务。甚至到了那个时候，伏尔泰还抱怨说，要做一个爱国的法国人，就必须在表面上信奉旋涡说。荷兰数学家格拉弗桑德 [2] 在把牛顿学说引入法国的过程中也起了关键作用。

笛卡儿的信徒总是抱怨牛顿实际上什么也没有解释。除了这些人外，牛顿学说所遇到的强大却徒劳的反对者是莱布尼茨和贝克莱主教（见本书第 6 章）。莱布尼茨特别反对牛顿体系所假定的绝对时空。他指出，空间和时间作为实体并不真的存在，它们是关系概念，类似于"在什么上面"或"在什么之间"这样的概念，表达的仅仅是事物之间的关系。如果我们把它们视为客观存在，就是自欺欺人了。牛顿把空间设想成类似一个大空箱子。物质粒子被放进这

1　1751 年，一个名叫卡德瓦拉德·科尔登（Cadwallader Colden）的北美人提出了一种宇宙运动理论，试图用另一种动力学概念来补充和修正牛顿学说。笛卡儿的探索已经不复存在。科尔登的独创体系很快就被证明是一派胡言。——原注

2　格拉弗桑德（William Jacob's Gravesande，1688—1742），荷兰自然哲学家、物理学家和数学家。

个箱子，然后按照某种力学定律相互发生作用。这位德国智者还嘲笑牛顿的上帝概念，说牛顿的上帝就像一个笨拙的工人，因为把活儿干得乱七八糟而被迫留下来到处修修补补。敏锐的莱布尼茨已经预见到了某些非常现代的、与爱因斯坦学说相关的论点，但这些想法在 18 世纪初期过于超前了。而牛顿对西方人思想的漫长主导才刚刚开始。

第 3 章

17 世纪的政治思想革命

我首先想指出的人类普遍倾向是，永无休止、至死不渝的
对于权力的渴望和追求。

——托马斯·霍布斯

一个民族可以让一个国王垮台而依然是一个民族；但如果
一个国王失去了人民，他就不再是国王。

——哈利法克斯侯爵 [1]

整个 17 世纪，包括英国在内的整个欧洲卷入一场政治革命，
其意义不亚于思想和科学革命。这场革命有时表现得非常激烈。17
世纪 40 年代，伟大的清教徒革命和内战震撼了英国，导致了奥利
佛·克伦威尔实质上的军事独裁，然后是斯图亚特王朝的复辟。在
欧洲大陆上，可怕的三十年战争使德意志四分五裂，使西班牙和意
大利岌岌可危，但把法国推上了欧洲权力结构的顶峰。法国经历了

1　哈利法克斯侯爵（Marquis of Halifax，1633—1695），英国政治家、思想家。

漫长的统一之路。黎塞留主教将统一活动推向高潮。他无情地镇压王权的对手，建立了无比强大的中央集权国家（1624—1640）。这种中央集权在路易十四漫长统治（1661—1715）的前期达到巅峰。在这些政治动荡的过程中，有些东西崭露头角：主权国家克服封建多元结构脱颖而出；为了结束宗教派别之间的争斗，人们致力于寻求宗教和解的方式；个人主义兴起，取代中世纪的团体和集体个性；个人自由与新国家的主权权威之间的对立问题开始突现。

新的政治理念大量涌现，涉及主权、宗教宽容、自由和权威等内容。人们寻求能够实现完美国家的方案。科学革命波及政治领域：人们觉得，笛卡儿的普遍科学方法也能打开政治和社会科学之门。就像自然科学的情况一样，"理性"也会在人类事务中大行其道。（克里斯托弗·希尔[1]发现，在有关国王的概念中，太阳和心脏等这些与科学发现相关的比喻十分重要。英国的清教徒和辉格党人喜欢谈论力量的均势或平衡。显然，科学至少为政治辩论提供了大量的比喻。）

在 1688 年的光荣革命之后，约翰·洛克于 1690 年发表了《政府论》。该书是他对英国一个世纪以来政治实验所得结论的提炼。在某种意义上，这种政治学论述与他的朋友牛顿对物理学的综合旗鼓相当。18 世纪的启蒙运动可以说是牛顿与洛克的时代。为了理解以洛克为代表的政治学革命，有必要回溯政治思想在 17 世纪的冒险——在这方面，17 世纪也是名副其实的"天才世纪"。

1　克里斯托弗·希尔（John Edward Christopher Hill, 1912—2003），英国马克思主义历史学家。

中世纪遗产

在 17 世纪以前，亚里士多德也是欧洲政治思想传统的主要来源。他的《政治学》在整个庞大的亚里士多德思想体系中并非无足轻重。他的一个主要观点是，国家对于人类而言是很自然的东西，它为了满足人类的需要而产生。人是一种"政治动物"。希腊的城市国家"城邦"从家庭、村落演变而来。把国家视为约定的或创建的东西，即由人们从无到有地创造出来，这种观念乃是 17 世纪的创造。亚里士多德强调国家活动的无所不在与至高无上。这种国家观再加上他的那种目的论，所导致的乃是现代自由主义斥之为过分国家主义或共同体主义的东西。国家的目的是促进美好生活（善的生活）和公共福利。应该积极努力地实现这一目的，这一任务优先于个人权利——在希腊政治思想中几乎没有考虑个人权利。只有通过国家这个有秩序的共同体，人们才能获得美好的生活。如果不同意见或个人私利与共同目标发生冲突，国家有权利或有义务压制它们。应该提醒的是，按照现代标准来看，城邦是很小的社会——亚里士多德认为，一个有秩序的国家不可能比这更大，而且在这种紧密结合的小型共同体里，群体意识很自然地笼罩一切，个人主义几乎不可能抬头。

众所周知，在这方面，柏拉图持有更极端的观点。他让个人完全隶属于一个有计划、有秩序的具有等级结构的共同体（《理想国》）。但如果把这种理想国等同于残忍的极权主义，那就错了。希腊的政治思想浸透着法律意识。政治社会的标准应该在独立于人的理性结构中寻找。权威机构的建立如果恰当合理，就应该服从它；

但偏离法治的暴政令人憎恨，应该予以抵制。亚里士多德对政体做了分类，分出优劣两种：

	好的	坏的
一人统治	君主政体（1）	僭主政体（6）
少数人统治	贵族政体（2）	寡头政体（5）
多数人统治	共和政体（3）	民主政体（4）

数字按顺序表示由好到坏的排列。因此君主政体最好，僭主政体最坏。"好"（善）是与理性和法律相一致，比任何具体的政府类型更重要。应该指出，虽然通常人们认为亚里士多德主义对民主政体并不友好，但在他看来，多数人的统治可能比一个人的统治要好得多。

当然，中世纪的政治思想主要来源于亚里士多德，同时混合了基督教的基本主张。圣托马斯·阿奎那同意，国家是一种自然制度，因为人类必须在一起生活，尘世生活虽然不是最高级的善，但也是一种积极的善，而共同生活就必须有政府。此前有一种说法，认为"人间之城"是微不足道的，因为这里的生活是堕落的。与这种论断相反，阿奎那这位中世纪知识的集大成者极力振兴一门独立的政治学，其理论至今还是现代一些重要的政治学者的一个思想来源。天性温和的阿奎那主张中庸，强调法治。人不是完美的，但也不应当更为下贱，因此需要有权威来约束他；但他的本性没有完全丧失，他身上还存有理性，使他能够追求一种维持某些自由的政治秩序。与在其他领域一样，阿奎那在政治理论领域也紧紧追随亚里士多德。

权威是必要的，但暴政应该受到民众意志的遏制。政府应该谋求普遍利益，否则它就丧失了合法性，而且人民可以反抗它，甚至在某些条件下有义务反抗它。现在有一种说法，把革命权利说成是由后来的清教徒和洛克提出的，这显然是错误的。中世纪历史的主题之一，是教会与皇帝（或者国王）之间争权夺利。双方都竭力寻找理由，说明为什么人民应该推翻对方的统治。中世纪学者洛滕巴赫的马内戈尔德[1]将君主比作牧猪人，认为如果他做不好自己的工作，就应该被废黜。中世纪著名的政治评论家索尔兹伯里的约翰比阿奎那走得更远，因为他承认人民有杀死暴君的权利。[2]

许多中世纪政治思想强调有限的立宪君主制；现代立宪政体，例如英国的议会体制，便是从中世纪发展而来的。法律研究在中世纪的大学和中世纪的社会生活中占有重要位置。但到 17 世纪，一些中世纪的观念遭到否定，至少遇到了挑战。首先是那种对永恒价值领域（法律的来源）的盲目接受。在中世纪，法律不是被创造出来的，而是被"发现"的。人们相信，所有的人类法规及其正当性都源于一种更高的法律。在阿奎那的理论中，有三种法律高于人类的实在法，最高的法律是永恒法，再有就是自然法。自然法指引着人法，在发生冲突时否决人法。在中世纪，这种观念并没有形成具体明确的制度，但它根深蒂固，不仅建立在基督教信仰之上，而且滥觞于希腊罗马（斯多葛派）哲学。到 17 世纪，更高法律的观念依然

1　洛滕巴赫的马内戈尔德（Manegold of Lautenbach，1030—1103），德意志经院哲学家。

2　在教会内部，对教皇权力至上的反抗在 1415 年的康斯坦茨会议上达到顶点。思想史家 J. N. 菲吉斯曾热情地称会议的决议是"世界历史上最有革命性的文献"。显然，这种主张教会拥有立法权而非行政权的公会派（大公会议至上主义者）观念，既有强烈的中世纪色彩，也对后来的德国路德派、法国胡格诺派和英国清教徒革命产生了影响。——原注

发挥着影响，但也遭到霍布斯和斯宾诺莎的挑战，并且由洛克这位公认的"自然法"哲学家加以修正。不过，这种根深蒂固的观念已经成为西方遗产中最有意义的特征之一。西塞罗对这种观念做了一个经典表述，这个表述被人们铭记于心并经常引用，"不是在罗马有一种规则，在雅典有另一种规则……今天一种规则，明天另一种规则，而是有一种永恒不变的法律，在所有时间、对所有民族都有约束力"，因为这个法律有"一位人类共同的主人和统治者，即上帝，他是这个法律的创制者"。说这话的是基督教出现之前的一位"异教"罗马人，因此，自然法的概念主要源出于古代世界的普世帝国经验和在一个世界性国家中的相同公民地位。众所周知，建立世界国家的理想，建立统一的"基督教国家"的理想，在中世纪始终存在，在查理大帝或奥托大帝时期也曾兴盛一时，尽管当时实际的政治状态与其说是统一，不如说是分裂。

这些古老的观念仍然在现代世界萦绕，尽管在 17 世纪和 18 世纪其中一些观念已经发生了根本性的变化。自然法迟迟不肯隐退，实际上它也从未消亡。在法国革命和美国革命时期，它依然十分活跃。杰斐逊就引用亚里士多德和西塞罗的思想作为健全政治哲学的原理。至少到 18 世纪，亚里士多德关于政体和暴政危害的观点还被视为真理。例如，乔纳森·斯威夫特说过一句格言："一切自由国家都需要避免的邪恶就是暴政，即最高指挥权或无限权力完全集中在一个人、少数人或多数人之手。"孟德斯鸠在著名的《论法的精神》中也讲授类似的学说（详见本书第 5 章）。

中世纪的政治思想还赞同亚里士多德的这一观点：国家之所以存在，就是为了以积极的方式促进美好的（善的）生活。这种表述

　　　　　　　　　　西方现代思想史：从中世纪到启蒙运动

听起来挺好，但它意味着国家应该具有道德和意识形态方面的职能，而这是现代欧洲的自由主义所厌恶的。如果被问及这个问题，今天的欧洲人或美国人大概会说，国家不应该试图监管民众的宗教生活或信仰，甚至不该过问民众的道德，除非涉及维护社会安定的需要。至少19世纪的自由主义者会这样讲。可以说，在古代和中世纪的思想中，几乎没有与社会、国家相对抗的个人"权利"这种观念。亚里士多德和阿奎那允许人们拥有有限的私有财产权，但又强调这种权利永远准备为了共同体的需要而牺牲。对于个人权利的描述都只是轻描淡写。众所周知，中世纪封建主义认为财产主要属于共同体，而非个人。

主张国家是有机体而不是约定的产物，强调共同体而贬低个人，也就意味着主张一种为现代自由主义所厌恶的不平等主义。社会被视为与宇宙一样具有等级结构。就像人体一样，社会有各个不同的组成部分，各有各的功能，如果脚要求有与脑袋一样的权利，岂不奇怪？托马斯主义者（阿奎那的信徒）认为，平等就是根据人的（不同）天性对人区别对待，而不是一视同仁。一视同仁的提法是现代观念，是17世纪才出现的。

总之，中世纪的政治思想在某些方面与现代观念相似，但在另一些方面则迥然不同，令我们很难理解。人民主权、法律至上、废除暴君的权利等可能会受到今天人们的欢迎，但同时，等级制度、没有个人权利、宗教裁判所式的政府等也会让今天的人反感。可以说，其原因就在于，与哲学、科学一样，中世纪的政治学遗产在17世纪也经历了巨大变化。人们利用了其中的一些思想，但同时改造了整个结构，抛弃了大部分的旧观念。在这方面，新兴思想家具有更系统的理论，而中世纪的政治思想则杂乱无章。当时，社会四分五裂，习俗也各式各样；思想很少能赶上实践的发展。

当时缺乏的一样东西就是国家主权的观念。从总体上看，中世纪的人强烈地感受到有一套客观的规律（法则）支配着政府，整个社会散布着一套义务与责任的等级体系，人们几乎无法想象权力集中于一个地方并向一切人发号施令。如果社会被想象成一个有机体，就不可能有现代意义上的主权权力的位置。在中世纪，根本就没有什么主权国家，只有权力的分散，尤其是世俗之剑与神圣之剑的分立，即教会统治者与世俗统治者的分立。但值得注意的是，中世纪晚期，著名理论家帕多瓦的马西略在《和平保卫者》（1324）中试图消除这种分权状态。他支持世俗国家，主张完全取消教会在此岸世界的统治权。

15世纪，意大利的城邦国家首先突破了中世纪的多元权力结构，发展了某种统一的主权国家，尽管在规模上比后来北方实现的民族国家要小得多。马基雅弗利在政治学上的精彩创新，成为后来政治思想的滥觞。威尼斯的寡头共和国在一些人看来是一个典范，在另一些人看来则是可怕的样板。但无论如何，在17世纪之前，与阿尔卑斯山以北的国家相比，它是一个在具体制度上更为先进的国家[1]。（由于威尼斯外交报告的技巧和详尽，我们可以获得许多有关16世纪欧洲各国事务的准确知识。）只有到了17世纪，欧洲主要国家才开始达到这种政治成熟状态。它们能够也确实吸取了文艺复兴时

---

1 值得一提的是，帕多瓦大学在科学革命中起了突出的作用，而帕多瓦就位于威尼斯共和国境内，受益于威尼斯共和国的彻底的世俗精神和有效率的组织。——原注

期意大利的思想和实践经验。它们还能利用我们熟知的自然法学派所代表的政治理论，但必须对其加以修正以适应新的形势。17 世纪的欧洲正在经历一场政治革命。

宗教宽容

16 世纪，新教大反叛，即宗教改革，打破了古老政治思想和政治实践的基本原理。当一个国家出现两个或多个纷争的宗教教派时，那种认为国家应该推行统一信仰和道德的观念就变得不可容忍了。在一段时间里，欧洲充斥着血腥的内战和残酷的宗教迫害，人民饱受苦难。这最终引起了强烈的反弹，人们不仅反对这种现象，而且反对造成这种现象的许多观念。形势逐渐变得明朗了：只有建立在新的基础上的世俗国家能够使欧洲恢复秩序。总之，世俗国家从教会分裂中收获渔人之利。诚然，新教徒和罗马天主教徒都试图控制世俗政府，借以消灭对手。加尔文派和耶稣会都恪守旧的观念：除了遵从上帝（其实是他们教派）律法的世俗统治者之外，其他一切统治者都不具有正当的权威性。但从长远看，这种特许造反的宗教观念遭到民众发自内心的反对，因为他们渴望和平和终止宗教狂热。因此，当疯狂的宗教战争消退之后，欧洲已经变得更加成熟，乐于接受新的政治变革。欧洲人不再欢迎干预政治的教会，希望强大的世俗君主能够维护秩序、保障和平，还希望确立能够体面地实现宗教宽容的原则。在 17 世纪的很长时间里，宽容和主权国家一起高歌猛进。

关于宗教宽容的争论几乎早在宗教改革之初就开始了。巴塞尔的塞巴斯蒂昂·卡斯特里昂[1]就此问题与加尔文本人展开了一场彪炳史册的辩论。在宗教改革的氛围中，卡斯特里昂不可能占据上风。加尔文及其同僚泰奥多尔·贝札[2]为反驳卡斯特里昂而提出的有力论据是：难道我们的信仰可以是不确定的吗？卡斯特里昂曾经指出，这些神学观点不值得严肃对待，因为它们有许多可疑之处。但加尔文反驳道，如果它们是可疑的，那就是说基督欺骗了我们，我们的信仰也就不存在了。因此，必须承认，当人们有强烈的信仰时——信仰是有个性的人的天性——他们不可能容忍反对意见；人们不能容忍出格的错误。宽容难道不总是需要某种程度的怀疑主义吗？正如蒙田指出的，"仅仅因为一个人提出某种猜测就把他活活烧死，他为此付出的代价未免太高了"。确实如此。现代思想界对蒙田的指责给予肯定的呼应。"猜测"这个词值得注意。如果一个人的信仰不过是一种"猜测"，那么可以断言，用刀剑来推行它是极其愚蠢的，但如果人们真的相信它是上帝的真理，就另当别论了。16世纪，乃至17世纪，很少有人能够接受在宗教事务上的无所谓态度。

宽容在开始时与其说是一种美德，不如说是一种必要。自16世纪开始涌现、到17世纪已成汹涌之势的文献，一再向我们表明这种紧迫的必要性。吊诡的是，宽容的实现最主要应归功于那些面对迫害也不放弃自己信仰的宗教信徒的狂热，这些英勇的新教徒本身也是不宽容的。我们可以设想，新教教派如果独自掌握了国家政权，

1　塞巴斯蒂昂·卡斯特里昂（Sebastian Castellion，1515—1563），萨伏依人，新教徒，鼓吹宗教自由。
2　泰奥多尔·贝札（Theodore Beza，1519—1605），加尔文在日内瓦的继承者，希腊学者、神学家。

无不成为排他主义者。但如果一个政治社会存在较多的不同教派，那就有必要发明一种政治理论，允许它们共同存在，避免相互残杀。

恐怕很难说大多数弱小的新教教派天然倾向于宽容。但它们确实希望能够扩大宗教宽容的范围，以便将自己包括在内，而且它们也不敢奢望控制国家。正是从它们的行列中，出现了一个真正的宽容提倡者。卡斯特里昂的继承者中，值得一提的是荷兰莱顿大学反对加尔文的阿明尼乌[1]。他抨击加尔文的预定论和自然堕落说，提出一种较温和的神学教义。这种阿明尼乌主义在 17 世纪的英国和欧洲大陆很受欢迎。到 1630 年，加尔文宗神权主义者在荷兰大势已去，荷兰共和国成为一块经济繁荣、同时容纳多种教派的著名国度。在法国，胡格诺内战造成的苦难促成了包括宗教宽容在内的"政治家纲领"。1598 年的南特敕令，标志着欧洲在一个大国里蹒跚地迈出了走向宽容的第一步。

但由于清教徒反叛[2]以及在此之前的长期争论所造成的氛围，英国关于宽容的争论表现得最为激烈。英国最早鼓吹宽容的小册子据说是由一个浸礼宗教徒（托马斯·赫尔韦斯[3]）于 1612 年撰写的，但在此之前也可以见到支持宗教宽容的零散言论。例如，1593 年，沃尔特·雷利爵士[4]在议会里呼吁对不受欢迎的布朗派[5]实行宽容。由

1　阿明尼乌（Arminius，1560—1609），荷兰基督教神学家、改革宗牧师。

2　"清教徒反叛"，是一个历史术语，表示 1640 年开始的英国革命。

3　托马斯·赫尔韦斯（Thomas Helwys，约 1550—约 1616），英格兰清教徒领袖。1608 年，他随大批分裂派信徒迁居阿姆斯特丹，建立第一处浸礼会。1611 年，返回伦敦，鼓吹宗教宽容。

4　沃尔特·雷利爵士（Sir Walter Raleigh，1554—1618），英国探险家、早期美洲殖民者。

5　布朗派（Brownist）：16 世纪，英国新教徒罗伯特·布朗鼓吹每一个教会都应该独立自主，选举自己的主持者和管理者，其信徒被称作布朗派。

于清教徒革命，争论愈演愈烈。圣公会和非国教徒，以及一些非宗教人士都参与争论。在圣公会中，有一个著名的群体被称作"广教论者"，主张实现一定程度的宗教宽容。其早期领袖是主教奇林沃思[1]。这个群体深受阿明尼乌主义和基督教人文主义的影响（他们与前面提到的和科学有关联的剑桥柏拉图派关系密切），反对狭隘的宗派主义，反对对形式、仪式和教义的偏执。他们强调基督徒的品行，贬低神学。实际上，他们的基本原则是努力将信仰的内容减少为几条"要旨"。德莱顿[2]捕捉到他们的精神：

> 信仰并非基于高谈阔论，
> 必须信仰的东西简约单纯。

这些"心胸广阔、不拘形式者"后来成为英国国教中所谓的"低教会"群体。他们认为理性是不宽容的教条主义的解毒剂。他们的某些思想还为18世纪自然神论的先声，但他们并非缺乏宗教热情。如果获准拥有一种"预言的自由"（杰里米·泰勒[3]1646年的一篇著名论文的标题），他们会期望所有的基督徒都赞成少量的信仰"要旨"，进而奉行真正的宗教而不会四分五裂。他们坚持一个著名的信念，即"理性"能够发现宗教的要旨。但在实践中，对基督教教义去其糟粕、取其精华，谈何容易。一些基督徒指责广教论

---

1 广教论者（Latitudinarian），宗教信仰上的自由主义者。奇林沃思（William Chillingworth，1602—1644），英国神学家。
2 德莱顿（John Dryden，1631—1700），英国诗人、剧作家和文学评论家，英格兰第三位桂冠诗人。
3 杰里米·泰勒（Jeremy Taylor，1613—1667），英格兰圣公会教士。

者抛弃的东西太多了。洛克不是宗教人士，但也深受广教论者的影响，到 17 世纪末，他把基督教简化成对两件事的承认：一是上帝存在，二是基督曾活在世上并谆谆教诲人类。

当然，不是所有的英国国教徒都如此宽容。广教论者就绝不宽容罗马天主教徒，当然也不宽容非基督徒。清教徒也基本如此。1643 年的威斯敏斯特会议[1]表明，布朗派和公理会信徒比清教徒中占主流的长老会更宽容。杰出的长老会人士理查德·巴克斯特[2]说，当他与新模范军中的新教徒争论时，他发现，"他们经常激烈争论的话题是他们所说的良心自由，也就是说，世俗长官不要决定任何宗教事务，只需处理民政事务，维护安定，保护宗教自由"。世俗权力与精神权力的划分是典型的清教徒的态度，这使我们想起罗杰·威廉斯[3]在 1644 年发表的著名小册子（写于英国并以英国为背景，但常常被说成美国文献）。这里探讨的宽容之路不是降低对信仰的要求，因为圣公会的广教论者很可能会被清教徒指责为缺乏宗教热情。问题在于，必须把精神事务与民政事务区分开。市民社会的政府只需要维护社会安定；它所关心的仅仅是防止暴力活动而已。精神事务必须用精神方式来处理，只能用思想和灵魂的武器来解决。正如威廉斯使用的著名比喻，国家就像一艘航船，运载前往不同目的地的旅客。它只关心如何保证他们安全抵达，而无意替他们决定其目的地。让教会与国家分开，这样各个宗教教派就可以信奉自己

---

1 英国国会为改革英国国教（圣公会）于 1643—1652 年召开的会议。

2 理查德·巴克斯特（Richard Baxter，1615—1691），英格兰清教徒牧师。

3 罗杰·威廉斯（Roger Williams，1603—1683），北美罗得岛殖民地的创建人。1644 年，他在英国获得殖民地特许状时写了一篇对话，鼓吹宗教自由。

的信条，而且不会伤害其他教派。

教派的多样性确实逐渐促成了宽容。在辩论中，非宗教人士倾向于强调务实。如果英国想顺利发展，只需要承认现实状况，停止推行一种正统信仰的徒劳做法。内战期间，各方残酷迫害彼此，而且长老会在威斯敏斯特会议上表明自己与原来由劳德大主教[1]掌管的圣公会一样不宽容。理查德·巴克斯特认为，宽容确实很好，但我们只能"宽容可宽容者"！克伦威尔的护国公政府为了社会安定，实行了一定程度的宽容，但罗马天主教徒除外。1649年由军官提交给议会的《人民公约》（后来被称作"英国第一次真正提出来的宽容要求"），主张不对"教皇制和教士制"实行宽容，但在清教徒统治下，虔诚的圣公会教徒实际上很少受到骚扰。在克伦威尔去世和查理二世复辟后，《五英里法》（Five Mile Act）和《宣誓法》（Test Act）[2]对弑君的教派实行了某些报复，但这个时期普遍的情绪还是对独断的教条主义和神学的反感，甚至对宗教反感，认为宗教缺乏上流社会的良好品行准则。

1685—1688年，当詹姆士二世试图在英国推行天主教时，宽容在英国取得了最终的胜利。原来的对头圣公会和不从国教者联合起来共同对付天主教的威胁。1688年的光荣革命巩固了这一联盟。具有讽刺意味的是，"宽容"的胜利建立在对天主教极其不宽容的态度上。而英国神职人员中的最大裂痕，即清教徒与圣公会之间的分歧由此得以弥合，同时为宗教宽容基本扫清了道路。1689年的法案

1　劳德（William Laude，1573—1645），英国坎特伯雷大主教，在英国革命中被处死。
2　《五英里法》要求牧师宣誓绝不反对圣公会，拒绝宣誓者将被驱逐，不得进入原教区周围五英里内；《宣誓法》规定政府工作人员必须按照圣公会的仪式进行宣誓，放弃天主教信条。

远远没有走完这段路程，但完全的宗教自由从此稳步发展。

在关于宗教宽容的长期辩论中，有几种论点值得注意。首先，有人认为，宽容没有写在《圣经》里面，因此不属于基督教精神范围。不从国教者与圣公会广教论者一样，以《圣经》作为自己信仰的基础。奇林沃思说："《圣经》，唯有《圣经》是新教的信仰所在。"早期的教会也不实行迫害，而且仅仅要求信奉少量的信条。（但应该指出，在成为官方宗教之前，基督教本身是受迫害的少数派，承受不起内部分裂。）其次，有人断言，可怕的宗教战争已经证明迫害是无效的。用武力不可能改变人的信仰。洛克在《论宽容的信札》中指出，强制只能制造虚伪，并不能改变信仰。用剑能够迫使人们表面上顺从，但这毫无价值。再者，弥尔顿在《论出版自由》（*Areopagitica*，1644）中有一句关于信仰的名言：真理需要的只是一个公平的竞技场，它没有偏向，但将取得胜利。这句话也许值得推敲，但在当时提出了一个宏伟的主张。它与上面的第二个论点呼应：如果不能通过强制来使一个人真的信服，那么可以在一种自由的氛围中用理性的论证来说服他。弥尔顿认为，宗教自由不会像某些人担心的那样导致道德败坏和思想混乱，而是会使英格兰这片土地上的所有人都变得犹如圣人一般。最后，我们从最高尚的理想主义回到最实际的观点。一些务实的人常常宣称，哪里有良心的自由，哪里就有商业的繁荣。他们以荷兰为例。因为宗教信仰不同就把顾客或工人赶跑，在他们看来是不可思议的。贵格会信徒的钱与圣公会信徒的钱是一样的。如果一个异教徒很勤奋，那么他也是有用的公民。这个论点在1660年之后变得越来越流行。它很接近埃拉斯都主义：宗教是一桩方便社会的事务，它的公共形态应该受国家管制，它的标准应该是社会功利，而不是理想的真理。埃拉斯都主义一度令人惊骇，它其实与 1688 年革命后的胜利者辉格党中许多人所接受的思想很接近。

绝对主义和主权国家

反对内乱的同时也会主张建立一个强大的国家。红衣主教黎塞留[1] 在他的《政治遗嘱》(*Political Testament*)中明确提出把国王变成绝对统治者的目标。[2]1634—1642 年，他实施的政策是打击内乱，驯服贵族，建立庞大的常备军，强化中央政府机器。黎塞留提高了君主的标准，主张君主应该公正而诚实地进行统治。黎塞留根据品行和能力来挑选公务员，对官员中的腐败和以权谋私十分鄙视。他还扶持艺术和科学，建立了著名的法兰西学院。但根据马基雅弗利提出的君主成功的秘诀，黎塞留希望他的国王既要受人爱戴，也要让人惧怕。他应该无情地镇压任何反抗，无论是贵族，还是法庭和议会，抑或不堪赋税重压的农民。黎塞留摧毁了胡格诺派（新教徒）独立的军事力量。当他们不再构成政治威胁时，他愿意对其实行宗教宽容。这是一场革命，与同时发生在英国的革命同样广泛，也几乎一样猛烈，但方向不同。

当英格兰的斯图亚特国王竭力走向王权绝对主义时，他们缺少

1　黎塞留主教（Cardinal de Richelieu，1585—1642），法国政治家，曾任黎塞留地方的主教，故名。他使法国的混乱政局趋于稳定。

2　虽然这份文件的真实性受到伏尔泰及另外一些人的怀疑，但现在看来它基本可信。参见亨利·希尔（Henry Hill）编辑校订的《红衣主教黎塞留的政治遗嘱》（1961）一书的讨论。——原注

黎塞留那种手腕，又遭到议会和习惯法的抵制，最终头破血流。但在 17 世纪，大多数欧洲人认为，法国走上了正确道路，而英国没有。当时，英国处于虚弱和分裂状态，路易十四时代（1661—1715）的法国则在实力、荣耀和文化诸方面均遥遥领先。英国采用中世纪的立宪主义，它的成功直到 1688 年以后才显现出来。对于大多数欧洲人来说，扫荡国内的中世纪残余，无异于科学和哲学领域的革命。黎塞留与笛卡儿都是理性主义者和改革者，他们用明晰和效率消除了中世纪的混乱。（这里不是说他们之间有什么直接影响，只是想说他们具有共同的时代精神。）王权专制主义是一种新的潮流。国王都在夺取前所未有的权力，而议会和（英国的）习惯法则代表了中世纪的传统。

将君主政体视为最佳政体这一观点，并不新鲜。就像我们在前面提到的，亚里士多德就持有这种主张；在中世纪，但丁是该主张的热烈支持者之一。但亚里士多德以及主流传统并不喜欢无限制的君主政体，而是倾向于一种有限的立宪君主政体。国王长期以来被赋予了"神圣权利"，但"神圣权利"并不意味着绝对主义：他们从上帝那里获得权力，在中世纪这并不意味着他们可以为所欲为。但从博丹开始，出现了一种新的基调。前面我们已经提到这位主权概念的开创者。这位《国家六书》（*Six Books of the Republic*，1576）的作者大概会自称是政治革命的哥白尼或开普勒。他是一位半新半旧的学者，有一半思想还停留在中世纪，但他批评亚里士多德，力图寻求一种新的国家概念。他最主要的洞见是，每个国家都存在着"主权权力"，这是"一个国家绝对的、永恒的权力"，不能被限制或被分割。

博丹的思想也影响到英国，并且在一定程度上促成了都铎王朝后期的一种倾向，即"把君主政体看成上帝认可的一种天然政体……建议，甚至断言君主的权利不受人类法律或机构的限制"（J. W. 艾伦）。众所周知，在英国历史上，一段最直率的表述就出自斯图亚特王朝的第一位国王。这个笨拙的詹姆士一世自己写了一本书，题为《自由君主政体的真正法律》（*The True Law of Free Monarchies*, 1598），表达了他竭力推行而导致了灾难性后果的思想。这是一篇粗糙的论文，但它确实有力地提出，"国王应当被称作上帝"，因为他们拥有同样可怕的权力。另外一些更有思想的作者也提出了类似的主张。在小册子论战中，伟大的作家约翰·多恩极力捍卫詹姆士国王的至高权力，而耶稣会的苏亚雷兹和贝拉明以及苏格兰的加尔文派教徒则主张有权废黜国王。

"主权"这个新概念很容易被用于支持君主绝对主义的主张。这个概念强调，在国家的某一位置存在着一种发号施令的权利和权力。约翰·海沃德[1]爵士在1603年就得出了这个明显的结论。当时他注意到，由许多人一起来表达一个意志在现实中是不可能实现的，一个主权通常应该意味着一个统治者。托马斯·克雷格爵士写道："支配人们内心的理性总是向往君主政体，因为它是最确定的政体。"当代许多美国学生以为君主政体是一种古老的迷信，因此需要强调，绝对君主政体乃是17世纪出现的新观念，而且得到了"理性"以及那些拥护科学和哲学中的新理性主义的先锋派的支持。与这种新观念相辅相成的是"主权"的发现，这是当时政治理性主义

1　约翰·海沃德（John Hayward，1560—1627），英国历史学家。

者的一个主要胜利，它可以说是政治学的"万有引力定律"。

16 世纪的法国保皇党和 17 世纪的英国保皇党甚至宣称，反抗最恶劣的国王也是不正当的，因为即便是暴政也比无政府状态好。他们是在内战的阴影下，怀着内战引起的各种恐惧心理写作的。他们把这种一锅粥的混乱状态归咎于国家这个"厨房"中有太多"厨师"。当许多人各执己见却都要发号施令时，怎么可能有一个井然有序的政府？两个人或更多的人不可能同时驾驶一辆汽车。国家就像军队一样，必须有一个统一的指挥。俗话说，两个好将军不如一个差将军。现代政府已经学会如何委托权力，还学会如何把主权推崇为一种抽象的国家意志，但在现代国家的早期阶段，人们很自然地会把主权意志人格化。这种思路在某些方面与科学家的理性主义不谋而合，因为科学家也是用删繁就简、消除混乱、追求明晰、寻找简明的公式来概括自然现象，使其归结为一些秩序原理。

大多数捍卫绝对统治的人其实并不真的主张国王掌握完全无限制的权力。他们常常这么鼓吹，是因为他们希望国王拥有更大的权力，以结束反叛和内乱。但如果受到压制，他们就会多少有所保留了。维护无限制的权威与维护无限制的自由一样，都难以讲通道理。在欧洲历史的这一阶段，在整个欧洲大陆，尤其在法国，人们之所以强调权威，是因为现实面临的无政府状态和内战。16 世纪下半叶和 17 世纪，先后有一些理论家（巴克利、霍布斯、波舒哀、菲尔默[1]）强调权威重于自由，主权国家重于个人权利。他们试图用理性

1　巴克利（William Barclay，1546—1608），苏格兰法学家。菲尔默（Robert Filmer，约 1588—1653），英国理论家，著有《父权制》（*Patriarcha*），受到洛克的批判。

的论证来支持权威和主权。通常，他们在论证的过程中也会不得不承认需要有所限定。

我们可以用移居法国的苏格兰人威廉·巴克利作为一个例证。16世纪末，他著书立说，其中有这样一些论点：权威来自上帝；主权不可分割；主权若被分割，就会导致无政府状态；社会迫切需要秩序；《圣经》支持君主制；无论从历史上看，还是按照逻辑讲，国王都应该是主权者，而非议会（等级会议）；同理，国家也应该高于教会。我们会发现，巴克利的论点新旧杂陈，就像开普勒将中世纪因素和现代因素融于一身，他引用《圣经》和上帝法，而且显得很看重中世纪晚期支持世俗权力、反对教会的帝制派。但他也有一些新的理性论点，尤其是主权观念，以及因宗教动乱时期渴求秩序的心理而提出的功利主义论点。无论根据宗教论点还是依据功利主义论点，巴克利发现很难否定造反权利，尽管他十分希望减少这种权利。

如果按照上帝的意志，国王是至高无上的，那么如果他违反了上帝的法律，又该怎么办？因此，总是潜藏着一种对以宗教制裁的形式所体现的"更高法律"的诉求。当时加尔文教徒和耶稣会二者反抗君主制的活动充分证明了这一点。此外，如果这一论辩完全建立在实用功利的理由上，说国王拥有至高无上的权力纯粹是因为这样更符合社会的利益，那么如果国王的统治违背了社会的利益，废黜他也就理所当然了。因此，运用理性的论证，就不可能完全取消公民的自由，尽管17世纪有些理论家试图这样做。从当时的社会情绪看，那些最伟大的理论家竭尽全力进行这种论证是有重大意义的，但当他们把哲学激进主义和政治保守主义结合在一起时，陷入了矛盾。这方面最典型的例子是英国的天才思想家托马斯·霍布斯。

清教徒革命

1641 年，英国爆发革命，然后经历了一系列狂风暴雨般的事变：内战、国王查理被议会（准确地说，是控制议会的军政府）处死，以及替代王权专制主义的各种政体试验。与此同时，英国也经历了一波又一波的政治理论浪潮。议会方面当然会努力论证自己挑战和推翻王权的正当性；他们援引了过去的反抗理论，也多少添加了一些新的因素。亨利·帕克[1]是其中的一个典型。他认为，国王不等于王国，如果他没有履行为王国服务的职责，就可以被废黜。这种论点似乎没有超越中世纪学者洛滕巴赫的马内戈尔德所谓的国王犹如牧猪人的说法，但帕克大胆地提出主权寄于议会的主张。只是，议会领袖不愿显得过于激进，帕克一度远远走在同党的前头。议会代表了富裕的乡绅。这个保守的阶层不仅维护自己的利益，而且捍卫传统的英国政府观念，反对新的绝对主义统治：国王企图不经他们的同意强行征税，用新设立的王室法庭驾驭习惯法的法庭。议员们宣称，英国的"古老宪法"源于撒克逊时代，得到了《大宪章》（Magna Carta，1215）的确认，体现在习惯法之中，它是对王权的一种限制。他们的对手嘲笑这些说法，但这些说法并非空话，因为它们毕竟得到了人们坚定而真诚的维护。因此，至少在开始时，议会表现为保守的一方。

通常所说的清教徒反叛，包括一种宗教因素。其基础是清教主义的兴起和发展，以及对国王查理在宫廷里容忍"教皇党"并且不

1　亨利·帕克（Henry Parker，1604—1652），英国贵族、清教徒。

认真实施反天主教法律的批评。当时，清教主义在英格兰蒸蒸日上。我们在考虑清教主义时，通常想到的是欧洲大陆上加尔文的神学理论，如上帝全能论、预定论、上帝的选民论等，以及加尔文对教徒言行的苛刻规定。但研究英国清教主义的学者强调，清教主义的起源也有本土因素。很显然，有一种情绪超越了教派界限，对"分离派、追求灵恩派、喧嚣派，乃至贵格会、长老会和公理会"（阿兰·辛普森）都能发生作用。无论清教主义有多么严格的限制，它都包含着一种强烈的行动主义，一种不仅批判教会仪式、组织和教义中未经改革的残余而且要有所行动的愿望。清教徒觉得难以理解的是，仁慈的女王伊丽莎白使英国国教会稳定下来已经过了半个多世纪，但受到上帝启示的人竟然如此之少。他们改革教会和宣传上帝旨意的炽烈热情很自然地转移到政治领域；他们大多不是宣传个人的判断自由，而是鼓吹加尔文式的新教教会，即由民政官员贯彻神职人员的教令，除旧布新，惩治罪人。在法国、荷兰和苏格兰，他们已经表明自己是历史上最令人敬畏的革命者。在革命期间，他们曾经有人说："安顿不好宗教，你就绝不可能安顿好共和国。"敬畏上帝乃是政治的基础。

国王和他的顾问劳德大主教发起了将清教徒清除出英国国教会的运动。清教主义对放荡的时代风气持强烈的批判态度，因此它既代表了一种宗教情绪，也代表了一种道德情绪，甚至主要代表了道德情绪。有问题的不是神学教义，而是戏院、五月柱舞、不守安息日、教堂仪式过于华丽等。当托比·贝尔奇爵士[1]义愤填膺地抱怨这

1　托比·贝尔奇爵士，莎士比亚喜剧《第十二夜》中的人物。

些人要取消欢乐时，清教主义却因为推崇坚强品格和严肃态度，即典型的加尔文伦理而得到传播。当然，在一段时间里——参见 16 世纪法国胡格诺派"反暴君理论家"的作品，以及加尔文本人的《基督教要义》的最后一版——加尔文主义宣传有权反抗宗教信仰错误的国王。英国清教徒当然知道胡格诺派的作品，但他们最初很少谈论革命。冲突是在两大对立的政治团体之间展开的，这两大团体都有悠久的传统和伟大的法统尊严。

当国王头脑简单地恪守王权至上的逻辑时（国王就应该有国王的样子，而不应该成为"威尼斯的总督"，他可以与议会商量，但应该由他为自己的臣民制定政策），议会在众多小册子的包围下，逐渐从与国王分享政府权力这种暧昧的观点，转向主张将国王的"职位"与他本人区分开，甚至最后大胆地宣称，国家的最高权力寄托于议会"这个最高法庭和协商机构"。在主权概念产生以后，国王和议会共同治理王国这一古老而模糊的观念再也不能畅行无阻；二者之中，必须有一个是主权拥有者。正如霍布斯指出的，两个人骑一匹马，肯定有一个人坐在前面。为了王位，狮子和独角兽必有一争。

革命一旦爆发，就如脱缰的野马。不久便涌现出更加大胆的理论。其中，引人注目的军队辩论造成了民主观点与保守观点之间的碰撞。民主观点主张，每个人都应该有选举权。保守观点则认为，"凡是在这个王国中没有长久固定利益的人，都无权参与处理国家事务或享受相关利益"。也就是说，选举权应该与财产所有权如影随形。在实践中（如果不是理论上），胜利最终属于后者。但在平等派运动中，清教徒革命提出了或许是欧洲历史上第一个重要的民主思想体系。[1]

　　具有感染力而又不太负责的约翰·李尔本[2]，以及平等派的其他鼓动者理查德·奥弗顿、威廉·沃尔温等，都体现了当时理性主义和科学潮流的影响。奥弗顿显然是一个科学爱好者，而带有某种模糊的霍布斯式的形而上学思维。平等派否定传统，力求在理性的基础上重新建设一个理想社会，这就使他们成为带有乌托邦色彩的政治家。我们能感觉到，科学和理性都被用来支持这些平民渴望已久的东西：与傲慢的绅士平起平坐，在议会中有代表，修改法律以救济穷人（例如，废除负债监禁），实现免费的教育和医疗，禁止土地垄断。理性主义是一种思想武器，他们借以破旧立新。在理论上，平等派的小册子几乎没有什么引人瞩目的，但它们无疑是意义深远的社会文献。它们远远走在时代前面。17世纪，民主运动的时机尚未成熟，但已经听到了它的模糊声息。令思想史研究者尤为感兴趣的是，促成这次未成功的民主运动的因素，除了有英国的革命变动，还有四处流溢的理性主义思潮。我们似乎听到奥弗顿在发问，如果笛卡儿能够基于理性把一切推倒重来，那么为什么我们不能在社会和政府领域做同样的事情？理性的时代正在孕育150年后的其他政治乌托邦。

　　与此同时，清教徒革命中的激进派还受到基督教千禧年主义和救世主义的影响。在宗教改革的动乱时期，尤其在德国，这些思想大量涌现。所有的历史研读者大概都知道，马丁·路德对罗马的挑

1　平等派并不赞成彻底民主的普选制，他们显然想把乞丐和仆人等排斥在选举之外。而且，他们支持户主普选制，这使他们的思想超前了两个世纪。——原注

2　约翰·李尔本（John Lilburne，约1614—1657），英国平等派领袖。

战促发了一场这位新教改革者本人并不赞成的农民大起义；从新教反叛的左翼产生了诸如明斯特公社[1]这样奇特的激进产物。这种流行的革命千禧年主义也是在中世纪出现的。穷人第一次读到《圣经》并受到路德宣传的鼓舞，以为他们可以按照自己的方式继续发挥。他们设想出一些非同寻常的基督教神学理论。这些理论表现出明显的劫富济贫倾向。尤其是《启示录》和《但以理书》的第7章，被当作一个可以尝试各种终极乌托邦理想的乐园。在千年王国里，私有财产和婚姻之类的制度都将消亡，所有的信徒都是平等的，基督返回人间，将作为君主统治一千年，直到最后的审判日到来。清教徒革命随着一次次《圣经》宣示而跃动，这些《圣经》宣示负载着旧约和新约中令人难忘的意象。"第五王国"的成员一度是革命中的一个重要群体。他们表达了这种以神圣的名义进行社会革命的圣经革命观。

革命的极左派杰勒德·温斯坦莱[2]被一些现代共产主义者奉为先驱。他质问，难道不应该用经济民主来补充政治民主吗？如果庄园主可以反抗国王，穷人为什么就不能反抗庄园主呢？他所支持的"掘地派"是一些无地的农民。他们不想进行暴力革命，只是想占据农村的公有土地。这个运动极其弱小，但温斯坦莱的思想被包括社会主义者和共产主义者在内的许多人视为对社会政治理论的重大贡献。正如李尔本作为一个民主的先驱具有重大意义，温斯坦莱作为现代社会主义的先驱也具有重大意义。

1　明斯特公社，1534—1535年，由德意志西北部城市明斯特的再洗礼派建立的公社。

2　杰勒德·温斯坦莱（Gerrard Winstanley，1609—1676），英国革命期间掘地派领袖。

哈林顿和霍布斯

1640—1660 年，英国产生了大量的政论家和政治论文。其中包括诗人约翰·弥尔顿，他在 1650 年发表的一篇论文中为处决国王查理（1649）辩护。在清教徒革命期间的所有政治理论家中，仅次于霍布斯的伟大理论家大概是共和主义者詹姆斯·哈林顿[1]，著名的《大洋国》(*Oceana*，1656) 的作者。与 17 世纪的许多政治思想家一样，哈林顿也希望自己的思想科学化，他的著作中明显带有机械模式的痕迹：事物是相互平衡的；各种力量之间也寻求平衡；只要遵循这些原则，就可以设计出一个长治久安的国家。哈林顿熟悉马基雅弗利和霍布斯，而且像他们一样通晓古代历史。他按照理性设计的国家机器看上去很像是古代作家的方案。比如，波利比乌斯就是一个伟大的榜样，他强调国家的内部力量应该平衡。哈林顿认为自己的任务是发掘这方面的古代智慧。哈林顿在强调经济因素的重要性方面似乎更有原创性，虽然这也能从古代史学家那里采撷而来。他认为，财产是理解一个共同体的政治事务的关键。只有在财产广为分散的地方，民主政体或者"共和国"才能运转。他把英国革命的发生解释为此前经济革命的结果：那场经济革命结束了国王和少数贵族对财富的垄断，把财富分配给了"中等阶层"。经济结构改变了，政治上层建筑也会随之发生变革。这是一个令人吃惊的分析，尽管事实并不完全与之相符（它更适用于法国革命），我们很容易看到它对马克思及其他经济决定论者的影响。但其实，哈林顿对约

1　詹姆斯·哈林顿（James Harrington，1611—1677），英国革命时期的政治理论家。

14 至 15 世纪伟大的意大利文艺复兴使欧洲如醉如痴，因为它打开了古典时代的全部源泉。意大利文艺复兴艺术家拉斐尔创作的壁画《雅典学院》，将古希腊、古罗马和当时意大利五十多位哲学家、艺术家、科学家荟萃一堂。

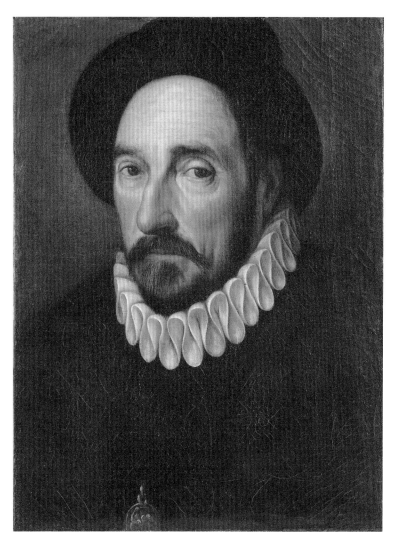

法国随笔作家和怀疑主义者蒙田是 16 世纪的一个"世纪末"伟人。他精通古典作品，但不做它们的奴隶，而是创造性地运用它们。

培根是英国伊丽莎白时代的权贵，可谓阅历丰富、见识过人。他大胆抨击传统的思想流派，号召知识领域的变革，主张建立新术语、新方法、新机构和新教育。

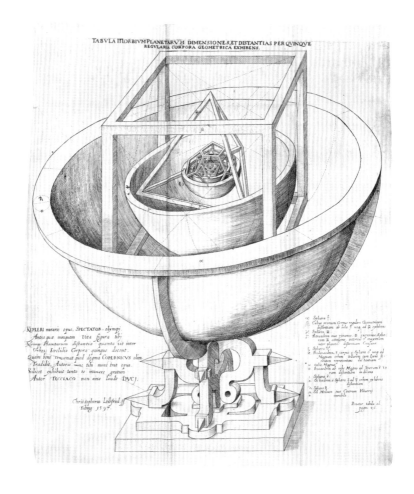

在《宇宙的奥秘》（1596年）中，开普勒展示了其宇宙模型。他认为，宇宙的构建基础可能是三维立体几何形状——"柏拉图多面体"。

1633 年，伽利略受到审讯，被迫放弃自己的观点，随后被软禁在自己的农庄。但他在那里没有停止撰写科学著述。

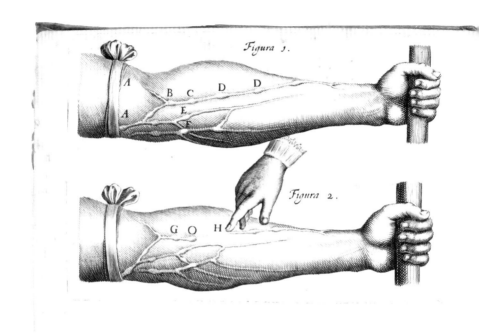

威廉·哈维是伟大的比利时实验解剖学家维萨里的弟子。哈维正确地描述了心脏和血液循环系统的机能，恢复了人们对解剖学的强烈兴趣。

马基雅弗利在政治学上的精彩创新，成为后来政治思想的滥觞。马基雅弗利、伊拉斯谟和莫尔把政治变成了一门独立自主的研究学科。

霍布斯决定用科学方法来研究政治——可以说，他决心成为现代意义上的第一个社会科学家。马克思曾将霍布斯称作"我们共同的先驱"。

1651 年，霍布斯最著名的作品《利维坦》问世，该书探讨了"国家的内容、形式和权力"。此图为《利维坦》出版时的卷首图。

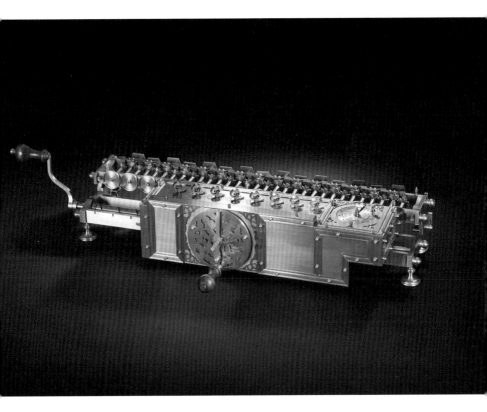

莱布尼茨怀着热烈的愿望，想把理论知识转化成征服自然的实际力量。他制造的步
进计算器是有史以来第一台具有完整的四则运算能力的机械式计算机。

1667年，法国科学院创建人科尔贝尔向法国国王路易十四介绍学院院士。到17世纪60年代，伟大的科学学会的时代到来。

18世纪的法国文化沙龙。沙龙这种法国特有的机制，为作家提供了一个论坛。在鼓励文雅的交谈与举止的气氛中，作家们与法国社会的精英聚首交往。

1736 年，伏尔泰开始与普鲁士腓特烈王子通信。腓特烈王子不久成为腓特烈国王，继而被称作腓特烈大帝。他们之间的友谊成为启蒙运动的又一里程碑。

18 世纪中期，启蒙运动进入更大胆的时期。此时为首的宣传家是一个英俊、多才多艺的年轻人德尼·狄德罗。

在拉图尔为法国国王情妇蓬巴杜尔夫人画的著名肖像画上，她书桌上的一排书中醒目地放着一卷《百科全书》。

JEAN-JACQUES ROUSSEAU.

卢梭是一个浪漫主义者、原始主义者和个人主义者。他倡导回归田园般的自然，后来又写了动人的《一个孤独漫步者的遐想》。

18世纪最伟大的经济学家亚当·斯密其实是道德哲学教授。现代经济学家非常讲究"科学性",而18世纪经济理论的背后隐含着当时人们的某种伦理关怀和问题。

翰·亚当斯和美国联邦党人 [1] 也产生了很大影响，其中包括《大洋国》中反帝国主义思想的影响：在书中，殖民地被视为无益的负担，因为它们迟早都要独立。他并非激进的革命者。身为地主阶级的成员，他在所设计的权力均衡的方案中为他们安排了一个位置。下层阶级也应该有代表，但不能占据支配地位；贵族应该成为下层阶级的遏制力量，他们将被证明是国家的无价之宝，因为他们有闲暇学习和充当政治领袖。

但哈林顿认为，应该制定法律来控制每一块地产的规模，使富者不至于过富。富人阶级和平民阶级一样，如果掌握太多的权力，就会成为一种危险。只有权力能遏制权力。任何个人、任何阶级都不应该被赋予太多的权力。从他这里可以找到反对纯粹民主的依据：纯粹民主违反了上述准则，因为它将权力单单赋予了一个阶级，而这个阶级可以用这种权力剥夺上层阶级，从而毁灭整个共同体。因此，他提出一个土地法设想，不顾可以想见的强烈反对意见，对任何人所能拥有的土地数量设定了上限。在哈林顿的"共和国"里，不是哪一部分人，而是全体人民表达共同的利益或集体意愿，制定法律。顺便说一下，作为共和主义者，他当然准备好了过没有国王的日子，而 1649—1660 年的英国正是如此。查理二世复辟后，哈林顿身陷厄运，但他的著作并没有被所有英国人遗忘。

哈林顿有些幻想家和空想家的味道，与当时的许多人一样，迷恋"按照科学"得出的完美公式，但在处理政治这个棘手的问题时，

---

1 约翰·亚当斯（John Adams，1735—1826），美国第二任总统。美国联邦党人是指以亚历山大·汉密尔顿为代表的一批人，该党是美国历史上最早出现的政党之一。

他仍不失为一个重要的政治作家。他对孟德斯鸠等伟大后继者的影响是显而易见的。这位《大洋国》的作者属于现代政治理论的不朽开创者。在当时那个政治理论成果丰硕的季节,只有一个人超越了他,那就是伟大的托马斯·霍布斯。

霍布斯因为清教徒革命而被迫逃往巴黎,并因此转而思考政治。他同时醉心于数学研究和笛卡儿的理性主义哲学,因此决定用科学方法来研究政治——可以说,他决心成为现代意义上的第一个社会科学家。马克思将霍布斯称作"我们共同的先驱"。1651 年,霍布斯最著名的作品《利维坦》(*The Leviathan*)问世,该书探讨了"国家的内容、形式和权力"。早在 1640 年,即革命开始后的第一年,霍布斯就写了一篇短论,以手抄本的形式流传。这篇短论维护绝对主义,反对议会统治,成为他逃离英国的原因(因为他"不知道他们会如何对待他")。在流亡期间,这篇短论扩展成了《利维坦》。尽管有许多英国人耗费时间和才华来批驳这部著作,但它至今仍被视为英国人所创作的最伟大的政治理论作品。众所周知,霍布斯是一个极其大胆的思想家。根据他的机械唯物主义,他竭力把人类事务纳入自然科学的范围。他排除一切,只保留受机械原理支配的"物体"。他认为,思想和社会也必须严格用对待其他"物体"的方式来考察。这种把人类和社会现象纳入物理学框架的做法,在今天看来是一种低级错误,因为这混淆了不同的范畴。但在 17 世纪,人们很自然地认为,世界上有一种统一的科学方法,而且人们很自然地会把自然科学中的有效方法应用于其他领域。

在埋头创造一种科学的政治理论时,霍布斯力求像笛卡儿那样,首先找到一个无可置疑的真理,然后从这个真理推演出其他的

　　　　　　　西方现代思想史:从中世纪到启蒙运动

结论。他在分析人性时发现了他的这个真理。他的分析强调人类追求权力的自私冲动，以及傲慢和嫉妒的心理。自私与彼此之间的不信任，被认为是政治生活的基本事实。因此，处在初始的"自然状态"的人，发现自身处于一种战争状态。霍布斯说，甚至现在我们在国际关系中还能看到这种情况：这种关系是野蛮的、不讲道德的，即便在不使用暴力时，也是互相刺探和欺骗。他断言，过去人与人之间的关系就是这样。霍布斯对于权力在人类事务中所扮演的角色的惊人本质有着独到的见解——这是一种"永无休止、至死不渝的对于权力的渴望和追求"。他尖锐地指出，这不仅是因为人们对权力有无限的贪求，也是因为他们必须永远拥有更多才能保护自己已有的东西。拥有最大权力的国家也最热衷于谋求更多权力。毋庸置疑，霍布斯的这种说法是正确的。他那种透彻的现实主义见解犹如一股凉爽的清风，告诉我们人世的真相，而不是给我们制造幻觉。毫无疑问，这里不免有夸大的成分，因为并非像霍布斯暗示的那样世上只有自私和权力。但它们的确存在，人们需要关注它们。

当霍布斯接下来转向社会契约时，我们很自然地想知道这位现实主义者会得出什么结论。社会契约并不是一个新的概念。它的历史可以追溯到很早的时期。（欧内斯特·巴克爵士写道，这个观念"已经令多少代人苦苦思索"。）在霍布斯的著作问世之前的那些年，许多人都在使用这个概念，法国胡格诺派和英国议会成员尤其如此。它还是自然法学派的一个常用概念。诚然，霍布斯给这个概念赋予了新的令人惊讶的意义。以前，它通常被用来证明反抗政府的合理性，被当作一个限制国家权力的理由：国家的权力不能超越一种想象中的与人民的协议所规定的范围。因此就出现了胡格诺派的政论

《为反对暴君的权利辩护》（1576）：只有上帝才能要求人们无条件地服从；国王受上帝律法的约束；他与上帝签订了契约，保证实行公正的统治和维护真正的宗教。如果国王没有做到这些，人民就可以不服从他，因为在国王与人民之间也有一个契约。

霍布斯把社会契约论变成了论证主权国家拥有无限权威的一个论据。但首先需要指出，把尚处于没有政府或文明的"自然状态"下的野蛮人想象成像一群资产阶级律师那样，庄严地聚集起来制定一份契约，这看起来极其非历史主义。一个世纪后，大卫·休谟对社会契约论提出尖锐的批判。以他为代表的一些人指出，制定契约的过程不仅需要原始人无法想象的那种机巧和推理，而且需要一定的法律知识——在制定契约之前，必须懂得什么是契约！霍布斯对此的回答可能会是，他对契约的历史真实性其实没什么兴趣。他是在进行一种笛卡儿式的解析练习。也就是说，理论上应该如此，实际上不一定完全如此。科学定律乃是对自然的抽象。

不管怎样，霍布斯对社会契约做了一种论证。为了摆脱不可忍受的状况，摆脱"孤独、卑贱、污浊、野蛮和短命"的生活，人们聚集在一起，同意把主权交给一个独裁者，由他负责阻止人们本能地互相残杀。"人民的福利就是最高的法律。"应该指出，霍布斯笔下的契约是全体人民之间的契约，而不是人民集体与主权者之间的。人民彼此同意接受一个主权者，他们没有与那个主权者进行谈判。他们由此创造出一个利维坦国家，一个"人间上帝"，人们没有反抗它的权利，也不能诉诸更高的法律。更高的法律根本不存在。唯一的自然法过去和现在都是自我保存的法则。霍布斯从这一条法则推演出其他的，如遵守契约：这样做符合我们自身的利益。但是，所有这些都可以归结为自私法则。

人们出于自私的考虑，同意把自己的自由交给国家，就必须把国家的命令奉为法律。法律就是主权者的命令。应该指出，霍布斯表示，我们服从法律是因为知道这符合我们的利益。我知道，如果我不服从，而且其他人也如此，那我就没有安全保障。霍布斯的理性主义在此表现得十分明显：他所说的人民能够以理性的方式自动推导出他们的公民职责，但实际上，过去和现在很少有人如此理性。当然，霍布斯会说，这是法则的逻辑。

人民把政府建立起来，起初，他们是平等的，是一个个的个体，然后他们决定把权力交给一个独裁者。有人说，霍布斯的思想是一种不寻常的组合，主张的是一个平等主义的独裁者。

霍布斯倒不是一定要鼓吹王权绝对主义。"主权者"可以是按照统一意志行动的一群人。霍布斯的确宣称，君主制是最佳政体，因为其意志是不可分割的而且能保守政策秘密；即便在所谓的民主政体里，也总是需要有一个人做出决定。由此观之，霍布斯无疑会欣赏萧伯纳的俏皮话："众多雄心勃勃的国王嫉妒合众国的总统。"其实，也不尽然。霍布斯也为一个主权者群体留有余地。不管怎样，他绝不支持享有"神圣权利"的君主。君权神授是霍布斯不能苟同的。政府的正当性必须用科学的、符合自然的推理来论证，而不是用超自然力和迷信来论证。《利维坦》用很大篇幅抨击僧侣阶层，说他们用废话来逃避政治。如果教会继续存在，它就必须被置于国家控制之下——这是彻底的埃拉斯都主义。英国的保王党不喜欢霍布斯，议会派同样不喜欢他。他们的立论都是基于习惯、传统和宗教认可，而霍布斯对于这些统统予以激烈的否定。有人认为，霍布斯给克伦威尔这位独裁者提供了依据或辩护，因为这个暴发的强人其权力不是世袭的。这种观点值得商榷，但不管怎样，霍布斯为君主制所做的论证完全是一套非正统的说法。他甚至不赞成世袭君主制。

与此同时，霍布斯的理论也支持权威，反对自由。内战时期的无政府状态让他十分惊骇，因此他希望主权者紧紧把握权力，不给任何狡猾的反叛者留下丝毫可乘之机。洛克后来评论道，霍布斯被臭鼬吓着了，就把自己托付给了狮子。霍布斯坚信，最坏的暴君也比没有政府强；任何造反的权利都将导致无政府状态。霍布斯的思想乃是政治保守主义与一般哲学激进主义的奇特组合。或许，由此可以解释他思想中的某些矛盾之处。他希望肯定国家的权威性，但因为被剥夺了其传统资源和神圣性，国家反而遭到削弱。说到底，霍布斯所说的主权者完全是因为实用而获得正当性，因此也一定能被确立他的人民所推翻。《利维坦》的辉煌成就很大程度上建立在霍布斯论证时所遵循的严格逻辑上，但问题恰恰在于，政治是非理性的，它充满了最不合逻辑的设想。（哈林顿认为，霍布斯太缺少实际政治经验，因此不可能成为一个可靠的政治向导。）

霍布斯在他的基本假设中认为，当前的社会发展符合他的看法，不管他的看法是否科学。他所设计的国家是主权国家，由权利平等的个人组成。他根本不考虑那种缺乏主权权力、由各种权利群体组成的中世纪世界。霍布斯笔下的"政治人"都极其理性，很清楚自己是什么人，自己的利益在哪里。他们不再把通过自然起作用的上帝法当作政治权威的根基，他们自己制定法律。霍布斯的资产阶级理性主义和原子论个人主义属于他的时代，也属于未来，但不属于过去。而且，他鼓吹的权威主义也是如此，我们不要忘记，在他那个时代，人们在寻找克服国内动乱和思想纷争的手段。

但是，大多数英国人厌恶霍布斯。有些人讨厌他是因为觉得他反对自由，有些人是出于宗教信仰，还有些人是因为他全然不考虑传统和情感。保王党和议会派都不喜欢他，议会中的"托利党"和"辉格党"（17世纪70年代开始使用）都不喜欢他。因此，"利维坦"就成了过街老鼠，人人喊打。与一个世纪后的卢梭和两个世纪后的马克思一样，霍布斯的著作引起了强烈的反应。关于霍布斯思想的含义，至今众说纷纭。如果说现代各个世纪都有打破政治传统迷信的伟人，那么霍布斯可以自诩他在17世纪扮演了这个角色。

光荣革命与洛克

在霍布斯和洛克的政治思想成就之间，横亘着查理二世的复辟王朝。在这段艰难的日子里，清教徒革命提出的问题没有得到解决，只是被搁置一边。君主权力的限制、议会的权利、王权继承的问题，在1688年以前基本上都是悬而未决。由于一个具体的争端，1680年的《排斥法案》（Exclusion Bill）使英格兰分裂成辉格党和托利党。泰特斯·奥茨虚构的阴谋案与赖伊豪宅阴谋案[1]引起的恐慌和摇摆，使得政治温度居高不下。1685年，詹姆士二世继承王位，决心结束这种不稳定状态。他轻率地按照法国王权的模式在英国推行绝对主

1　泰特斯·奥茨（Titus Oates，1649—1705），圣公会牧师，1678年，捏造了天主教会图谋杀害查理二世的阴谋案。赖伊豪宅阴谋案（Rye House Plot），1683年揭发出来的新教徒图谋杀害查理二世及其弟詹姆士的阴谋。

义统治和天主教，结果很快导致几乎举国一致反对他的革命。1688年，他被迫逃离英国。应议会中辉格党与托利党的共同邀请，他的荷兰女婿（和他的女儿玛丽一起）接受了王位。这次光荣（和不流血的）革命的特殊形势与革命后不久问世的洛克的政治理论有着某种具体联系。

不过，早在几年前洛克就已经开始撰写他的政治论著。《政府论》的第一篇专门批驳绝对主义最忠实的辩护者罗伯特·菲尔默爵士。罗伯特·菲尔默爵士很早以前写过一部《父权制》，以手抄本形式流传，1680年才付梓发行。他为绝对主义王权所做的辩护是英国人中很少见的（或许霍布斯除外）。英国保王党分子或托利党分子通常都不否认议会也应分享一些政府权力。然而，菲尔默深受博丹和霍布斯影响，坚决主张主权权力不可分割，否则就会出现无政府状态，进而毁灭整个社会——这是一种我们已经熟悉的论证。他竭力论证君主的权威，理由是这种权威说到底源于父亲在家庭中的角色，服从国王类似并源于孩子对自己父母的天然服从。这种父权制论点也十分陈旧。人们通常将家长权威的来源追溯到亚当，因为上帝给了他"统治所有受造物"的权力，他是第一个君主。菲尔默只不过对此做了一种略微复杂的表述。他对社会契约论的否定倒是比较有理：社会契约是一种神话，历史上从未有过，也不可能有过。

洛克成功地抓住菲尔默论证中的薄弱之处加以嘲笑——对洛克来说，这相当容易。然后，他在享有盛名的第二篇中提出了自己同菲尔默和（间接地与）霍布斯针锋相对的观点。虽然洛克在这部著作中没有提到霍布斯，但他脑子里无疑会想着著名的《利维坦》。在他之前，已经有许多人攻击过《利维坦》，例如乔治·劳森、主教布拉姆霍尔、约翰·伊查德等。"围猎利维坦"在当时很流行。在批驳霍布斯方面，洛克根本不可能有什么创新之处：由于种种理由，霍布斯实际上冒犯了所有人。从一开始就应该指出，洛克在这篇论文中要表达的观点大多不是首创。他本人承认特别受益于"贤明的胡克"和德国的普芬道夫。理查德·胡克是伊丽莎白时代的上帝法和自然法思想家。塞缪尔·普芬道夫[1]是与洛克同时代的政治理论家，当时已经声名卓著。还有许多辉格派政论家鼓吹自由，反对王室暴政；他们中有些人要比洛克大胆得多，例如阿尔杰农·悉尼[2]。他因被指控参加赖伊豪宅阴谋而于 1683 年殉难，获罪的原因其实可能是他的小册子《政府论》(*Discourses concerning Government*)。在胜负决出之前，洛克一直谨慎地保持沉默。但应该承认，那些人写的政论文没有一篇既雄辩又不失尊严，而且推理严谨。洛克的《政府论》几乎与光荣革命同时出现，似乎是为光荣革命代言，很快就成为一部政治学经典之作，其名声经久不衰。一个多世纪之后，美国的詹姆斯·麦迪逊和托马斯·杰斐逊甚至理所当然地认为，洛克已经对政府问题做出最终或许也是唯一正确的结论。

洛克有一些实际政治经验（他担任过杰出的辉格党贵族沙夫茨伯里的秘书、贸易委员、贸易委员会秘书和外交特使）。他的重要著作《人类理解论》也表明，他广阔的哲学世界观是经验主义的，即基于感性经验，而不是基于天赋的或抽象的理念。作为罗伯

1　普芬道夫（Samuel Pufendorf, 1632—1694），德国自然法和国际法理论家。

2　阿尔杰农·悉尼（Algernon Sidney, 1622—1683），内战期间属于议会派，担任过多种公职。他写《政府论》也是为了回击菲尔默的《父权制》。

特·波义耳的信徒、皇家学会的会员、兼职的经验派医生，洛克恪守他的经验主义，但年轻时笛卡儿和霍布斯也曾令他兴奋。我们会看到，他的哲学经验主义实际上带有不少理性主义色彩。他的政治理论不是特别符合经验主义，与孟德斯鸠、休谟、伯克，甚至后来的托克维尔相比，他的理论更接近霍布斯的，属于抽象推理一类。但它处处都显出那种"博大、健全与融通的意识"——这是洛克的特征。在这里，他展现了那种把相当抽象的观念变得似乎清晰易懂的伟大才能。这一点在他的其他著作中同样显而易见。

在洛克笔下，最初人们自由、平等，生活在没有政府的"自然状态"下。至此，洛克与霍布斯是一致的。但他很快就与霍布斯分道扬镳。这种"自然状态"不是人与人的恒久战争状态。人们天然有足够的理性使他们懂得，不要伤害彼此的"生命、健康、自由和财产"。这里有一种自然的道德法则，是每一个拥有理性的人都"能够理解的平易的"法则。在这种假设的"自然状态"下（洛克与霍布斯一样，毫不关心它是否真的存在过。他认为，类似的例子是可以找到的，现存的国家之间的关系就属于这种情况；但即使这种情况从未存在过，在逻辑上也有必要做出这种假设），人们对于自己的生命、自由和财产（个人"将自己的劳动掺入"其中的东西）有一种自然的权利。人们发现在这种状态下生活还能忍受，但不太方便。尤其是缺少一个公认的仲裁者来裁决财产纠纷，这就使得"对财产的享用很不安全，也很不稳妥……充满恐惧和持续不断的危险"。洛克的意思显然是，没有政府，人们不会互相残杀，甚至不会公然地互相偷盗，但总会有争执发生，而最不方便的是，没有合理合法的手段来解决争执。

西方现代思想史：从中世纪到启蒙运动

但因为人们不是非有政府不可，所以他们就会努力与政府讨价还价。他们不必把自己的所有权利都交给政府。设置一个权力无限的专制君主，岂不荒唐？建立政府是为了保护他们的权利，如果政府把他们的权利剥夺殆尽，那就违背了建立政府的本意。在进入社会时，我只是放弃了一些自由，为的是更好地享有其他自由。而且，我放弃那些东西完全是经过我本人同意的。"人天然是自由、平等、独立的。未经本人同意，不能强迫任何人脱离这种状态而屈从于他人。"（《政府论》下篇，第95段）政府获得的只是有限的权力，它受到的限制之一，是"未经本人同意，最高权力不能剥夺任何人的任何财产"。

一旦多数人议决了政府的特定协议或宪法，政府就不得超越其正当的权限。如果政府或官员有非法行为，或者侵犯人们的自然权利，抑或超越宪法规定的权限，他就"不再是一个官长"，而且会遭到反抗。如果由一个不正当产生的立法机构来制定法律，如果行政机构不能履行自己的职责，那么这个政府就该解散，权力又回到了人民手中。政府不能通过针对个人的法律，未经人民同意不得征税，未经人民同意也不得把立法权转交给其他任何团体。1689年，由议会强加给新君主的著名的《权利宣言》（Declaration of Rights）[1]，宣示了这些观点；看起来，洛克提出了一个在某种程度上也对抗议会的权利法案。虽然他说立法机构是"最高权力"，但他也指出，立法机构要对基本道义法则负责。有些事情它也不能做。或者说，"人民"享有"废除或改变立法机构的最高权力"。（英国

1　该宣言就是通常所说的《权利法案》（Bill of Rights），1689 年 2 月由英国议会通过，4 月，威廉和玛丽加冕时宣誓接受该宣言。

的宪政在这方面没有听从洛克的教导。）

洛克雄辩地宣称，造反的危险远远小于暴政的危险。人民不会轻易造反，宁肯忍受冤屈。但如果你告诉当权者无须害怕人民对暴政的反抗，这会引发更糟糕的后果。托利党的逻辑通常是：造反权等于无政府状态，无政府状态比暴政还糟糕。洛克针锋相对地否定了这两个假设，尤其是第一个。

综上所述，洛克对自由的贡献显而易见。但是，这里有必要指出洛克的局限性。第一个初始契约（洛克似乎设想了两个契约，但这在社会契约思想中很常见）[1] 需要获得所有人的同意，社会因此得以建立，人们同意属于一个共同体并接受多数人的意志。但这种"社会"契约只发生一次，而且是在遥远的过去，今天我们只是通过接受国家法律表示默认而已。我们唯一的不同选择就是移居另一个国家。这实际上等于说，我们生来就属于一个政治共同体。

但第二个契约（或者某种协议）是为了建立一个特定政府，看起来也只发生一次。经过多数人的表决，通过一个宪法；然后，宪法大概一直起作用，除非君主或立法机构进行非法活动而使政府"名存实亡"——造成革命形势，但洛克坚决认为这种情况极少发生。而且，这种政体不可能是专制政体，但也肯定不会是民主政体。洛克显然欣赏英国在光荣革命后实行的贵族体制：政权主要掌握在少数上层地主阶级手中，实际上议会只代表这个集团的利益。诚然，洛克不时地提出需要进行议会改革，但没有什么证据表明他真的希望实行民主选举，很难看出他的理论能够允许在正常情况下对这个

1　霍布斯和后来的卢梭没有这种设计，这是自然法学派的设计。——原注

统治阶级进行民众监督。[1] 人们的印象是，他乐于为 1688 年的光荣革命辩护。可以说，这场革命导致了议会专政的寡头政治，而洛克希望这个政权长治久安。洛克的其他著作也没有对"劳苦大众"以及辉格党之外的其他社会阶层表示过多少同情。令人惊讶的是，他甚至对奴隶制有所偏袒（洛克从西印度群岛的蔗糖种植园获得经济收益）。

洛克自称解决了个人对抗国家的自由与权利等问题，但有人会指责他不过制造了一些辞藻。如果只是说"未经同意，国家不得剥夺财产"而不做具体界定，这种空泛之词有多大意义？（洛克会赞成实行个人所得税或国家征用权，抑或战争时期没收外敌资产吗？）多数人通过一个基本法来剥夺一个人的财产或少数人的某种权利，是否像洛克所说的那样荒诞不经？是否有可能用一种一般准则来划分什么是正当地捍卫自由，什么是无理地反抗权威？在 1830—1860 年的美国，自称忠于洛克原则的人就无法在这个问题上达成一致。

这只是表明政治绝不可能是一门严格的科学，很难发现几条有约束力的一般法则。这并不意味着剥夺洛克的荣誉。他在时代需要的时候，出色地为支持自由而写作。正如他所说的，当时人们关于造反所产生的弊害写了太多，而对于同样有害的"统治者的傲慢和以专横权力加诸人民的做法"（《政府论》下篇，第 230 段）则写得太少。他所捍卫的自由对他来说，大概是指他自己所属的英国富人

---

1 "当社会已经把立法权交给由若干人组成的议会，由他们和他们的后继者继续行使，并给议会规定了产生后继者的办法和权威，那么只要政府继续存在，立法权就绝不可能归还给人民。"（《政府论》下篇，第 243 段）还应该指出，人民当然也不能仅仅因为偶尔对政府不满，就可以行使革命权（虽然有人似乎认为洛克说过可以行使革命权），除非政府在特定方面违反了自然法或者宪法。——原注

阶级的自由（而且洛克本人是，至少后来是上层资产阶级的一员），但凡是受到政府不公正待遇的人都可以援引这种权利。讨论政府的文章很少有像洛克的《政府论》那样明晰、透彻，而且通篇入情入理的。《政府论》的确是一部适逢其时的政治启蒙导论。

还有一些政治思想家值得我们关注。洛克将德国的塞缪尔·普芬道夫视为最杰出的政治理论家之一，把他的名字与西塞罗、亚里士多德以及《圣经·新约》相提并论。在洛克推荐的五部政治论著中，有两部是普芬道夫的。说到这位撒克逊的智者，人们会联想到经常被盛赞为现代"国际法奠基人"的荷兰人格劳秀斯[1]。格劳秀斯是出类拔萃的自然法理论家。他直接反对霍布斯的观点，认为人有一种社会本能，因此政府是自然的而非人为的。这种观点似乎又回到亚里士多德了。但是，格劳秀斯将主权国家完全视为一种既定事实。他是在三十年战争的恐怖笼罩下写作的，因此他的主要目标就是为这些利维坦怪物之间达成某种合作与协议奠定基础。18世纪的人哀叹他的著作带有一种巴洛克式的紊乱——孔狄亚克会说，博大精深，但毫无条理。普芬道夫则属于下一代学者。他力图把博丹、霍布斯、格劳秀斯的思想融合为一种系统的科学的国家理论，但在后人心目中，他似乎没有同时代的其他人那么具有独创性，顶多是一个洛克式思想家。德国人表现出对自然法思想的强烈偏好，这可能是因为他们的政治体制是帝国——不是主权国家，而是由许多小单位组成的联邦。莱布尼茨就维护自然法，反对斯宾诺莎和霍布斯。

斯宾诺莎也涉足政治理论研究。他与霍布斯一样，是一个现实

1　格劳秀斯（Hugo Grotius，1583—1645），荷兰国际法理论家。

主义者，而且他的一元论哲学也要求他如此，但他并不像霍布斯那样颂扬权威、轻视自由，而是大谈在自由的氛围中进行理性讨论的价值。他确信凡事都有必然性，但这并没有使他否认自由的必要性。宇宙是理性的，我们的心灵是这种理性秩序的一部分，因此当我们理性地思考时，我们的心灵就不应该受到任何束缚。宗教宽容和民主是斯宾诺莎世界观的一部分。

不过，还是洛克的影响最大。毫无疑问，这是因为光荣革命使英国在 18 世纪走向成功。英国从漫长的西班牙王位继承战争中脱颖而出，与路易十四的专制君主国相比，已经略胜一筹。18 世纪，英国日益繁荣富强。有秩序的自由似乎是它的成功秘诀。建立一个强大和安全的国家，并不需要一个专制的主权者。在经历动乱之后，英国设法改造了中世纪的政治体制，使之适应现代国家的需要，既维护了古老的自由，又确保了新的高效。这是现代最引人注目的政治成就。20 世纪，新论迭出，因此可能还需要捍卫这个说法：在现代国家中，唯有英国曾经竭力推动议会民主，其他现代国家的政府体制都是从英国体制派生出来的。清教徒革命时期的鼓动家和政治思想大师——哈林顿、霍布斯和洛克——都对这一历史性成就做出了贡献。

第 4 章

17 世纪末：转向启蒙

旧时代悄然淡出，新时代初露曙光。

——约翰·德莱顿

启蒙运动最强大的思想力量不在于它对宗教信仰的拒斥，而在于它以新的形式所宣布的信仰和以新的形式所体现的宗教。

——恩斯特·卡西尔[1]

路易十四时代

三十年战争使德意志满目疮痍，而英国国内正经历革命和内战。与此同时，作为反对宗教改革的主导和巴洛克艺术中心的西班牙从巅峰急剧跌落，变成一个衰败消沉的二流国家。意大利与德意志一样四分五裂，商业也由盛转衰，文艺复兴的辉煌只留下暗淡的

1　卡西尔（Ernst Cassirer，1874—1945），德国犹太哲学家。

余光。当 1661 年路易十四亲政时，他可以满意地宣称，法国在欧洲没有竞争对手。法国在一个强大政府的领导下实现统一并找到路易十四这个出色的演员，因为他能够承担起一个伟大君主的角色。在1689 年至 1713 年争霸世界的较量中，欧洲其他国家史无前例地缔结成联盟来遏制法国。在此之前，"太阳王"（路易十四）的强权机器一直在政治上支配着欧洲，不断扩张法国的疆域，强迫各国承认法国的优势地位。就在这个时期，法国的文学、科学、哲学、艺术和建筑呈现出辉煌繁盛的景象。由此观之，无怪乎伏尔泰在回顾历史时，将这一时期视为伟大的时代。迄今为止，大多数法国人一直持这种看法。

这是拉辛和莫里哀的时代。他俩的戏剧至今被法国人奉为"经典"，犹如英国人尊崇莎士比亚和约翰逊[1]，德国人敬仰歌德和席勒。大体上说，这是法语兴旺的时代，犹如英语在伊丽莎白时代突然实现了作为文学工具的功能。古典主义是此时文学的特征。可以说，随着政治秩序的确立及逐渐稳定，纷繁杂乱的巴洛克风格如今成了人们的噩梦。看起来，"绝对主义和古典主义有着无可置疑的相通之处"（R. W. 迈耶），二者都讲究秩序、权威和统一。当然，二者是在路易十四时代汇聚、融合在一起的。实际上，古典主义早在路易十四之前的黎塞留时期就开始兴起。主要提倡者是马莱伯[2]。这个小学究因为在当时混乱的文坛中推崇秩序而红极一时。语言必须得到净化，校正的标准也必须被确立起来。和谐、统一和秩序成了这

1　约翰逊（Samuel Johnson, 1709—1784），英国 18 世纪最著名的文学家。18 世纪后半期有"约翰逊时代"之称。

2　马莱伯（F. de François de Malherbe, 1555—1628），法国诗人。

一时期的口号。戏剧、诗歌都必须遵守"准则"。1636 年，高乃依[1]的西班牙悲剧《熙德》（The Cid）受到指责，因为它的情节不是发生在同一地点和一天之内，违反了亚里士多德的"三一律"。高乃依被迫进行自我辩护。古典主义时代由此开始。此后，高乃依只得循规蹈矩。继之而起的拉辛，以恪守这些准则为荣，成为法国文学的典范。黎塞留创立了法兰西学院，使之成为清规戒律的官方卫道士和体面文学成就的奖赏机构。路易十四继续鼓励艺术的发展，利用艺术来为法国增光（也是一种"文化外交"）。

他是否真的懂得艺术？尽管谄媚者可能夸大了他的才能，但"太阳王"确实是一代天骄。他品味高雅，才智机敏，不仅是拉辛、布瓦洛和莫里哀的庇护者，还成为他们的朋友。他扶持吕利[2]创作歌剧。他兴建了奢华的凡尔赛宫及其园林和雕塑。法国已经蓄势待发，但路易十四的所作所为超出了仅仅庄严地主持这场繁华的表演。尽管他有许多过失，但他使众多毫无审美品味的强国君主相形见绌。他懂得艺术和文学，将它们作为自己重中之重的责任。他的品位是严格古典主义的，但在历史上的政治家中属于出类拔萃的，至少就意大利文艺复兴的这一支脉而言。[3]

在路易十四时代，即 17 世纪的后三分之一时段，伟大的批评家布瓦洛、伟大的剧作家莫里哀，以及许多画家和建筑师都出色地表

1　高乃依（Pierre Corneille，1606—1681），法国剧作家。

2　吕利（Jean-Baptiste Lully，1632—1687），法籍意大利作曲家、路易十四的宠臣、法国歌剧的创始人。

3　在艺术史上，文艺复兴的古典主义分化成两个流派：一个是巴洛克艺术，另一个是风格主义。路易十四的趣味属于前一种，站在华丽、正统、"壮丽"一边，而与非正统的、反对理想的完美主义的风格主义相对。

明，古典主义能够把优雅、得体与机智、尊严、恢宏融为一体。波舒哀主教为绝对主义王权辩护的正统理论迎合了法国宫廷的口味，因为驾驭这个宫廷的国王具有异乎寻常的尊严和分寸感。凡尔赛宫此时也已竣工。人们说，这座伟大的宫殿带有巴洛克的味道，因为它试图用宏大的规模以及巨大的楼梯和富丽堂皇的镜廊造成摄人心魄的气势。然而，它是按照古典主义风格、遵从严格的合理性设计的。勒诺特尔设计的园林和芒萨尔设计的建筑都与普桑后期的绘画一样[1]，追求极端的简洁和严格的合理性，从而体现和谐、庄重和宏伟。

布瓦洛是"艺术领域的牛顿"。在他看来，理性给予我们艺术科学，每种艺术样式都有各自的准则。除了著名的亚里士多德三一律外，他还增添了一些规定，都是指向明晰、经济、得体和客观。当时的数学热潮也影响到艺术：自然美往往被解释为符合几何原理，凡是不规则的都是丑陋的。总体来看，这种审美态度不欣赏新奇，怀疑变革。一切艺术必须遵循的基本原理早已被揭示出来。英国古典主义者约翰·伊夫林[2]认为："古希腊罗马的建筑达到了对一个完美无缺的建筑所要求的那种完美。"这一真理被野蛮的哥特人败坏，因为他们的臃肿建筑乃是"沉重、黑暗、压抑的寺院堆积"。这就是古典主义者看到哥特式大教堂所产生的全部印象。现在，通过帕拉第奥（意大利文艺复兴晚期的建筑师，其风格是极端规整）等古

1　勒诺特尔（Andre Le Notre, 1613—1700），法国园林建筑师。芒萨尔（Jules Hardouin Mansart, 1646—1708），路易十四的建筑师。普桑（Nicolas Poussin, 1594—1665），法国画家、古典主义艺术的代表。
2　约翰·伊夫林（John Evelyn, 1620—1706），英国作家、园艺家。

典光荣传统恢复者的作品，人们又回到正道上来。克里斯托弗·雷恩爵士[1]宣布："建筑师应该讨厌标新立异。"理性时代在哲学领域冲劲十足，在艺术领域则因循守旧，但二者都基于理性、数学、法则和秩序。

艺术领域的这种守旧精神典型地体现在1687年爆发的"古今之争"中。当时，夏尔·佩罗[2]（著名建筑师克劳德·佩罗的弟弟）探讨在诗歌创作方面现代作家是否不如古代作家。此举招致大批评家布瓦洛的嘲讽。他表示，一个理智健全的巴黎人竟然会贬低荷马和维吉尔，简直令人难以置信，但布瓦洛也承认，今人在某些方面胜过古人。通常，人们承认今人理所当然地应该在科学方面处于领先地位，但说到文学，胜利则属于古典主义和"古人"。在英国发生了持续数年的"书籍之战"，与这场争论遥相呼应。那场"书籍之战"使乔纳森·斯威夫特卷入其中。[3]这场争论有助于进步观念的初步渗入，但也清晰地揭示了人们对古代典范的深切尊崇，以及艺术领域不可能发现新原理的信念。

正如雷恩和伊夫林的言论所显示的，借助于法国的霸权和财富，法国的古典主义扩散到欧洲各地。在内战和克伦威尔独裁之后，于1660年复辟的英国君主查理二世曾在法国宫廷生活，在那里形成了自己的品味。之后，他也一直崇尚法国。复辟时期几乎是英国人在风尚、道德和审美准则方面效法外国的唯一时期。德意志小邦国

---

1 克里斯托弗·雷恩爵士（Sir Christopher Wren, 1632—1723），英国天文学家、几何学家、物理学家和建筑师。
2 夏尔·佩罗（Charles Perrault, 1628—1703），法国作家。
3 斯威夫特撰写散文《古代书籍和现代书籍为争夺希腊神话中的文艺之山而战》，英国的争论由此得名。

的宫廷都变成法国的文化附庸。这种文化优势没有因欧洲各国与法国之间的战争而受损害，进入18世纪其影响在欧洲越发显著，并扩展到普鲁士和俄国。意大利和德意志的艺术家常常奔赴法国，因为那里既有金钱又有声誉。与阿伯拉尔和阿奎那的时代相仿，巴黎再次成为欧洲的思想中心，同时还是艺术和社交中心，是现代的罗马与雅典的叠加。游客从欧洲各地前往巴黎，在那里呆头呆脑地张望，幸运的话，还能在沙龙里结交到欧洲大陆最文明的人群。

世纪之初，朗布耶侯爵夫人[1]开创了沙龙这种法国特有的机制，为作家提供了一个论坛。在鼓励文雅的交谈与举止的气氛中，作家们与法国社会的精英聚首交往。法国贵族在这里学会把一个奇思妙语看得比一场胜利的决斗更有价值。沙龙设在巴黎而不是凡尔赛。在凡尔赛的宫廷里，以国王为中心精心安排的膜拜仪式变得浮华而乏味。在巴黎的沙龙里，光彩夺目的贵妇人成为高贵的女主人，在家中招待与欧洲贵族摩肩接踵的"文人"。（由于王室和贵族的种种联姻，沙龙成为一个国际社交场所。）伏尔泰在对这个时代所做的精彩记述中宣称，路易十四时代留下的最伟大遗产是"社交精神"，即马修·阿诺德[2]所说的"高尚而诱人的社交与风尚的理想"。阿诺德还指出："在法国这个国家，即便是富有的文雅阶层之外的人民，也大多过着我们所说的人的生活，文明人的生活。"

在有些沙龙里，私下的谈话可能是相当大胆的：有些"放荡者"嘲笑宗教，甚至窃窃私语，散播国王的坏话。但这些都不是公

1　朗布耶侯爵夫人（Catherine de Vivonne, Marquise de Rambouillet, 1588—1665），因创立文学社交沙龙而对17世纪上半叶的法国文学产生了重大影响。
2　马修·阿诺德（Matthew Arnold, 1822—1888），英国批评家、诗人。

开的。到了 18 世纪，一个昔日的朝臣回忆，他们在路易十四时代噤若寒蝉，在路易十五时代窃窃私语，到路易十六时代就放言无忌了。路易十四时代确有一些窃窃私语，但并未影响文雅与虔诚的外观。莫里哀的轻快喜剧多数都很粗俗下流，但也有少数作品尖锐辛辣。《伪君子》讥讽表面虔诚笃信的伪君子，因为耶稣会的压力曾一度被禁演，但最终得以放行。一种色情文学在暗地里流传着。莫里哀也嘲笑卖弄学识的贵妇人（《可笑的女才子》），以及那些过分愤世嫉俗的人（《恨世者》）。

与 18 世纪相比，路易十四时代更讲究形式，偏好严肃庄重，其格调略显沉重呆板。在宫廷里，人们比较虔诚笃信，与路易十五的宫廷相比更讲道德。（路易十四的情妇都是颇有身份的贵妇。1675 年，他受波舒哀主教的怂恿遣走了当时的情妇，然后又找了一个。）国王从起床到就寝，都有一套精心安排的公开仪式，既反映了宫廷对琐碎礼仪的热衷，也反映了当时人们对君权的崇拜。"对生活的各个领域都实行中央集权控制，这是路易十四统治的一个特点。"众所周知，路易十四说过（至少人们相信他说过）"朕即国家"（这也许是编造的）。甚至文学和艺术都要受到官方管制。总之，当时是试图把一个大国的全部文化思想活动都纳入一个模式。

但如果我们把这个伟大君主政体想象成一个恣意妄为的专制主义政权或者一种现代的独裁统治，那就大错特错了。在路易十四的言行录或训令中，他和他的顾问表达了他们的王权观念：与黎塞留一样，他们既给国王提出高标准的要求，又赋予国王一些非凡的性质，因为国王位于社会的顶端。路易十四的国家准则大多取自古典主义的理想：应该是一种完美的对称，一切都各就各位，井然有序，绝无疏漏散乱之处。整个国家被想象成一座金字塔，国王处于塔尖，但国王也是整体秩序的一部分，在很大程度上受制于支配这个国家的法律。"神授权利"当然要讲，但这个新型专制主义的真正核心理念则出自理性主义哲学，后者是那个时代一切实用的政治意识形态的源泉。我们已经看到，民主主义者、共和主义者以及权威主义者都是基于"理性"来设计各自的理论。奥弗顿、哈林顿、霍布斯、斯宾诺莎都认为自己的政治观念是建立在科学基础上的。笛卡儿理性主义也对路易十四的国家观有很大的影响。它被调集来为绝对主义王权服务。国家应该有一个元首，一个能够代表国家主权的伟大君主，还有什么能比这种辉煌的金字塔国家更符合理性吗？

正统论与批判

为这种国家进行辩护的政治理论家中，最著名的是莫城主教雅克·波舒哀。这位虔诚的宗教人士赞同无神论者霍布斯的观点：只有把全部权力交给一个主权者，才能终止人类的自然状态，即无政府状态。君主制不仅是唯一可行的合法政体，而且是最自然、最符合上帝意志的，因此也是最合理的。波舒哀区分了绝对政体和专横政体。后者是野蛮的，前者是文明的。专横政体恣意妄为，是非理性的，而绝对政体受制于理性。因此，在波舒哀看来，国王也受法律约束，尽管国王不是被迫就范。在一个理性时代充当一个文明国度的君主，这就决定了他要以符合理性的方式行使自己的权力。此外，他还受到习俗和传统的约束。看来，"波舒哀心目中的上帝代理人不是利维坦，其权力不是绝对地一律施加于由孤立个人组成的人群。他是对国家体制和复杂的臣民等级体系行使他的权威。他和他的臣民都尊崇古老的习俗和久经考验的体制，因而能够和衷共济"（斯蒂芬·斯卡尔维特）。黎塞留和路易十四确实使得君主的权力大大增强，但他们并没有完全打破中世纪遗留下来的由地方权益和特权利益组成的古老结构。国王在理论上拥有绝对权力，在实践中却受到许多古老习俗的限制，这些习俗"在实际应用时如同法律一般，不得违抗"（雅克·布朗热）。

波舒哀的政治论著不太严谨，不免有前后抵牾之处，但他文笔出色，还写过其他许多作品，包括一部世界史 [1]。他几乎相当于路易十四的官方辩护者，这种地位使他的著述非同一般。身为皇太子的监护人，他能对国王施加个人影响。虽然他只是莫城主教，但实际上是法国教会的首领。他撰文反对新教和法国天主教会内的寂静主义，即由居永夫人传播的那种流行的虔敬主义。他还反对奥拉托利教派神父理查德·西蒙的《圣经》评注 [2]。简言之，波舒哀就是正统论的发言人。他的雄辩才能（他最喜欢的方式是演说）令同时代的人叹为观止。他的政治信条是，国王只对上帝负责，他们的权力直接来自上帝。这种信条使他与教皇的正统观念发生冲突。波舒哀是高卢派，即主张限制教皇在法国的宗教权力和世俗权力，由法国的神职人员掌握这种权力，而法国的神职人员其主宰是国王。这是路

1　波舒哀撰写的《世界史论》（*Discourse on Universal History*）将人类的历史描绘成一个舞台，先是基督启示的酝酿阶段，然后是揭示和向全世界传播的阶段。这是一部天意决定的历史。这部著作是自奥古斯丁以来第一次撰写世界通史的尝试，影响巨大。——原注

2　西蒙（Richard Simon, 1638—1712），法国牧师、古希伯来语学者、《圣经》评注的创始人之一。《圣经》评注（biblical criticism）是自 17 世纪开始形成的一门学科。一些学者运用语言学、历史学方法分析《圣经》，使之变成一部历史文献。

易十四政权的一个重大问题。波舒哀于1682年制定了高卢主义条例，对教皇权威发起猛烈攻击（宣布教皇并非不犯错误，教会会议高于教皇，教皇不得干预法国君主政府以及法国的法律与习俗）。

如果说波舒哀为王权辩护表现出一种刻板的正统精神，那么到"太阳王"统治后期则出现了一种批判精神。费奈隆[1]（也是教会人士，康布雷大主教）或许可以算是启蒙运动的一个先驱。为了教诲王储、路易十四的孙子，他写了《忒勒马科斯历险记》。书中包含一些对路易十四"扬威"政策的抨击，因为这种政策使法国连年征战，国力耗尽。费奈隆理想的国家是高度管制的，类似于柏拉图的理想国或共产主义国家。他强调，在这种国家里统治者力戒奢华铺张，也不穷兵黩武。他那种批判乃至嘲讽的语调与波舒哀那种正襟危坐的辩护大相径庭，[2] 被后来的孟德斯鸠和伏尔泰效法。现实已经出了问题，这个"大君主国"确实有了麻烦。它开始时辉煌显赫，把法国推上欧洲权力的巅峰。但路易十四的自负与野心使他在欧洲的战争中陷入四面楚歌的境地，法国危在旦夕。"太阳王"大势已去，仅余荣誉的光环。当他去世时，法国举国欢呼。

由于推崇统一和对称的古典主义理念，路易十四的政府不能容忍任何新教徒的存在。1685 年，新教徒（胡格诺派）被赶出了法国。历史学家雅各布·布克哈特认为，这是"历史上献给统一之神莫洛

1　费奈隆（François de Salignac de la Mothe Fénelon，1651—1715），法国天主教大主教，也是寂静主义及其主要信徒居永夫人的支持者。

2　不过，对费奈隆进行更深入的研究之后，会修正原来的看法，即将其视为不成熟的启蒙哲人。这里只需要提示最重要的一点：他深深浸润于宗教，只是他不像波舒哀那样严守教条，但更加虔诚。——原注

克[1]的最大祭品"。法国丧失了一批有价值的公民，而王国获得了对称。在法国内外，在欧洲各地，许多人对这一傲慢而狂热的行动痛心疾首，认为它预示了法国的衰落。或许可以说，这一事件使英国的詹姆士二世丢了王位（英国人对这一事件深恶痛绝，因此反对这位斯图亚特王朝的国王按照法国的模式推行绝对主义政策）。此后，批判的溪流开始洞穿铁板一块的国家。费奈隆说，有的政权"在人民心中毫无基础"，它造就奴隶而不是造就臣民，因此它是一尊泥足神像。

丰特奈尔也是路易十四统治后期的一个重要人物。他是法国科学院秘书、科学普及工作者、批判方法的提倡者、笛卡儿理性主义者。他才华横溢，写了许多小册子。他活了90多岁，可谓伏尔泰时代启蒙哲人中的耄耋老者。他对"僧侣权术"怀有抑制不住的厌恶之情，而这正是18世纪"自然神论者"的明显特征。实际上，这种宗教怀疑主义或"自由思想"在整个17世纪一直在暗地里绵延不绝。其主要的源泉是蒙田以及对笛卡儿思想的左翼解释：这个机械的宇宙无须上帝而自动运行。这种见解要是公开说出来，那就太危险了，在黎塞留时代会面临牢狱之灾。丰特奈尔采用了含沙射影的策略。他在《神谕的历史》（*History of Oracles*）中假借对异教徒迷信的抨击，巧妙地向读者暗示基督教也包含着迷信时代的野蛮遗迹。丰特奈尔确信，任何盲从权威的信仰都是愚蠢的。与其他自然神论者一样，他认为上帝的存在是一桩可以用科学确定的事实，但他主张把这种科学的或自然的宗教当作一种文明的宗教，取代以启

1　莫洛克，古代腓尼基人的火神，以小孩为祭物。

示为基础的过时的基督教。他猛烈抨击教会，把教士描绘成骗子和兜售奇迹的小贩。这种态度也是自然神论者的一个特征。1686 年，他重新挑起多种宇宙模式的讨论。

攻击宗教，就是攻击国家，因为君主的权力建立在所谓"神授"的基础上，而且教会是整个社会政治秩序的一个组成部分。当英国开始走向宗教宽容时，欧洲大陆几乎还没有人敢声称应该把宗教和政治、教会和国家分开。或许可以说，博学的皮埃尔·培尔[1]正是在这一点上展开了最大胆的突击。1685 年，在新教徒遭迫害的过程中，培尔被驱逐出法国。他定居荷兰后，因为著作《论彗星》和《历史批判辞典》，以及他主编的文学月刊《文化界新闻》而享誉整个欧洲。培尔年轻时就读于图卢兹的耶稣会学院，后来放弃天主教改信新教（加尔文宗），在色当的新教学校任教。但在荷兰鹿特丹，他的同事朱里厄指控他摈弃一切宗教而成为无神论者。这是不实之词。不过，他确实已经公开地离经叛道。他的政治论点不仅招致来自法国的怒火，而且引起英国国王威廉三世（即奥伦治的威廉）[2]的愤怒，结果他丢了教职。培尔肯定是一只牛虻，因此才会使路易十四和威廉三世这两个在一场大战中打得你死我活的仇敌都对他深恶痛绝！他的战斗生涯终止于 1706 年，时年 59 岁。实际上，下一代的启蒙哲学家、自然神论者、社会批评家都读过他的书，尤其是《历史批判辞典》（1697），并从他那些大胆的思想中受到激励和启发。（当时，书籍很容易从荷兰偷运至法国，从

1　培尔（Pierre Bayle，1647—1706），法国文学评论家、怀疑主义哲学家。
2　威廉三世（William III，1650—1702），尼德兰联省共和国执政，1688 年光荣革命后与妻子玛丽成为英国君主。

而避开书刊检查。）

　　培尔是 18 世纪启蒙运动的一个真正先驱，其作用仅次于牛顿和洛克。他对一些基本问题进行了大胆的思考。他特别关注那些涉及邪恶、人类生活中的天意、自由意志、宗教信仰与道德行为的关系、宗教宽容等问题。他对摩尼教和诺斯替教派表示同情，因为这些异端都认为世界上的邪恶有一个独立的本原。他喜欢抨击加尔文主义或其他基督教派，因为他们把上帝说成是邪恶的根源。他最著名的说法（著名的"培尔悖论"）是：无神论者倒可能是好公民，因为公民道德不涉及宗教。（他常说，没有多少人是真正的基督徒。）他在所有领域都遵循自己的格言，即"谬误并不因为流传已久就不是谬误"，坚持"事实准确"和"批判思维"的高标准，对各种事物重新进行考察。这种做法为启蒙运动提供了表率。培尔独自完成的非凡作品《历史批判辞典》成为《百科全书》——50 年后启蒙哲学家树立的丰碑——的先驱之作。培尔写道：

　　　　历史学家必须坚持真理至上。为了真理，他必须毫不顾及自己的荣辱得失、喜怒哀乐，甚至爱国之情。他应该忘记自己属于某一国家，忘记某一信仰对自己的抚育，忘记自己受惠于某个人，忘记这些人是自己的父母、朋友。一个真正的历史学家就像麦基洗德那样，无父，无母，无族谱。[1] 如果有人问他："你是哪里人？"他必须回答："我不是法国人，不是德国

1　麦基洗德，《圣经》中的人物，既是君王又是祭司。"无父，无母，无族谱"，见《圣经·希伯来书》第七章。

人，不是英国人，也不是西班牙人……我是世界居民。我不效力于［神圣罗马帝国］皇帝，也不效力于法国国王，只服务于真理……"

或许这种认真、公正的学术理想并不是什么新鲜事物，但对这一理想的重申，却是启蒙运动的一个标志。当时，培尔的非正统思想与他追求准确、客观的史学标准产生了同样重大的影响。我们看到，孟德斯鸠年轻时写了一篇论文，对谴责异教徒的正统教义予以批驳。这正是培尔宣扬的立场。

针对培尔的思想，莱布尼茨撰写了《神正论》，因为在他看来培尔是怀疑论者和悲观论者。培尔与洛克一样，不喜欢夸夸其谈的理论，拒斥古老的权威，提倡重新审视一切。但他没有像洛克那样建立起新的、明晰的确定性标准。培尔重申了奥卡姆的信念：宗教不可能与理性有关系，因此我们的理智不可能认识宗教；宗教不过是纯粹的信仰而已。培尔对世界上的邪恶现象痛心疾首，因为他目光所至，历史的每一页都充斥着苦难和残忍。他当然对那些大谈神意与"有益的必要性"之流——不管是主教波舒哀还是斯宾诺莎——极其反感。他所接受的加尔文教义无疑会促使他相信肉体是罪恶的，此岸世界充斥着魔鬼的诱惑。但他对这种说法也很反感，不愿接受。启蒙运动中同时存在一种激愤的悲观主义（见伏尔泰的《老实人》），以及另一种同样强烈的打击、消灭邪恶的愿望。这两者在培尔身上都有所体现。

正是因为有培尔、丰特奈尔和费奈隆这些人，当1715年"太阳王"去世时，法国已经做好进入一个新时代的准备。他留下了一个战败的国家。法国依然是欧洲最强大的国家，但称霸世界的野心受到遏制。国库已经枯竭，农民怨声载道。不过，长期的和平已经来到，经济繁荣将会重现。继任的国王和蔼可亲，但软弱无能，无法赢得路易十四享有的那种敬仰。时代精神变成了批判、讽刺、大胆和亵渎，同时还有牛顿和科学所带来的新的信心和希望，即认为人类正在向现世的理想社会迈进。总之，启蒙运动即将展开。

对启蒙运动做出贡献的不仅是法国人，即便在法国也是如此。英国（1707 年兼并了苏格兰，因此应该称作大不列颠）不仅是1689—1713 年战争的主要战胜国，而且是牛顿和洛克的故乡。这里发生了光荣革命，诞生了议会制政府，实现了思想自由、公民自由以及很大程度上的宗教宽容。英国的声望如日中天，甚至启蒙运动中的法国伟人孟德斯鸠和伏尔泰也大量地吸取英国的思想资源。在这些思想资源中，最重要的是洛克。洛克关于人类认识论的著作，我们在后面还要论及。

至此，让我们对路易十四时期法国对思想文化界的影响做一个小结。法国把优秀人才吸引到巴黎及其周围；法国不仅在经济上扶持这些人才，而且使他们大大受益于清澈、明晰、流畅的法语，因为当时法语已成为欧洲科学界和外交界的国际语言。当时的欧洲，乃至全世界，没有哪个地方比这个法国城市更适合成为世界思想文化的首都。它将声望（必然带来权势）与风度、才智、思想结合在一起。它提供了具有国际氛围的活动场所（沙龙、科学院）——巴黎不仅属于法国，也属于世界。人们会谈到，启蒙运动时期罗马因陈腐的教权主义而黯然失色，伦敦因英国人对思想的冷漠而显得有些土气，柏林还笼罩着一种半野蛮气氛，莫斯科根本不值一提。18 世纪，这些地方都仰望着法国，有教养的阶层都用法语交谈、写作。这个准备就绪的舞台很适合启蒙运动，因为这个运动既是法国的，也是世界性的。

复辟时期的英国

"这是一个精神愉快、衣食无虞、彬彬有礼、无拘无束、轻松嬉笑、心境平和、赏心悦目的时代。"威彻利[1]剧作中的一个人物如此说。1660 年以后，清教主义在英国受到明确的排斥。当时最流行的文学作品，例如巴特勒的《休迪布拉斯》（Hudibras）[2]，都对清教主义极尽嘲笑挖苦之能事。1668 年，佩皮斯[3]在其著名的日记中吐露心声："对清教徒的辱骂已经越来越乏味，而且毫无用处，他们最终会被发现是最聪明的一批人。"但是，清教主义的某些表现依然持续受到攻击。这些表现包括：政治上的共和主义，对剧场和其他娱乐的查禁，加尔文主义的神学。不过，清教徒时代的严肃自律精神在反动时期过后并没有中断，18 世纪重新崛起，19 世纪终于高奏凯歌。即使在复辟时期（1660—1688）声色犬马的氛围中，最伟大的诗人还是清教徒，即约翰·弥尔顿；在当时问世的书籍中，将历久不衰而且拥有最多读者的也是清教徒约翰·班扬[4]的《天路历程》。但流行时尚已经转向。克伦威尔的尸骨被挖了出来，就地抛散；"快

1　威彻利（William Wycherley，1640—1716），英国剧作家、诗人。
2　巴特勒（Samuel Butler，1612—1680），英国诗人、散文作家。《休迪布拉斯》是第一部针对思想而非人的英语讽刺诗。
3　佩皮斯（Samuel Pepys，1633—1703），英国海军长官，因所写的日记而闻名。
4　约翰·班扬（John Bunyan，1628—1688），清教徒作家。

乐君主"查理二世重登王位；从法国流亡归来的朝臣成为时局的主宰。

英国复辟时期的轻浮庸俗，恰与法国路易十四时期的稳重庄严形成鲜明对照。追求典雅（这个时期有"文雅时代"之称）和"更有教养的生活方式"，乃是明显存在于两个国家的共同现象。但英国的上流社会混杂着一种粗俗之气，在国王身上就有明显的体现。查理二世有不少美德，举止大方，外表高贵，但他喜欢讲下流故事，追逐粗俗妓女，在这方面形迹近乎小丑。复辟时期的剧场让人难以启齿——那里终日欢声笑语，但毫无礼义廉耻：

> 阴谋就是剧情，淫秽就是机智。

英国没有出现拉辛式的人物，悲剧在这里也不合时宜。范布勒、康格里夫[1]和威彻利的戏剧，与莫里哀的戏剧相比，同样机智，但更喧闹、更淫秽，结构也不够完美。有意思的是，莫里哀作品的英国改编本也变得粗俗了。这两个国家都是由贵族和朝臣领导潮流，但英国人（我们会想到乡绅韦斯顿[2]）没有法国人那么讲究。不过，复辟时期英国最主要的作家是约翰·德莱顿。他用古典的对偶句表现出高超的洞察力，从而开启了18世纪。他多才多艺，是一个真正的艺术家。他最出色的才智表现在讽刺上。德莱顿切身体会到，这个时代过于矫情，重形式轻内容，因而缺乏力度和庄重。他自己显然

1　范布勒（Sir John Vanbrugh，1664—1726），英国剧作家、建筑师。康格里夫（William Congreve，1670—1729），英国讽刺喜剧作家。

2　乡绅韦斯顿是菲尔丁的小说《汤姆·琼斯》中的人物。

有些勉强地迎合那种淫荡时尚。

著名的文学浪子罗切斯特伯爵[1]的愤世嫉俗反映了整个复辟时期情绪的"坚硬与机敏"。罗切斯特与蒙田、霍布斯以及稍后的斯威夫特同属一类人。他们都觉得人性并不值得夸耀。在罗切斯特心目中，人是一种怯懦、贪婪、淫欲的生物，表面上的美德只是虚伪的假象。这种霍布斯式的人性论在比较愉快的 18 世纪受到尖锐抨击。在复辟时期，尽管宫廷里花天酒地，但英国还没有找到政治上的安宁。"快乐君主"忐忑不安地坐在王位上，不确定自己的权力和界限。约翰·伊夫林热切地祈祷："无限仁慈的上帝造就这些事物，但愿有一个稳定而严肃的机构来统治我们的国家和教会。"这一愿望直到 1688 年之后才得到满足。这一时期，英国局势飘忽不定，虽然没有公开的内战（1688 年以前），但仍有严重的动乱。争论的焦点集中在查理二世的弟弟是否享有继承权的问题上（查理二世有几个私生子，但没有合法的男性继承人）；泰特斯·奥茨掀起了一场全国性的针对天主教的歇斯底里的反抗；不断发生阴谋、反阴谋、公开处决等一系列事件；另外还发生了对外战争、瘟疫，以及伦敦大火。瘟疫迫使牛顿回到自己的农庄，反而使人类受益无穷。有些人也把伦敦大火说成是因祸得福。但英国在对外战争中获益甚少，查理变成强大法国的附庸，因此被视为对新教事业和国家利益的背叛。虽然宫廷里歌舞升平，纵情声色，但整个国家没有什么值得庆贺之事。

当然，这个时代绝非完全轻浮贫乏。查理确实花费许多心思考

1　罗切斯特伯爵（John Wilmot Rochester，1647—1680），英国宫廷才子、诗人。

虑究竟去见哪一个情妇：内尔·格温，还是斯图尔特夫人，抑或是克利夫兰公爵夫人？但他有一个优点，即对科学怀有真挚的兴趣，因此由他来主宰牛顿的时代并非完全不合时宜。皇家学会就是在他统治的第二年获得特许状的。学会在培根哲学的旗帜下，汇集了牛顿、波义耳这样的科学家。德莱顿、考利等诗人，佩皮斯、伊夫林等公职人员也纷纷支持科学运动。民众或许还会相信巫术——最后一批巫术审判发生在 17 世纪末。但是，科学观念日益发展。当然，除了少数自由思想者外，一般人并没有摈弃宗教，但宗教正在脱去神学外衣，也不再带有迷狂气氛。任何煽动宗教狂热的东西都引起强烈的反感，因为它会让人们联想到革命和内战：不正是那些过分虔诚的迷狂者煽动人们杀死了他们的国王吗？查理秘密信仰天主教，其弟詹姆士（准备继承王位）公开信仰天主教，这些都引起社会的惊恐。人们已经习惯把天主教徒与极端的新教徒归为一类，因为二者都与保持温和、理性的信仰水火不容。天主教徒被说成是盲目相信教宗的一贯正确性，极端的新教徒同样非理性地沉浸在内心启示的妄想中。一个神智健全的人懂得，宗教信仰太少不行，太多也很危险。人的主要注意力应该放在别的方面，就算不该放在娱乐上，那也应该放在科学、诗歌、戏剧以及新型的"政治算术"研究（威廉·配第爵士[1]）或者其他有用的技艺上。

在查理二世时期，殖民活动十分活跃，英国，或者至少一些英国人获得了财富。1685 年继承王位的詹姆士二世招致了全国一致的

1　威廉·配第（William Petty，1623—1687），英国经济学家，被公认为英国古典经济学的开创者。

反对，这反而为未来立宪时期英国的强大实力和荣耀奠定了基础。1688 年光荣革命后，威廉三世时期的英国在 1689—1713 年的漫长战争中，领导盟国打败了强大的法国。前一章在论述洛克的伟大政治著作时，已经提及随着光荣革命而来的政治论战。事实上，英国和法国一样，18 世纪的基础是在 17 世纪末奠定的。这不仅仅是牛顿和洛克的时代，也是辉格党和商人势力崛起的时代，还是宗教宽容和理性宗教的时代，是一种新的艺术风格兴起的时代。

这种风格就是新古典主义。英国人与法国人一起把希腊人开创的这种风格当作艺术的正道大加赞赏。说它正确，是因为它是"自然的"。这种风格被确定为简朴、和谐、明晰、文雅、宜人。它排斥粗劣、笨拙、迂腐、过分的激情，就是一切不合乎中道或失衡的东西。在建筑方面，17 世纪初，伊尼戈·琼斯把 16 世纪意大利人帕拉第奥那种严格的古典风格引进英国。17 世纪中叶的动乱时期，这种风格一度消沉，然后由与洛克同岁的克里斯托弗·雷恩加以振兴。在许多英国人心目中，雷恩简直可以与洛克、牛顿三足鼎立。雷恩曾经担任天文学教授，与他们怀有同样的科学兴趣。作为 1665 年大火后伦敦重建的首席建筑师、圣保罗大教堂的建造者，克里斯托弗爵士异乎寻常地改变了英国人的审美趣味，使之转向新古典主义。但 17 世纪晚期的时尚中还存留了一种巴洛克因素，主要体现在当时另一位伟大的建筑师（也是剧作家）身上。他就是约翰·范布勒。他对哥特式建筑和中世纪城堡感兴趣，建造了巨大而不适宜居住的豪宅（其中最著名的是为马尔伯勒公爵建造，最后令马尔伯勒夫人大为光火的布兰姆宫）。到 18 世纪，他的风格已经遭人诟病。随着他的去世，18 世纪严谨、高雅、庄重风格的奥古斯都时代到来，建筑领域的伯林顿和肯特[1]的时代到来。

文学的情况与其他艺术门类一样。德莱顿等人指责伊丽莎白时代的文人，包括莎士比亚在内，不够文雅，缺乏条理，表达不精确。他们被公认是美玉，但其实是璞玉，含有许多杂质，剔除之后才能创造优秀的文学。新古典主义也不可能认可约翰·多恩等玄学派诗人那些生硬的悖论和杂乱的格律。因此环境已经变化，18世纪那种文字工整、讲究思想性的韵文即将应运而生，蒲柏将写出抑扬顿挫的韵文，文雅的"想象愉悦"将受到欢迎。18世纪伊始，杰里米·柯里尔[2]对戏剧表演中诲淫诲盗的现象发起了一次著名的抨击，由此给这个世纪定下了文雅的基调。复辟时期的浪荡使那种对"文雅举止"的追求受挫，现在中产阶级开始树立自身的形象。他们抛弃了革命的清教主义，纷纷购买艾迪生、笛福、蒲柏以及其他作家的作品，成为文雅的读者大众的主体。18世纪文学的一个重要特征就是这种文学市场的出现。这使作家摆脱了对贵族庇护的依赖。他可能在格拉布街[3]饥寒交迫，也可能像蒲柏那样名利双收。不管怎样，他都是一种高贵职业中骄傲的一员，不再是阿谀奉承的弄臣或某个贵族膝下的"哈巴狗"。

"舆论帝国"时代由此开始。所谓的"舆论帝国"，是后来的一位历史学家回顾整个法国革命历程时对启蒙运动主要特征的概括。当时出现了一个买书和读书的大众群体，作家也尽力取悦这个群体。

1　伯林顿（Richard Boyle Burlington, 1694—1753），英国建筑师，18世纪新帕拉第奥式风格的创始人之一。肯特（William Kent, 1685—1748），英国建筑家和画家。

2　杰里米·柯里尔（Jeremy Collier, 1650—1726），英国主教。

3　格拉布街是伦敦的一条街道，是为生计挣扎的独立作家、新闻记者和出版商的传统聚居地，也是出版业的一个中心。

供求法则支配了文学和思想领域。这在我们已经司空见惯，但在当时则是前所未有的。以前，写书和出书是为了满足教育的需求，书籍只被有限的学者和学生使用。有的书写出来只是为了取悦某个有钱的赞助人。赞助人通常是国王或贵族。17 世纪以前，几乎不存在一个庞大的、能够和愿意购买严肃书籍的读者大众群体，也不存在能够广泛发行的报纸和杂志。这样的读者群和报刊是从 18 世纪初开始出现的。[1]

蒲柏的情况就足以说明问题。他靠翻译荷马的史诗发了财。这项工作是对当时新古典主义的一份重要贡献。英国人借用古典文学白银时代的名称，把这个时代称作"奥古斯都时代"。他们追求"中庸之道"，即适度精神。英国文学的刻意文雅更多地反映了清教徒的影响，而不是希腊罗马精神的影响。不过，英国人自以为是在重现古代艺术的理性准则。英国从复辟时期转向奥古斯都时代，其实是转向细腻、文雅，甚至纤弱。世纪交替之时，德莱顿写道：

> ［我们的时代］终于学会了文雅；
>
> 但是得到了技巧，失去了力量。

但 18 世纪，英国在世界上的领先优势不在文学艺术领域。它的最大成就和最值得夸耀之处，乃是 1688 年之后终于实现的自由。这是一种有秩序的自由，而不是混乱的自由，与之相伴的是"稳定而

1　根据约瑟夫·弗兰克《英国报纸的发端：1620—1660》（1961）中的描述，英国的报业在革命时期产生了一些柔弱的根芽，但在克伦威尔时期和复辟时期，这些根芽都被拔除。直到 1688 年以后，人们才找到适合自由新闻业成长的土壤。——原注

适度的［国家和教会］建制"。正是这种自由吸引了孟德斯鸠、伏尔泰这样的法国人,否则他们不会对英国社会那么倾心。

当然,英国还在一个领域占有优势,而那个领域与牛顿的名字相连。除了科学和宪政领域外,英国对启蒙运动的影响还包括"伟大的洛克先生"的威望。洛克不仅是英国自由的经典阐释者,还在1690年发表了《人类理解论》,为自己增添了新的桂冠。它比其他任何文献都更准确地概括了新秩序的基本原则,整个欧洲都感觉到它们即将随着18世纪一起露出曙光。

洛克的《人类理解论》

启蒙运动期间,约翰·洛克与牛顿一样声名显赫。在所有的文献中,洛克的《人类理解论》最有资格成为"启蒙运动宣言"。就对一个时代的影响而言,洛克属于历史上最重要的思想家之一,完全可以与在他之前的柏拉图、亚里士多德、奥古斯丁,以及在他之后的卢梭、马克思、达尔文和弗洛伊德等人相提并论。与许多伟大的通俗哲学著作一样,《人类理解论》也遭到严厉的批评。人们说它有许多明显的不严密之处。但我们不要盲目地追随那种极端形式主义的态度。洛克的不严密恰恰具有心理学的优势。与不严密的思想体系相比,逻辑严密的思想体系反而可能更难让人相信。洛克的一个可贵之处在于,他以一种杰出的方式在哲学与普通人之间加以调和。乔治·桑塔亚那[1]指出:"洛克的思想如果再深刻一些,可能

---

1 桑塔亚那(George Santayana, 1863—1952),西班牙哲学家、小说家。

就没有那么大影响了。"洛克的政治论著表现出的那种清晰的表述、透彻的分析和健全的常识感，同样体现在这部更著名的著作中。只不过在这部著作里，他力图阐释我们的头脑是如何工作的，以及它所加工的对象是什么。

这是一部十分自觉的革命性著作。它摆出一副谦虚的样子，但这是假谦虚，因为洛克其实是想荡涤以前的所有哲学。一开始，他只是给自己设定比较卑微的抱负，即"消除认识之路上的一些垃圾"。正确看待事物的方式是，在踏上认识之路之前，先检查我们的头脑，看看它们适合哪一种旅行。如果我们发现自己只有在地球上行驶的交通工具，就不应该计划到外层空间旅行。当然，洛克发现我们的头脑是有限的。但他认为，我们如果仅仅在适合自己脑力的范围内活动，就能在这种健全的基础上建立起一套知识。这套知识将是确定的、真实的。洛克所发现的坚实基础不是笛卡儿的"明晰观念"，而是感觉经验。洛克先是攻击那些相信"先天观念"的人（应该是指笛卡儿主义者；在英国，彻伯里的赫伯特勋爵是最好的例证）。或许，洛克也将亚里士多德主义者列入批判对象。很难找到有人主张人类天生就具有实际的"观念"，但亚里士多德和笛卡儿认为有一种固有的理性，即成熟的大脑中有一种默认某些先验的逻辑命题的能力。洛克似乎也做出了这种假设。问题的关键可以在洛克下面这个主张中找到："理智中的一切无不首先存在于感觉中。"对此，莱布尼茨重复亚里士多德的话，做出了经典性的反驳："除了理智本身。"洛克合乎逻辑地推理，理智扮演着一种被动的角色，就像是感觉印象的登记处。洛克认为，头脑中没有什么思想是与生俱来的。它是一张白纸，一块"白板"，经验在上面印下一切。

"所有的知识都建立在感官……或感觉之上，也最终来自它们。"我们最崇高的观念和天才最复杂的思想都可以追溯到感觉印象的简单积木。简单的观念经由大脑叠加，就变成了复杂观念。

在洛克看来，大脑具有这种通过"反省"把简单观念组合成复杂观念的非同小可的能力。但是，人们觉得这基本上是一个机械过程。洛克的一些信徒则将其阐释为"联想"法则的作用。这个法则决定了观念是如何汇聚起来的。对此，洛克本人在再版的《人类理解论》中有所暗示，英国的大卫·哈特利[1]、法国业余"哲学家"孔狄亚克和爱尔维修后来对此做了发挥。在后者那里，它变成粗俗嘲弄一切"形而上学"的手段。洛克本人在这个问题上有些模棱两可。如果大脑确实在这里完成某种创造性的任务，那么他的经验主义就打了折扣。长期以来，人们一直批评洛克，说他虽然一开始勇敢地高举纯感觉经验的旗帜，但又偷偷塞进了许多理性主义的假设，因此不能被称为"一以贯之的经验论者"。洛克的出发点，同时也是《人类理解论》的基本精神，"与厌恶玄想的潮流相契合"。为了驱散所有自命不凡的形而上学和毫无意义的玄想，洛克希望在自己所属的务实的市民阶层中受到广泛欢迎。有人说，他代表了哲学上的鲁滨孙。鲁滨孙是洛克同时代的同胞丹尼尔·笛福创作的一个自力更生的人物。洛克追求简明、务实，而且不想成为怀疑论者。因此他十分大胆地宣称，万物都是简单明了的。但是，他确实没有恪守他的经验主义。他说，我们的大脑是一块"白板"，那里汇聚的东西都来自感觉。但它又具有以某种方式发现普遍法则的能力，能够

1　哈特利（David Hartley，1705—1757），英国哲学家、心理学家。

获得"清晰而确定的"真理，即具有数学明晰性和确定性的真理。实际上，在洛克的经验论和他的理性明晰之间存在着一种逻辑断裂。贝克莱和休谟对此做了阐释。洛克断言："理解力具有一种天生的能力，能够觉察到观念是否连贯，并且能恰当地加以整理。"它可以推理。那么，它真的是一块从经验获得一切的"白板"吗？

洛克试图解决这个问题的途径之一，是区分物体的第一性质和第二性质。我们知道，伽利略早就提出了这种区分。洛克认为，"硬度、体积、形状、运动和数量"都会如实地进入我们的头脑。这些性质是物体的基本属性，确实"存在"，因此我们能如实地感受到它们。颜色、声音、气味、味道和触觉等第二性质并非存在于客体中，而是存在于我们的头脑中。洛克发现，我们的全部知识都是通过感官获得的。这就提出了难题。他有时几乎得出这样的结论：我们如果仅仅通过感官获得知识，就绝不可能确信他所宣称的方法切实可靠。实际上，我们非常可能陷入绝望的怀疑论。我们知道自己的感觉印象或"观念"，而且这些东西完全可以被了解，但又怎么知道它们是否符合外部世界存在的东西呢？按照洛克的分析，它们与外界的客体并非一回事，没有什么能够保证它们与客体完全相像。你眼睛视网膜上的影像与你所看的东西不是一回事。如果我们完全依赖它获得知识，很显然，这种知识肯定不具有洛克说的那种确定性。他说，我们关于外部世界的知识是确定而真实的。但是，他在试图论证这种确定性的过程中却引发了最严重的怀疑主义疑惑。在洛克之后的许多哲学家心目中，那种认为头脑能够如实地捕捉外界事物的知觉"直接摹写"论，实在太天真了。洛克提醒我们，在我们与客体之间隔着一个屏幕，那个屏幕就是我们的感觉。

　　稍微思考一下就会明白，我们的知觉至少有一些不是"指向外界"。例如，色盲者的情况使我们发现，颜色取决于我们的视觉器官。洛克从伽利略那里借用了第一性质和第二性质的区分，承认这种情况属于第二性质，但也竭力用第一性质来证明存在客观知识。贝克莱后来证明这种区分站不住脚；当我们思考一个事物时，大小和形状与气味和味道一样，也是"主观的"。一切呈现出来的知识，都是我们的特殊感觉器官赋予我们的，而不是直接和立即认识到的。

　　此外，还有一些对洛克的批评。他在术语的使用上不够严谨，而这是作为一个伟大的哲学家不该有的问题。例如，他使用的一个关键词"观念"，既表示来自外界的感官刺激，又表示头脑里的观念。这是两个不同的东西。如果细心的分析家带着后人那种敏锐的批判眼光来阅读洛克的作品，可能会发现这位英国哲人像这样一类作家：开始时斗志昂扬，大有"筚路蓝缕，舍我其谁"的气势，结果却身陷困境，只得敷衍了事。他曾许诺要将一切知识置于一个坚实的基础上，最后却以某种绝望的怀疑论或唯我论（我只能认识自己的精神世界）收场——这是他的两个主要的英国后继者贝克莱与休谟最后分别持有的立场。正如以赛亚·伯林[1]指出的，洛克"最终创立了两个世界"，一个是主观世界，另一个是外部世界。我们可以认识和使用主观世界，但它无法保证自身的客观真实性。将我们与外部世界隔开的是我们的"观念"这一屏幕。这一结果远非他的初衷。

1　以赛亚·伯林（Isaiah Berlin，1909—1997），英国哲学家、思想史学者。

根据几代批评家挑剔之后得出的结论来评判一个思想家，是不太公正的。无论如何，有一点毫无疑问，即无数人在读洛克的作品时，感到一种新的启示降临了，眼前的迷雾被拨开，知识王国重获新生。一点点健全的常识就驱散了所有晦暗的形而上学，打开窗户并让光进来。观察、验证、科学，成为通行的口令。昔日的"太虚幻境"一扫而空，哲学从天上落到地上，从神秘和晦涩转向事实和真理，变成每个人都觉得有用且能理解的学问。后来的启蒙哲学家会说："常识之光已经普照欧洲。"以赛亚·伯林则指出，几乎可以说，正是洛克创造了"常识"。在伏尔泰风格独特的讽刺小说《米克罗梅加斯》（Micromegas）中，我们可以看到，启蒙哲学家们是如何心悦诚服地将洛克视为唯一谦逊且明智的哲学家，以及他们是如何揭穿其他所有学派的虚妄的。斯特恩[1]让他作品中的主人公特里斯川·项狄宣布："是他把世界从无数粗俗且错误的垃圾堆中解救出来。"博林布鲁克[2]怀着崇敬之情写道："他诉诸我们每个人的经验和自觉的认识，而且让他自己所呈现的一切都清晰易懂。"晚些时候，即 1829 年，美国的一位崇拜者称颂道："在《人类理解论》中，智力科学第一次以清晰易懂的面目出现，不再掺杂长期以来使之扭曲变形的虚妄幻觉，使得每个有教养的人凭借朴素的健全理智就可以理解。"正是根据洛克的启示，人们抛弃了那些无益的烦琐论证和单调乏味的空泛之词，直接立足于简明的基本原理，从而有了一种找到新起点的感觉。

1　斯特恩（Laurence Sterne，1713—1768），爱尔兰籍小说家。代表作是 9 卷本的《项狄传》。
2　博林布鲁克（Henry St. John Bolingbroke，1672—1751），英国政治家、历史学家、政治哲学家。

在启蒙运动之后，一些浪漫派在批评启蒙运动的弱点时，将其对审美的漠视归咎于洛克，说他让人们忽视了美、艺术以及除了平庸事实之外的一切。约瑟夫·德·迈斯特抱怨说："这是所有宗教、所有高雅情感、所有崇高冲动的毁灭。"洛克身上确实只有重实用的倾向。传记作者莫里斯·克兰斯顿指出，洛克参观欧洲大陆的大教堂时，感兴趣的仅仅是它们的大小！18世纪，"洛克的信徒"，也就是启蒙运动推崇的人，是谨慎、小心、务实的人。他们是本杰明·富兰克林这样的人，是有道德的人和有用的公民，可能很有智慧，但不太可能是诗人，心甘情愿地撇开崇高而朦胧的经验领域，厌恶对终极问题的冥思玄想，认为那是浪费时间。"冰冷哲学的触及"[1]扼杀了启蒙时代的诗意。

但在18世纪，人们带着宽慰转向洛克的方法，发现它在各个方面都富有成效。它把人们从陈规陋习中解放出来，并且指示了新的方向。一般而言，它就是蒲柏所说的，"人类正当的研究对象是人"，不是上帝。具体而言，洛克的"白板"概念，即空白的头脑可以被经验任意塑造，暗示了教育的重要性，展示了通过改善社会环境来改变人性（当然是变得更好）的令人振奋的前景。后来，当爱尔维修宣布"人们的性格源于他们的外部环境"时，他无疑是在引申洛克的观点，但这是很自然的引申。洛克主义也与牛顿主义一起，推广实验的经验方法，提高实用科学的地位。它鼓励人们充满信心地期待，运用这种方法能够获得"真实而确定的"知识。

1　"冰冷哲学的触及"（touch of cold philosophy），出自济慈的诗作《莱米亚》。

在所有领域，洛克主义都鼓励进行实验。在文学领域，那些受《人类理解论》影响最深的人，如斯特恩，最不可能再被新古典主义的规矩束缚。洛克是偏见和惰性的敌人，他与弗兰西斯·培根，甚至蒙田一样，对人类的偏见、谬误和非理性做出精辟的评论。对洛克来说，理性的思考是最重要的：

> 神庙都有其神像。我们看到它们对于大多数人有多么大的影响。其实，人们头脑中的观念和形象是无形的权威，时时刻刻统治着他们；对于这些东西，他们都普遍心甘情愿地服从。因此，最重要的是，必须关注人们的理解力，正确地引导它去探索知识和做出判断。

但多数人"几乎根本不运用理性，而是照别人的样子亦步亦趋"，还有些人则"是用激情取代理性"。第三种人虽然力求遵循理性，但缺乏"所谓博大、健全与融通的意识"，结果是以培根所说的假象崇拜者的方式误入歧途：被一个命题牵着走，或将一个理论无限演绎。假如人们从童年就接受了某些原则，而且这些原则深深地扎根于他们的脑海中，那么这些原则就会"因长期的习惯和教育而固定在那里，不可能再被拔除"。洛克调动他那强劲的常识力量来反对这种成见，反对用情感代替思考，反对迷信权威，即"放弃我们对公认意见的认同，不论这种意见出自我们的朋友、同党、邻居，还是举国一致的声音"，因为这种东西"使得比其他所有人加在一起还要多的人陷于愚昧或谬误"。这里表达的是启蒙运动的真正呼声。[1]一旦从形而上学和权威束缚下解放出来，启蒙运动就会凭借实践理性勇往直前，通过独立思考来开拓真知的疆域。

《人类理解论》引发了许多争论。对于一部提出挑战性论点的著作来说，这是意料之中的事。在某种程度上，洛克沾了他的朋友、伟大的牛顿的光，而且与这位科学家一样，他没有遇到多少阻力就在当时的知识界赢得了赞许。但是，也有一些批评者。英国国教会主教斯蒂林弗利特在洛克的著作中发现了"霍布斯主义、怀疑论和离经叛道"，认为他那种激进的经验主义颠覆了所有的普遍原则或一般概念，因此会摧毁基督教。到1713年，贝克莱主教把洛克主义转换成非物质论（稍后还会论及）；在此之前，也有一两个人做过这种尝试，如阿瑟·科利尔[2]。约翰·诺里斯[3]于1701年发表的著作也从基督教柏拉图主义（这种学说经由剑桥学派在英国牢固确立）的立场批判洛克，并且掺杂着被马勒伯朗士神父修正过的笛卡儿主义的影响。他们的著作都比较晦涩难懂；而贝克莱从某种洛克式原理出发，却突然转向了纯粹的唯灵论（除了观念，其他一切都不存在），这惊人的一跳几乎吸引了整个有教养阶层的注意。接着，大卫·休谟证明，洛克的思想里潜藏着各种怀疑论。大卫·哈特利则发展了机械论的心理学。由洛克开创的"观念之路"分别导致了唯灵论、怀疑论和决定论。

它还导致了自然神论。这一点将在下一章讨论。斯蒂林弗利特

---

1 这段引文出自洛克的文章《理解力的运用》。他本想把这篇文章作为最后一章加到新版的《人类理解论》中，但一直没有写完。他去世后，这篇文章与另外一些未完成稿一起发表。——原注

2 科利尔（Arthur Collier, 1680—1732），英国哲学家、神学家。

3 诺里斯（John Norris, 1657—1711），圣公会牧师、哲学家。

主教曾推想，人们如果只接受建立在感官知觉上的知识，而不接受其他知识，就会摧毁基督教信仰，甚至是一切宗教信仰的基础。洛克被指责鼓吹唯物主义：说他是一个改头换面的斯宾诺莎主义者，因为他排除了所有关于本质的真正知识，而这就意味着排除了上帝。除了斯蒂林弗利特，威廉·卡罗尔也是这样一位批评者。他预见到在洛克处萌发，并将在休谟那里得到充分发展的怀疑论。洛克本人是一个虔诚的基督徒，不仅相信上帝存在，而且相信基督教启示可以得到清晰的证明。但他的方法和观念，与其他同路人，尤其是法国笛卡儿理性主义者培尔和丰特奈尔的影响一起，开启了怀疑之门。

莱布尼茨

洛克的论战对手中有一位显赫的思想家。此人不仅在他所处的德语世界，而且在整个欧洲都具有重大影响。他就是戈特弗里德·莱布尼茨[1]。作为科学家，他与牛顿一直在谁先发现微积分的问题上存有争议。在这场不体面的争执中，英国一方的牛顿至少有同样多的过错。后来，数学在微积分方面的发展采取了莱布尼茨的形式而不是牛顿的形式。至于发明先后的问题，显然他们是同时独立地得出了结果。这种情况在科学中并非绝无仅有。莱布尼茨首先发表了成果，生性谨慎的牛顿私下里也完成了这项研究。作为哲学家，

1　莱布尼茨（1646—1716）出生于莱比锡，家庭学术气氛浓厚，他的父亲也是一位大学教授。莱布尼茨曾就读于莱比锡大学与耶拿大学，并在17世纪70年代作为美因茨选帝侯的外交代表被派往巴黎，他在那里结识了许多杰出的科学家与哲学家，还前往荷兰拜访了斯宾诺莎。——原注

莱布尼茨曾与洛克及塞缪尔·克拉克[1]进行辩论，这导致他的法国崇拜者们也群起反对洛克-牛顿世界观。莱布尼茨是个深刻而敏锐的思想家，同时也很固执。他深受柏拉图主义、经院哲学，以及笛卡儿和斯宾诺莎哲学的影响——后者曾让年轻时的莱布尼茨振奋不已。他力图对这一切进行综合。在18世纪的大多数启蒙哲学家看来，莱布尼茨过于形而上学。总体上，他们觉得洛克简明的经验论更合他们的口味。但是，莱布尼茨思想的说服力和独创性是不能否认的。他的多才多艺也体现在其他许多活动和规划方面，例如，他组建了柏林科学院，制订了以科学神学为基础统一欧洲教会的计划，还制订过欧洲政治统一的计划。他留下许多未曾发表的文章，这些文章在某些方面预示了现代科学的发展。后来的学者从这些文章中看到了一个极富思维能力的头脑。

莱布尼茨不能接受洛克的经验主义。他指出，确实存在着先验真理，即不是来自感觉经验且更确定的纯粹理性的真理。太阳明天还会升起，是与"2+2=4"这个命题完全不同类型的真理。他用亚里士多德的方式，在洛克的说法"理智中的一切无不首先存在于感觉中"后添加"除了理智本身"，从而对洛克提出反驳。洛克的经验主义与莱布尼茨的理性主义形成鲜明的对照：正是这种二元对立和张力构成了18世纪哲学的特征。人们转向被观察到的、感觉到的、体验到的事实，在这种现实中发现了新的创见和真理。这些与昔日形而上学枯燥的抽象概念迥然有别。但与此同时，人们也期待着能从这些新发现的事实中得出普遍规律，而且是最准确的自然规律，

1　克拉克（Samuel Clarke，1675—1729），英国神学家、哲学家。

因为他们认为概括性的总结是必不可少的。所以人们究竟是从事实中得出规律，还是让事实去适应根据纯粹理性已经推导出的规律？

莱布尼茨批评牛顿的绝对时空概念，还批评他把物质视为固体离散粒子的观念。就此而言，莱布尼茨似乎预示了极其现代的、爱因斯坦的一些观念。他还预示了20世纪符号逻辑或数理逻辑的发明。他不愧是一位伟大的数学家。

莱布尼茨本人描绘的世界图景十分有趣，但当时几乎没有赢得什么支持，被人们看作纯粹玄想。今天看来，它可能不那么异想天开了。莱布尼茨宣称，宇宙是由"单子"构成的。它们是微小的精神单位，每一个都映照出宇宙，但它们不与自身之外的任何事物发生互动。这种单子最令人惊讶的特征或许是，每个单子都是一个"视点"；它们有各自不同的位置，因而以不同的方式反映这个宇宙。单子论在一定程度上体现了莱布尼茨克服笛卡儿二元论的努力，也是对斯宾诺莎一元论的反驳。莱布尼茨的宇宙极其多元化，其中每一个最微小的成分都各不相同（与泡利[1]的不相容原理对照，就会发现莱布尼茨的这种观念具有令人惊讶的现代性）。同时，每个成分都与其他所有成分相互联系，每个单子的变化会引起其他所有单子的变化。这个体系有一种上帝预定的和谐。受笛卡儿科学和斯宾诺莎哲学的影响，莱布尼茨把经院哲学关于上帝存在的论证纳入了这个极其新奇的世界图景中。今天看来，这种观点贴近现代亚原子科学研究的惊人发现。

由于伏尔泰在《老实人》中的嘲弄，莱布尼茨关于"可能存在

1　泡利（Wolfgang Pauli，1900—1958），奥地利出生的物理学家、诺贝尔物理学奖得者。

的最好世界"的乐观主义在 18 世纪闻名遐迩。莱布尼茨认为，凡事（甚至包括上帝的意愿在内）必有其充足的存在理由。上帝在许多可能的世界里选出了这个世界，并非随意为之，而是有一定的理由。世界有其必然的法则和相互的联系；一旦某一特定的世界被选中，它其中的所有事物就必然会是过去和现在的样子，因为所有事物都是相互联系的。其实，上帝决定了过去历史的每一个情节和未来所有的事件，这些都是整体结构所需要的模式的一部分。但是，上帝本来可能选中其他许多可能的世界。他之所以选中这个，是因为这个世界所包含的可能的邪恶最少。在每一个世界里都必然会存在一些邪恶。最初，上帝运用他那完美的头脑，犹如大型计算机在运算（我们可以猜想），判断出哪一个世界包含的邪恶最少，然后将它创造出来。

　　莱布尼茨最后的著作之一是《神正论》（1710）。该书试图解释为什么我们所见到的邪恶是可能的数量中最少的。这本书是为回应培尔的悲观主义而写的。这部重要著作探讨了让整个 18 世纪的人们都感到迷惑的问题。后来，卢梭解答说善必须包括自由选择，而自由选择势必会包含恶的可能性。这种回答是莱布尼茨所考虑的诸多答案中的一种。或许他最著名的回答是：凡是创造出来的世界必然不完美，不完美是受造物的一个必然属性。唯有上帝是完美的。如果我们问，上帝为什么要在他之外创造一个世界？我们可以回答说，因为存在——即使是不完美的存在——也比不存在好；或者说一个完美的世界要求事物有等级之分，完美需要有不完美来衬托。当莱布尼茨纠缠于这类问题，包括（人和上帝的）自由意志问题时，我们可能会觉得他已经迷失在玄奥艰深的思维探索中，我们或许还会像伏尔泰那样直接指出，我们只需要放眼四周，就能轻易发现恶是真实存在的。[1]

有些人认为莱布尼茨是晦涩的德国形而上学的开创者，而且他打发邪恶的方式也很暧昧。他们最好也想想这位旷世奇才的另一面：他的实用技术。著名的科学史家乔·德·桑蒂利亚纳历数了莱布尼茨的贡献，包括"航空学（这个术语也是他发明的）、声学、光学仪器、钟表机械、天象仪、导航、运河、操舵装置、马车车架、车轮、轮轴轴承以及车床等"。[2] 与培根、笛卡儿、帕斯卡、惠更斯以及 17 世纪其他伟大的科学家一样，他也怀着热烈的愿望，想把理论知识转化成征服自然的实际力量，绝不因为这属于体力劳动领域而置之不顾。这就是"工业革命"的必要框架。其实"工业革命"根本不是"革命"，而是延续了几个世纪的社会、思想、文化变迁的长期进程；而决定性的一步是在 17 世纪迈出的。

莱布尼茨的体系，包括其乐观的理性主义，肯定会引起一些人的嘲笑，但它确实对启蒙运动做出了贡献。它不属于基督教正统体系，因此招致德国宗教界的刻骨仇恨。它在玄想方面非常大胆。虽然莱布尼茨的"形而上学的理性化［在某些方面］与启蒙精神背道而驰"，与其经验主义和唯物主义分道扬镳（有一位启蒙哲学家抱怨，莱布尼茨不是把灵魂物质化，而是把物质精神化），但在另外一些方面，它与启蒙运动不仅不矛盾，还深深地影响了启蒙运动。

1　莱布尼茨的《神正论》是 18 世纪大量同类论著中最有名的。关于其他人的论著，我们还可以提及爱尔兰主教威廉·金的《邪恶根源论》，这部作品在 18 世纪 30 年代的英国引起广泛讨论，也是亚历山大·蒲柏的名诗《论人》的主要来源。金的这部论著的拉丁文原本，于 1702 年问世。——原注

2　《美国历史评论》，1959 年 4 月号，第 625 页。——原注

说到底，莱布尼茨是一个理性主义者，力图运用自己的理性来解决最深刻的道德问题。他还是一位科学家和数学家。与18世纪大多数启蒙哲学家相比，他在气质上较为保守，不喜欢培尔身上所体现的那种破坏精神。他十分准确地预见到，这种批判将导致革命。但是，宗教界人士却指责他鼓吹无神论。不可否认，他的思想不时地靠近斯宾诺莎主义。

总之，虽然莱布尼茨在18世纪初就与世长辞，但他与洛克一样，对18世纪的思想运动做出了重要贡献。在18世纪的德国，通俗化理性主义者克里斯蒂安·沃尔夫以一种简单化和通俗化的方式传播莱布尼茨的思想。但是，德国并没有像英国和法国那样为启蒙运动的展开做好准备。它的宗教气氛更浓厚，不太鼓励自由思考。当时，德国最有创造性的运动是以哈雷大学为中心的宗教虔敬主义。1666年，路德宗牧师菲利普·斯彭内尔[1]开始致力于给日渐衰败的路德教注入新的精神。英国的约翰·卫斯理从德国的改革者和神秘主义者，包括17世纪的雅各·伯麦那里借鉴了大量的思想，在18世纪30年代开始力图振兴英国的教会。[2]莱布尼茨遭到保守的德国宗教界的刁难，他的作品难以在自己的祖国发表。在法国，他反而受到了更多的关注。

法国思想史家保罗·阿扎尔[3]将1680—1715年这段时期称作"欧

1　斯彭内尔（Philipp Spener，1635—1705），德国神学家、虔敬派领袖。
2　伯麦（Jacob Bohme，1575—1624），德国神秘主义者。伯麦是一个值得重视的人物；黑格尔后来说，伯麦是从柏拉图到他本人之间唯一具有独创性的哲学家。伯麦的神秘主义无疑影响了威廉·布莱克、圣马丁，以及18世纪那些影响了歌德的德国虔敬主义者。因此，伯麦也是浪漫主义的一个鼻祖。他的影响延续到启蒙运动结束之后。——原注
3　阿扎尔（Paul Hazard，1878—1944），法国史学家，著有《18世纪欧洲思想》。

洲良知的危机"时期。在这个时期孵化出来的思想，到 18 世纪逐渐变得羽翼丰满；在阴影下潜伏的思想，到 18 世纪显露在光天化日之下；少数"精英"的思考，到 18 世纪已经为所有的识字者耳熟能详。深受霍布斯和斯宾诺莎思想影响的，以洛克、牛顿、培尔和莱布尼茨为代表的那一代人，完全可以被称作启蒙运动之父。科学经验主义、新的政治观和艺术观以及批判精神相继诞生。这些构成了 18 世纪的序幕。

第 5 章

启蒙运动：自然神论者和"哲学家"

> 在这个时代，主宰人类命运的是一种更高贵、更真实的哲学，……［而非］那种对错误和腐败习以为常的、令人沮丧的哲学。
>
> ——孔多塞

> 真理不再受制于特殊趣味，
> 它的普遍模式将激励全人类。
>
> ——托马斯·沃顿[1]

自然神论

17 世纪是一个理性时代。这是不可否认的，因为人们一提起它就会想到伽利略、牛顿、笛卡儿、斯宾诺莎、霍布斯、洛克和莱布尼茨。更准确地说，那个世纪的主要思想家都致力于完善科学分析

1　沃顿（Thomas Warton，1728—1790），英国桂冠诗人。

的方法，即仔细的、严格的、合乎逻辑又符合自然的研究方法，不再直接诉诸超自然的原因。上帝被认为的确存在，但他是一个有序宇宙的最终保障者，人们需要在考察和分析现象本身的过程中寻找自然界的规律。辉格党的一个洛克信徒直率地说："我们不应该在《圣经》中寻找英国宪法。"人们也不可能再在《圣经》中寻找科学真理。实际上，甚至有少数人开始质疑，在《圣经》里寻找宗教真理是否明智！人们也不应该把任何东西当作权威，如果说《圣经》是上帝的启示，那也必须加以证明。17世纪开始出现严肃的《圣经》评注，以理查德·西蒙神父的《旧约全书史考》（*Critical History the Old Testament*，1678）最为著名。该书用一种相当现代的方法质疑前五卷（统称"摩西五经"）是否出自摩西。[1]进一步说，如果仅凭理性就能证明上帝的存在并能揭示出道德准则，那么这些陈旧的犹太故事还有什么用处？于是，有少数大胆的、或许是不虔诚的人开始这样断言，不过通常是在私下里。多数人不愿意做这种大逆不道的推想，觉得基督教至少应该与现代科学理性取得一致。他们确信这是能够做到的。

正如中世纪经院哲学所显示的，宗教与科学、神学与理性哲学之间的紧张关系，是欧洲的一个老问题。就此而言，18世纪是又一个经院哲学时代，只是改换了一些术语。它也力求协调理性和基督教。少数人想彻底废除后者，另一个极端的人则打算抛弃理性来维护宗教，但多数人希望实现一种调和。

1　这位罗马天主教神父竟然加入离经叛道的斯宾诺莎和霍布斯，大胆地批评《圣经》，这一事实也反映了一些天主教徒渴望使新教徒陷入困境，因为新教徒主张："《圣经》，唯有《圣经》，才是信仰的依据。"——原注

在 18 世纪前夕，一个苦恼的女士"被自然神论吓倒，几乎神经错乱"。她恐惧地发问，难道基督教"仅仅是个神话"，"没有更多的理由使人去信仰基督而不信仰穆罕默德"？查尔斯·莱斯利[1] 写信安慰这位软弱的女士，用"一种简单易行的方法"批驳自然神论者。多数人都根据牛顿和波义耳的榜样确信，自然神论者很容易被驳倒，但其实并不是这么简单易行。1700 年，论战刚刚开始。直到1740 年，战火还没有彻底熄灭。正如约瑟夫·巴特勒[2]主教此时给另一部反对自然神论的名著写的前言中所说的："基督教……现在终于被发现是虚构的，对于这种说法，许多人已经逐渐认为是理所当然的。"

批判精神占了上风。较为保守的人士徒劳无益地抱怨，没有什么是神圣的了；上帝自己也受到了审查；《圣经》被要求在理性法庭上提交自己的证明材料。1690—1730 年诞生的启蒙精神首先表现为这种盘根问底的怀疑主义，质疑古老的神话，不迷信任何东西。因此，很自然的是，启蒙运动时期最激动人心的论战是关于宗教的，由那些自称"自然神论者"的批评家来抨击那些较为正统的基督徒。应该指出，除了无畏的批判，启蒙运动另一个同样典型的特征是，它本身对所谓理性的信仰。自然神论者如其名称所表示的，是相信有神灵的。他们认为，神的存在是可以运用理性证明的。他们不像后来某些绝望的不可知论者和无神论者在疑问的荒原上流浪，而是真正的信仰者，只不过有自己的方式。

---

1 莱斯利（Charles Leslie，1650—1722），苏格兰神父。1698 年，他写成《一种对付自然神论者的简单易行的方法》。
2 巴特勒（Joseph Butler，1692—1752），英国道德哲学家、神学家。

18 世纪并不完全是一个否定宗教的时代。自然神论者和怀疑主义者毕竟是少数。这个世纪既产生了伏尔泰，也产生了卫斯理。但这个世纪的大多数思想领袖对终极目的不感兴趣，讨厌神学争论。过去这种争论太多了。这是一个思想世俗化的时代。正如托尼在《宗教与资本主义的兴起》中指出的："宗教不再是人类的主要兴趣所在，而缩小成可以放肆地越过的生活的一个部分。"科林伍德在《历史的观念》中将启蒙运动界定为"使人类生活和思想的各个方面世俗化"的努力。阿诺德·汤因比提醒我们，对于历史上的大多数人和大多数时代来说，宗教是"主要兴趣所在"。但是，启蒙运动挑战了这种习惯。正是在这个世纪，如果不是还有利用宗教来支持世俗科学的合法性和维系社会道德这样的实用考虑，许多人都希望抛弃宗教。

除了已经提到的那些著名作品，约翰·洛克还写了一部书，名为《基督教的合理性》。作为一个有自己方式的虔诚教徒，他似乎是因为希望了解我们在宗教事务上究竟能获得多少确定知识而撰写了著名的《人类理解论》。在他写作时，英国人普遍地厌倦神学争论，以及革命时期的教派狂热和暴力；任何类型的"狂热"都遭到冷遇。当时的主旋律是调和，1688 年的温和革命加强了这一主旋律。但 18 世纪英国的统治阶级并不欢迎无神论或其他激进的非正统教派，因为基督教还被公认是道德的支柱，因而也是政治社会的支柱。（在荷兰写作的皮埃尔·培尔攻击传统观念。他声称，无神论者可能是好公民，由此引起轩然大波。很难找到哪个体面的人会表示赞同。）在宗教问题上采取更温和方式的时机已经成熟。这种温和的方式将表明，不含狂热成分的基督教只不过是良好健全的理性，即常识。

圣公会的广教论者就宣传这一主张。其中包括一些我们前面已经提到的剑桥柏拉图主义者，他们希望在宗教与科学之间扮演调解人的角色。大约从1700年到1720年，该学派的一个主要人物是圣公会学者、哲学家塞缪尔·克拉克。在英国教会里，广教论者战胜了高教会分子，后者1688年以后被怀疑是詹姆士托利党（被废黜的斯图亚特世系的拥护者）。广教论者与早期的宗教宽容鼓吹者卡斯特里昂一样，主张信仰的条款应该"少而简单"，教条要少，基督徒道德内容要多，"狂热"要少，善行要多。从神学角度看，加尔文主义过于极端，或许太富有革命性，因此过时了；阿明尼乌主义，即荷兰抗议派主张自由意志的、更温和的道德主义立场变得更流行。长老会、贵格会和独立派这些不从国教者不仅不再受欢迎，而且本身的教条狂热也降温了。

因此，洛克的主张只不过是众多鼓吹温和的、理性的基督教的声音中的一种。迫害已经成为过去。1693年，随着许可法的废止，英国开始了一个出版自由的时代。在整个18世纪，这种自由很少受到破坏，直到该世纪末法国革命风暴降临才受到限制。在理性的时代，基督教也要接受自由讨论的考验；它的信徒，包括洛克，相信它能顺利地通过这种考验。相信基督教与理性毫不矛盾的看法（尽管有些东西是在理性之外通过启示获得的），在当时是相当典型的基督徒信念。当然，中世纪的经院学者也持有这种信念。但在18世纪，"理性"这个概念更倾向于指牛顿科学，而不是亚里士多德哲学；在很长一段时间里，人们论证宗教时最爱使用的观点是，由伟大的定律所揭示出来的自然的有序性是最不可辩驳的一个证据，证明存在着一个智慧的造物主，这个造物主为这些定律的运作提供了一个稳定的架构。

此时，基督教与自然道德之间在很大程度上达成了一致。洛克和塞缪尔·克拉克都宣称，伦理学已经是或者能够是一门严格的科学，而它的戒律与基督教的戒律极其吻合。当时，备受欢迎和崇敬的杂文作家沙夫茨伯里勋爵支持人类天生具有道德感（或者类似的东西）这种理论，并将这种道德感视为自然宗教的根源。理性侵入了伦理学；人们不再满足于根据《圣经》的权威来接受道德信条，而是觉得必须证明它是建立在理性基础上的。当然，伦理是否仅仅以理性为依据，言人人殊。比较正统的理性基督徒会说，理性能够证实启示；更大胆的人则表示，理性可以取代启示。主要的论战就是在道德和《圣经》这两个领域展开的。自然神论者认为，凭借理性能够认识关于上帝的真理和道德原则。他们批驳《圣经》，指斥它的矛盾和荒谬。在对宗教展开自由讨论所引发的各种论争中，有关《圣经》的论争最使虔诚的信徒不知所措，因为《圣经》充斥着大量的疑难点。

简而言之，由于允许基督教接受理性的考验，这引发了一系列的争论。非正统基督徒或反基督教分子人数虽少，却给正统基督徒制造了严重的麻烦。大约从1690年到1730年间，英国出版的书籍有很大一部分涉及三位一体的争论或"自然神论"的争论，其他则涉及关于《圣经》的各种问题。在关于三位一体的争论中，有人认为《圣经》和"理性"都不能给传统的三位一体学说提供支持。他们对此做出有力的论证。这一争论使不从国教者和圣公会都发生了分裂。三位一体论的反对者就这样给了"正统"基督教一个沉重的打击。这是因为自基督教时代初期的尼西亚会议（公元325年）以后，在西方所有的基督教教会中，三位一体论实际上一直是正统的一个支柱。在三位一体论的反对者中几乎没有反基督教分子。但继他们之后出现了自然神论者，其中有些人毫无疑问是反基督教分子。

自然神论的立场是，仅凭理性而不需要启示，就足以使我们正确地理解宗教和道德。自然神论者不同于洛克、克拉克和沙夫茨伯里那些人。后者认为，基督教与理性是一致的；不要前者只要后者是胡闹。可以说，这些基督教理性主义者无意中给自然神论和无神论打开了大门。但有些关于这一运动的论述令人惊讶地忽视了两种信念之间的重大差别：一种是相信基督教是理性的，另一种则相信基督教是不必要的。后者在 18 世纪被称作自然神论。

一般而言，自然神论者，包括约翰·托兰德、马修·廷德尔和安东尼·柯林斯[1]在内，尊重基督教的道德、基督教的上帝概念，但攻击基督教的教义。他们说，这个美好的宗教不过是所有人仅凭理性就可以了解的自然宗教而已，不需要用什么特别的启示来促进它，所谓的启示不过是犹太人的迷信，基督教已经遭到这种非理性的希伯来主义和希腊的形而上学的侵蚀，因此它包含着多少世纪积累下来的大量杂质。但是，耶稣本人是一个杰出的德育教师。实际上，他所教诲的伦理戒律与儒学、伊斯兰教、斯多葛主义，甚至其他伟大宗教的伦理戒律一样。说到底，在所有事情上都有相似之处，这是因为所有人都有同样的理性素质，或者说都天生具有道德感。（自然神论者的看法大同小异。）基督教可以用一部自然神论著作的书名

1　托兰德（John Toland，1670—1722），英国哲学家、自由思想家。廷德尔（Matthew Tindal，约 1657—1733），英国律师。柯林斯（Anthony Collins，1676—1729），英国法官、自由思想家。他们都鼓吹基督教的自然神论。

来表示，即"自然宗教的再版"；它"与创世一样古老"。基督就好像是一个牛顿主义科学家与一个仅凭理性推演出道德教诲的朴实哲学家的结合体。

沙夫茨伯里与苏格兰教授弗朗西斯·哈奇森[1]提出了一种与美感相关联的道德感。这种道德感虽然不是"与生俱来的"，却可以由人性的基本倾向发展而来。它能够导致无私的仁爱。沙夫茨伯里与哈奇森并不反对让个人利益占有一席之地，但他们有意批驳霍布斯的人性自私说。沙夫茨伯里的文章典雅洒脱，备受推崇，对于塑造18世纪有教养的英国人的绅士形象贡献甚大。

但伯纳德·德·曼德维尔[2]在《蜜蜂的寓言》(Fable of the Bees)中惊世骇俗地宣称，自私导致公共福利，"私人的恶德反而是公共的美德"。例如，奢侈的生活促进经济增长，明智的政治家通过驾驭人的卑劣本能进行统治。曼德维尔对沙夫茨伯里描绘的君子冷嘲热讽，这确实令人不快，但也发人深省。这场伦理之争引发了许多后果，其中之一是，自然神论者甩开宗教权威，在"自然"或"理性"中探寻道德的准则。如果说洛克满足于把道德托付给《圣经》的权威，18世纪的英国道德学家则不再满足于此；在迄今属于权威的领地上进行"理性游行"，这使保守人士感到十分惊恐，而这种游行正畅行无阻地穿行于伦理学领域。有人说，理性是不可能失误的，因为它在"自然"中清晰可见。但是，人们能否仅凭理性发现行为准则呢？

1　哈奇森（Francis Hutcheson，1694—1746），道德哲学家、美学理论家。许多学者认为，他是苏格兰启蒙运动最早的重要人物。
2　曼德维尔（Bernard de Mandeville，1670—1733），荷兰裔英国医生、道德哲学家。

自然神论有许多荒谬之处，在英国从来没有赢得一流思想家的支持。18世纪中期以前，科尼尔斯·米德尔顿[1]和大卫·休谟就已经证明，自然神论的下述说法没有事实依据：世上有一种自然道德或自然宗教，开明且坚持一神论，包括野蛮人在内的所有人都能凭借天赋的理性感受到它。主教约瑟夫·巴特勒在《自然宗教与启示宗教之类比》(The Analogy of Religion, Natural and Revealed, to the Constitution and Course of Nature，1736)这部思想深邃且久负盛名的著作中阐明，人们在"自然"中找不到明确的道德原则。从否定角度看，自然神论者和其他各种批判正统宗教的人士做了大量破坏性的工作。在整个争论中产生了数以百计的著作。虽然大多数作者是比较正统的教会人士，但争论本身使所有公认的正统信条都有了疑点，基督教的可靠性也就成了问题。大多数人可能会得出结论：既然学者们众说纷纭，那么我们就不必理睬神学了。自然神论者是一些精明的宣传家。虽然他们没能建立起正面的信条，但或许可以说，他们达到了主要目的，也就是使传统的基督教陷入困境和名声扫地。

英国的自然神论漂洋过海到达欧洲大陆，当它采取了伏尔泰的警句格言的形式后，声名越发卓著。当英国的启蒙运动以贝克莱、休谟和亚当·斯密这些重要人物为标志继续推进时，这一思想运动在法国赢得了最大成功，获得了最高声誉。我们不应该忘记，法国哲人们从英国人那里受益匪浅。孟德斯鸠和伏尔泰都是亲英派，是牛顿主义者和洛克主义者。伏尔泰直接受益于英国的自然神论者。

1　米德尔顿（Conyers Middleton，1683—1750），英国牧师、理性主义神学家。

他早年见过一位自然神论者，即流亡的詹姆士党人博林布鲁克勋爵。德国的光照派[1]也将英国看作"启蒙"之源（见后面关于莱辛的论述）。不过仅就自然神论而言，法国也有自己的传统；在蒙田和笛卡儿之后就开始有自由思想。笛卡儿的朋友梅森神父就已经感到有必要写一本书，反击"当代自然神论者、无神论者和放荡者的离经叛道"。西蒙神父和斯宾诺莎在对《圣经》的批判研究方面开了先河。丰特奈尔的工作已经产生很大影响。年轻时代的伏尔泰发现，"放荡者"肖利厄神父[2]在巴黎宣扬和奉行令人吃惊的伊壁鸠鲁哲学。

但这些思想大多不能出现在光天化日之下，不能自由地流行。18世纪初，只有英国有思想自由和出版自由，因此人们可以读到越来越大胆的论著。这些论著攻击《圣经》的真实性、可靠性、内在一致性，甚至道德观。这些攻击冒犯了许多人，但没有遭到压制。英国的自然神论者开辟了一个前所未有的肆无忌惮的世纪；人们对所有教条、所有公认的观点都提出质疑。如果上帝都可以被审判（正如有人对英国自然神论争论的描述），还有什么是神圣的呢？

在英国，18世纪20年代，一位论派和自然神论者之间的争论掀起的"离经叛道"浪潮对正统基督教造成了破坏，到30年代则出现了局部的反动逆流。贝克莱主教是这股逆流中的杰出人物。他对"渺小的哲学家"或渺小的无神论者口诛笔伐。巴特勒主教也是如此。他的著作前面已经提到。其他人中最著名的是威廉·劳[3]和约

---

1 光照派（Illuminati），1776年创立的一个秘密革命组织，总部在巴伐利亚的因戈尔施塔特城，属于德国启蒙运动中最激进的派别。
2 肖利厄神父（Guillaume abbé de Chaulieu，1639—1720），法国诗人。
3 威廉·劳（William Law，1686—1761），英国牧师、作家，主张温和的神秘主义。

翰·卫斯理。威廉·劳是一位有现实影响力的宗教作家。经过长期的论战，他最终完全抛弃了宗教中的理性主义。卫斯理可能是18世纪最伟大的基督徒。他是英国福音运动的创始人。他面向下层阶级布道，坦诚动人，影响巨大，与自然神论一样，使大多数体面的英国人，不论辉格派还是托利派，不论高教会派还是低教会派，都受到震撼。在很长时间里，卫斯理宗（循道宗）声名狼藉，除了穷人，几乎没有人愿意与之有关系。它后来变得十分重要，但与当时的理性时代格格不入。在奥古斯都时代的英国，体面的中上层阶级都不想成为无神论者或自然神论者，但他们谴责一切宗教"狂热"，偏爱已经变得低调的英国国教或一位论派清教主义，因为它们除了要求信徒奉行资产阶级美德之外没有其他苛求。18世纪末，伊拉兹马斯·达尔文[1]指出，上帝一位论只不过是给基督徒的临终安慰。卫斯理以及后来的英国国教低教会派都相信情况确实如此。英属美洲殖民地的乔纳森·爱德华兹[2]也持同样看法。他们担心基督教越来越世俗化，最后简化成单纯的道德准则。有教养的人已经开始不相信《圣经》中的故事。卫斯理和爱德华兹都是伟大的人物，但他们生不逢时，无力扭转这种纲纪松弛的潮流。经济繁荣和自满情绪、新的知识和思想都推动着这一潮流。

　　自然神论在法国采取了一种比在洋溢着自满情绪的、辉格党统治的英国更尖锐的形式。法国的教士更明显地属于特权等级的一部

1　伊拉兹马斯·达尔文（Erasmus Darwin，1731—1802），英国医师。他是进化论创始人达尔文的祖父。

2　爱德华兹（Jonathan Edwards，1703—1758），美国公理会牧师、神学家，"大觉醒运动"的领导人之一。

分，拥有强大的经济实力，垄断着教育，对政治有很大影响。他们可能也更反动：英国教会善于妥协，在自然神论风暴面前能够忍气吞声，而法国的庞大教会则不能善罢甘休。虽然耶稣会的敌人詹森派最初取得了胜利[1]，但从1700年到1760年，耶稣会逐渐占了上风。耶稣会在某些方面是灵活的，但在教义问题上绝不让步，激烈地反对"放荡者"。在1730—1760年法国启蒙运动的鼎盛时期，宗教论战贯穿始终，异常激烈。在伏尔泰和狄德罗身上，我们可以看到，自然神论一直是伟大的法国哲学家运动的一部分。

1764年，伏尔泰还在重申他在青年时代学到的自然神论。他的《哲学词典》(*Philosophical Dictionary*)中的"有神论者的信仰自白"（他已经开始喜欢用"有神论者"来代替"自然神论者"，但意思是一样的）可以看作对自然神论信条的总结。上帝是存在的，但遥不可及，而且可能不想直接插手人类事务。不过，至少应该让人民相信他是惩恶扬善的。世上有一种普世的、原生的、悠久的宗教。它既简单又理性，是所有宗教的来源。苏格拉底、穆罕默德、孔子、耶稣，说到底，他们都奉行这同一个普世的自然宗教。它铭刻在每一个人心里，它的律令可以归结为"敬拜上帝，做个义人"。教士和蒙昧主义的玄学家篡改了耶稣的简单启示，使之变得无法理解，然后他们就可以凭借自己的那套玄妙咒语来虐待和迫害人民。一旦推翻了这些虚伪的导师，人们会变得宽容。教士大可不必存在，但还需要有一种公共教会；人们应该在哲学家的指导下，用一种很规

---

1 前面提到，帕斯卡曾经维护詹森主义，但教皇发表声明谴责詹森主义，波特罗亚尔修道院的詹森主义中心被摧毁。不过，詹森主义并没有消失，对这一时期的历史依然有很大影响。它在法国的高等法院及其反对王权的斗争中起了重要作用。——原注

矩的方式敬拜上帝。这种经过改革的自然神论的教会将促进良好的公民品质和兄弟般的博爱。18世纪，许多"哲学家"的立场大体如此。他们与费尔奈庄园的智者（指伏尔泰）一样，认为人类的新时代已露出曙光，那种光亮就是"常识"和简单明晰的真理。

应该再次强调一下，启蒙运动的多数参与者都坚定地信仰上帝，但对正统的基督教冷嘲热讽。在18世纪后半叶出现了一些无神论者，但他们很不典型。比较具有代表性的人物是达朗贝尔。这位法国哲学家、科学家和百科全书编纂者与笛卡儿一样，梦寐以求的是发现一个支配大自然的简单法则，即一个能够归纳和概括一切现象的终极原理。达朗贝尔认为，这个法则将是对上帝存在的终极证明，荣耀地显明上帝的智慧和伟大。无神论会导致绝望，或者说它是绝望的产物；而启蒙运动是乐观主义的。它的上帝与古代神话毫无共同之处，前者是那些神话根本无法望其项背的；作为物理学家和数学家的上帝，在他们心目中更加辉煌壮丽。

这里有必要提及自然神论的一个最明显的矛盾，或许也是它的致命伤：它的极端理性主义导致了对"自然"宗教的确认，但又否定大多数人可以有这种理性能力。斯宾诺莎在伏尔泰之前就持这种看法：大众不是理性的，必然受感情支配，因此需要宗教。"人民需要一个宗教"，但"哲学家"不需要。自然神论者宣称，所有人内心都有理性之光，使他们无须借助启示就能感受到一切必要的宗教真理。但另一方面，几乎所有的自然神论者又补充说，大多数人实际上缺乏这种能力，只有少数觉悟的人才具备。为了调和这一矛盾，他们被迫解释称，这是因为教士们阴谋驱使人们堕落并丧失感受能力，好将民众牢牢掌控在手里（这是典型的自然神论说法）。

不过，他们又常常承认，许多人总是不受理性控制，而是被自身非理性的愿望与恐惧驱使。因此，他们甚至像本杰明·富兰克林那样，主张不要让人民知道他们的信仰并非名副其实的真理，隐瞒这一秘密乃是明智的做法。或许，基督教以形而上学的形式呈现的，正是哲学家们包裹在理性外壳内的那些真理——真正的基督教都必然如此，具有推行美德的良好功效。富兰克林指出，他逐渐认识到，基督教虽然可能并非严格的真理，但确实有用；而直言不讳的自然神论虽然可能是真理，却没有用处。可以说，伏尔泰遵循的就是这一路线。自然神论者沿着他们的思路走进死胡同，最终回到正统的阵营中。

伏尔泰和孟德斯鸠

我们需要回过头来描述法国的伟大思想时代，那是哲学家的时代，是伏尔泰、孟德斯鸠、卢梭的时代。1715 年路易十四的去世使法国人感到一个时代的结束，而且有一种从一个庄严的权威下解放出来的感觉。17 世纪留下的遗产包括沙龙和那些被上流社会接纳、向贵族卖弄辞藻的文人才子。但此时悄悄地出现了一种轻松的气氛，也出现了一种更强烈的批判精神。

新精神的最初迹象之一，是拉布雷德男爵孟德斯鸠所写的一部生动有趣的著作，即《波斯人信札》。这部著作在尼德兰出版。那些在法国难以出版的书在尼德兰很容易印行，当然必须通过走私把书偷运回法国。这部 1721 年出版的著作后来被公认为历史上伟大的文学成就之一。它利用了公众对中东地区新的初步了解。17 世纪末，旅行者的报道和一些文学作品的翻译，重新刺激了欧洲人对中国和伊斯兰国家的兴趣。（自然神论者之所以发现所谓的普世的自然宗教，也与欧洲人最新获得的这些有关儒学和伊斯兰教的零碎知识有关。）这位年轻的加斯科尼贵族似乎是受到37年前问世的《土耳其间谍信札》的启发，后者由意大利的乔万尼·马拉纳所写。启蒙运动所处的时代是一个讽刺的时代。（欧洲舞台上出现了爱尔兰才子、社会批评家乔纳森·斯威夫特。他的《格列佛游记》在孟德斯鸠的这部作品出版5年后问世。）

在孟德斯鸠的这部著作中，两个波斯人游历欧洲，在彼此的通信中评论欧洲的奇特风俗，并与自己国家的风俗进行比较。这本书之所以流行，应该说与它不时地涉猎"后宫"文化之类的诱人话题有关，但它也是一部严肃的社会批判作品。书中有一些相当大胆的批判，影射了在世的或新近故去的欧洲当权者，如路易十四。书中还有一些一般性的政治议论，反映了作者对霍布斯、洛克和社会契约的兴趣。书中还表达了强烈的反教权主义观念——这是孟德斯鸠终其一生的态度，也是启蒙运动的典型情绪。修道士无异于癫狂的苦行僧，教皇类似于魔法师，宗教仪式都是迷信，由此得出的教训是，唯有善的生活才是最重要的，人类的各种宗教之所以有价值，仅仅是因为它们引导人们过善的生活。神学争论是荒唐可笑的，宽容才是唯一明智的准则。《波斯人信札》包含着许多自然神论思想，而且表现出对文明比较和政治制度研究的兴趣。这种兴趣引导孟德斯鸠在20多年后撰写了另一部更伟大的著作。

《波斯人信札》是光芒四射的法国启蒙运动的破晓曙光。在那个充满智慧、严肃、批判和战斗的时代，孟德斯鸠只是不朽的领袖之一。至少还有一位思想领袖在声望、文采和作品数量上超过了他。此人的事业早在路易十四之后的摄政初期就已经开始。他就是伟大的伏尔泰。

伏尔泰年轻时是一个纨绔子弟，也是一个才子。他的聪明谈吐和迷人风度使他成为巴黎社交界的宠儿。他在二十几岁时就成了受欢迎的剧作家。正当春风得意之时，他因爱情和政治缘故而遇到麻烦。1726 年，为了争夺一个女演员，他与罗昂-夏博骑士发生纠纷。伏尔泰（原名阿鲁埃）被迫离开法国前往英国，时年 32 岁。各种记载都说，这次在英国的三年之行改变了伏尔泰的生活；以前他没有严肃的思想目标，现在他找到了这种目标。他不喜欢英国的食品、气候和社交界，觉得它们与法国相比都令人沮丧，但他对英国的自由——特别是关于自然神论的争论所体现的自由——感触颇深。牛顿和洛克的学说尤其令他叹为观止。

其实情况并非那么简单。在去英国之前，伏尔泰是用他的警句妙语和冒险活动自娱、娱人。这次英国行之后，依然故我。他原来就不乏严肃，而且早在 1719 年，他就通过流亡政治家博林布鲁克接触到英国思想。他在耶稣会的学校受过良好的教育，后来很长时间他都推崇那些教师。他早就读过培尔的著作，还曾与法国那些私下嘲笑基督教的"放荡者"推杯换盏、觥筹交错。他第一部为人所知的作品是论邪恶问题的论文（1713）；第一部重要剧作是悲剧《俄狄浦斯王》，提出了挑战性的严肃思想，攻击加尔文派和詹森派的严厉而好报复的上帝。

不过，说英国之旅是伏尔泰一生中的一个里程碑，也有些道理。他回国后开始更严肃地工作。他成了洛克和牛顿学说在法国的传播者。当然，他并非唯一的使徒。他的情敌和科学对手莫佩尔蒂[1]也致力于同样的事业。如果说有一些拥护牛顿学说的女士很快起来批驳法国的笛卡儿主义者，这两位多情的哲学家受到的爱戴可能也起了一些作用。伏尔泰转向一项严肃的工作，即研究数学和从事哲学写作。他与情妇夏特莱侯爵夫人定居西雷城。夏特莱夫人是一个才智出众的女性。他们一起工作。伏尔泰变得很富有；除了其他方面的才能，伏尔泰还有精明的经营意识，就是"金融才能"。（伏尔泰善于投资，总能有收益。他还扶危济困，把大量钱财散给朋友，甚至是素不相识的人。）他在西雷过着奢华的生活，并且运筹帷幄，通过代理人进行广泛的商业活动。但是，他在西雷也坚持日常的读书和写作。

可以说，以伏尔泰转向"哲学"生活和他的《哲学通信》于1733—1734年发表为标志，启蒙运动正式开始。1736年，秘鲁探险和莫佩尔蒂率领完成的拉普兰（北欧拉普兰人居住区）探险证明了牛顿的理论，即地球是椭圆的。而笛卡儿派原来是反对这种说法的。伏尔泰一语双关地讥讽说，这个结果压扁了地球和笛卡儿派。这不意味着牛顿派与笛卡儿派的斗争就此结束。伏尔泰有众多的敌人。他们嘲笑他的《牛顿哲学原理通俗解说》（好不容易才在1738年出版），他沮丧地说："要想在法国做一个好公民，就得相信旋涡理论。"他进一步指出，这种偏见在很大程度上源于法国人的民族傲慢。有人猜测，伏尔泰迷恋夏特莱夫人，不仅是因为倾倒于她的身

1　莫佩尔蒂（Pierre Louis Moreau de Maupertuis, 1698—1759），法国科学家，有多方面的科学成就。

体魅力，也是因为折服于她的数学知识。夏特莱夫人在西雷着手研究牛顿思想，后来发表了比伏尔泰更好的牛顿学说阐释。但夏特莱夫人喜欢莱布尼茨，对此伏尔泰无法赞同。

1736年，伏尔泰开始与普鲁士腓特烈王子通信。腓特烈王子不久成为腓特烈国王，继而被称作腓特烈大帝。他们之间的友谊成为启蒙运动的又一里程碑，标志着哲学家与他们的朋友、未来的哲学王的时代开始了。

虽然牛顿科学和洛克哲学代表着哲学家们心中时刻挂念的事业，但伏尔泰并未忘记发扬社会批判的传统，他的批判比孟德斯鸠的《波斯人信札》更尖锐、更公开。《哲学通信》绝不放过任何一个用英国来衬托法国缺陷的机会。英国不仅产生了牛顿和洛克，而且产生了自由。那里实干而且讲道德的公民恰与法国骄奢淫逸的贵族形成鲜明对照（就伏尔泰本人以前的生活状态而言，这种评论出自他的笔下多少有些奇怪）。伏尔泰畅所欲言，难以自禁，因此这部著作大大冒犯了法国人，他不得不再次跑到一个偏僻的地区隐居。但应该指出，这种惩罚是比较温和的。在18世纪的法国，批评政府和社会的人通常不会受到持久而残酷的迫害，最多担心被流放到外省的乡间庄园。在《哲学通信》遭查禁的时期，伏尔泰实际上在东部边境伯威克公爵的司令部度过了一段快乐时光，尽管那里当时正进行小规模的战争（18世纪的战争很少搅乱生活的闲适）。即便作家被关进巴士底狱，正如伏尔泰早年有过的遭遇，他们也住在豪华的房间，实际上被当作国王的客人来对待——这是一种非常文明的软禁方式。一位法国历史学家评论说："真是独一无二的监狱，把人监禁在那里，却没有审判，被监禁者还可以著书立说，摇撼社会秩序的根基！"伏尔泰指斥法国没有英国人所享受的那种自由，其实，在 18 世纪的大部分时间里，法国政府根本无意迫害文人，最多给他们造成一些不方便而已。不管怎么说，在懒散、优柔寡断的路易十五统治下，旧制度造成了一系列愚蠢和邪恶的现象，因而必然遭到伏尔泰的许多攻击。

到 1750 年，伏尔泰已经步入中年，但他的传奇生涯还远未结束。他后来还撰写了一些伟大的著作（如《老实人》），发动了一些口诛笔伐的战斗（如卡拉斯事件）。他绝不会被驯服，他的笔也不会就范。他已经成为法兰西学院的院士，还是皇家史官，在宫廷有一处住宅，如果他愿意，随时可以入住（当然他不愿意）；他还获得给国王写颂词的资格。他是一个有国际名望的人；他的剧作虽然有时可能比较平庸，但上演时照例座无虚席。教皇（本笃十四世）授予他一枚勋章，他与教皇保持良好的关系（当然，本笃本人也有一些哲学家的气质）。他能获得"密札"来迫使自己的对手闭嘴——这与人们通常想象的恰恰相反。他继续与腓特烈大帝互相问候，而且很快开始与俄国女皇互致敬意。对于围绕着他持续发生的争论、阴谋和风流韵事，法国公众觉得有趣，但也逐渐有些厌倦。在 1749 年他的情妇、牛顿派战友、非凡的夏特莱夫人去世[1]之后，伏尔泰一度在波茨坦寄寓于腓特烈门下，但后来与这位同样反复无常的天才发生争吵，最终与他的侄女（也是他的情妇）定居在费尔奈。这个地方位于瑞士边境，离日内瓦的距离与到法国巴黎的距离差不多。

---

1 夏特莱夫人死于难产，这个孩子是她众多风流韵事之一的产物。孩子的父亲既不是伏尔泰，也不是她丈夫。情人的怀孕似乎并没有使伏尔泰特别烦恼，但他心爱的埃米莉去世确实使他十分悲痛。——原注

他基本上在那里度过了余生。他从未停止写作，依然是启蒙运动的化身。著名的卡拉斯案件非但没有使他的这种角色受损，反而使他成为反对不宽容和宗教偏执的象征。我们后面还要论述伏尔泰。不过，此时有一些更年轻的人已经登上舞台。

1748 年，孟德斯鸠做出了他最后的也是最伟大的贡献。《论法的精神》花费了他十几年的心血，是他的代表作。它被人们视作对政府和政治所做的第一次真正科学的探讨。它自称是基于经验资料对所有民族的法律和习俗所做的一项系统研究。因此，它也可以被视为社会学的开拓之作。孟德斯鸠也对酝酿中的经济学做出了贡献。（社会科学在幼年时期都是混在一起的。）霍布斯、斯宾诺莎，甚至洛克的研究方法都是抽象的、理论性的、泛泛的，而孟德斯鸠的方法是，或者至少看上去是历史的、经验的。他根本不提社会契约，因为那是一个理论概念，是一个模式，在真实历史中难以见到。无论孟德斯鸠能否通过经验主义的测试（按照现代标准，他的学术显得有些幼稚；或许我们会觉得他最好的那部分不是"经验的"，而是思辨的），这部著作很快成为已写成的同类作品中最伟大的。它对所有步其后尘的作家都有影响。意大利的刑法学家贝卡里亚深受它的启发。俄国叶卡捷琳娜大帝试图依据它来制定一部法典。它几乎成为所有开明人士的政治"圣经"。

今天看来，它似乎是一部有些奇特但确实才华横溢的著作。其中一部分是政体分类，令人想起亚里士多德，只不过孟德斯鸠具有更强的历史意识。在三种政体中，共和政体适用于小型城邦国家，但它们的时代已经过去。君主政体适合当今的欧洲；君主权力不受封建阶级遏制的专制政体适用于罗马曾经拥有的那种庞大帝国。每一种政体都有其"原则"或内在精神，如果失去那种原则或内在精神，该政体就会沦丧：对共和政体来说，是美德；对封建君主政体来说，是荣誉；对专制政体来说，是恐惧。这个论点虽然不像其他论点那样具有独创性，但也发人深省。在论述完政体分类之后，这部著作突然转而论述气候和地理环境对政治制度的影响。这是该书非常有名的部分。虽然古代作家希波克拉底和近代作家博丹等人都思考过气候的影响，但孟德斯鸠对此做了特有的彻底探讨。但他的一些结论相当可疑：北方民族比南方民族更勇敢，东方民族在思想上比较懒惰。孟德斯鸠宣称，热带民族在做爱时更热情。说到音乐，他在意大利和英国都听过歌剧，把前者的欢快归因于气候。这些思想当然很幼稚，但它们显示了作者对造成文化多样性的原因的一种积极的好奇心，而且必然会激发人们的争论。孟德斯鸠的观点前后不太一致。他认识到造成不同文明之间性质差异的原因很复杂，因此在物质原因和道德原因之间摇摆不定。这个部分只是关于历史因果关系问题的最初论述，我们今天的历史学家还在被这个问题困扰，依然众说纷纭。但是，孟德斯鸠预示了诸如黑格尔、孔德、马克思以及今天的汤因比等一些思想家的历史体系。

当然，这些还不是全部。《论法的精神》最后一部分追溯了罗马法和封建法律历经中世纪的发展过程，虽然篇幅较小，但也是意义重大的开创性史学研究。上述三个部分是如何构成一个整体的，这个问题引起人们的争论。许多人认为，孟德斯鸠的体系有一种根本性的混乱，有人想通过重新编排和增加注释来纠正这种混乱，但也有人认为该书实际上有某种内在的统一。真实的情况可能是，与许多社会科学的早期开创者一样，孟德斯鸠也是在啃一块硬骨头。

今天我们都知道，建立一门无所不包的社会科学几乎是不可能的。试图用一个宏大法则或几个相对简单的法则来说明所有的社会现象，这种牛顿式的理想犹如一团鬼火，成为几代社会科学家注定徒劳的追求，卡尔·马克思是其中最后一位追求者。孟德斯鸠对一系列不同的问题提出了深刻的见解，同时总体上显示出一种历史理解的倾向。他执迷于这样的问题：为什么文明会有差异？为什么它们会有兴衰，为什么不同政体发展的时期不一样？这些问题都很正当，也都很难回答，任何单一的"法则"都不可能解释所有问题。在那个时代，必要的经验资料也很缺乏。孟德斯鸠所描述的历史有些是凭空想象的。

不过，孟德斯鸠毕竟以真正的启蒙时代的方式探讨了新的科学意义上的法则："法是由事物的性质产生出来的必然关系。"他希望将牛顿的方法应用于人类文明的现象，他以极具启发性的方式揭示了社会现象之间的关系。这种探讨将注意力引向社会研究，把社会当作一个独立的领域进行客观和严格的研究。毋庸赘言，这种探讨会极有成效。同时，我们应该认识到，迄今为止，还没有人能够把历史学和社会学变成 18 世纪哲学家设想的那种严格的科学，而且似乎永远也做不到。但在 18 世纪，这种想法很鼓舞人心，非常贴近那个时代的主题：牛顿和洛克的科学正在征服一切，甚至在人类事务的领域也在荡涤古老的谬误，开创一个更文明的时代。孟德斯鸠于 1755 年去世，但他的精神还在延续。

孟德斯鸠也是一个崇英派，将英国政制视为最令人赞赏的启蒙政治理性的典范。后来，常常有人指出，他对英国政制的阐释是错误的，因为他基本上把它说成是国王、议会和法官之间的权力平衡，而实际上是辉格党寡头政权操纵着国家（而且是借助十分腐败的手段）。这种批评是有道理的，但英国确实是18世纪欧洲最自由、最宽容的国家，法国哲学家是根据自己的价值观念来欣赏英国。自由和宽容是他们最推崇的美德。虽然与英国比起来，法国在这方面的进展有些缓慢，但毕竟是在进步中。到18世纪40年代，出版商已经敢于印刷过去不能公开出现的作品了。

狄德罗和百科全书

启蒙运动进入更大胆的时期。此时为首的宣传家是一个英俊、多才多艺的年轻人德尼·狄德罗。他来自外省，出身贫寒。在他早期的作品和活动中，我们可以看到所有新展现的自由因素的影响。虽然他的《哲学思想录》（1746）被誉为"18世纪最重要的著作之一"，但它基本上是对英国自然神论的复述。其创新之处不在于思想本身，而在于敢于在法国出版。（1720—1750年，有许多自然神论的小册子在法国秘密流传。）当时也有人想查禁他的这本书，但控制这种事情已经没那么容易了；这本书得以公开发行和阅读。1742年，让-雅克·卢梭抵达巴黎并成为狄德罗的朋友。两人都出身低微，而且最初都不像伏尔泰和孟德斯鸠那样受人尊敬。伏尔泰和孟德斯鸠都是很自然地进入法国最高层的社会。狄德罗和卢梭也都更加激进。但是，他们生逢其时。二人都是真正的天才，熟读古典作品，思想富于创造。巴黎那些由妇女主宰的沙龙总是欢迎文学天才，因此很快就热烈地接受了他们。（而且狄德罗极其英俊潇洒，卢梭也很有魅力。）

当时还有一些"哲学家"：孔狄亚克、达朗贝尔、爱尔维修、霍尔巴赫等。在巴黎这座无与伦比的思想文化之都洋溢着激动人心的气氛，人们此时不仅能够充分地探讨洛克和牛顿，还可以讨论尖锐批判洛克的英国主教贝克莱以及伏尔泰、孟德斯鸠等许多人的思想。科学得到迅速发展，并且变成一种时髦。达朗贝尔是著名沙龙女主人唐森夫人的私生子，此时成为一个伟大的数学物理学家；孔狄亚克根据洛克和哈特利的原理创立了机械心理学；著名的法国博物学家布丰已经开始撰写巨著《自然史》。多才多艺的狄德罗是道德学家、心理学家、哲学家、小说家，还是小发明家和科学家。最重要的是，他是百科全书编纂者。这群哲学家中最有才华，也最多才多艺的狄德罗理所当然地承担起这项伟大的编辑事业。这项工作在 18 世纪 50 年代持续进行，最终成为那个时代最著名的思想文化里程碑。

百科全书几乎算不上什么新鲜事物。在此之前至少有两部类似的作品，即培尔的《历史批判辞典》和苏格兰人伊弗雷姆·钱伯斯的《百科全书》（1728）。法国的《百科全书》从这两部书中受益颇多。启蒙哲学家们并没有抄袭耶稣会编的《特雷武词典》（1704）。新的百科全书比以前的这些作品更宏大、更包罗万象。它把培尔对新颖刺激的思想的兴趣与钱伯斯对艺术和科学的重视结合起来。人们普遍认为很需要这样的出版物。几经挫折之后，这项工作最终落到狄德罗的手中——这毫不奇怪，因为狄德罗不仅文思敏捷、知识广博，而且与巴黎文人有广泛的交往。在出版商和当局眼中，狄德罗的一大缺陷是，他像伏尔泰一样喜欢写惹麻烦的作品。这些作品包括粗俗小说《泄密的首饰》和他表达非正统宗教观念的《盲人书简》（1749）。在《盲人书简》中，狄德罗借助一个先天双目失明但后来恢复视力的人的例子，得出一些典型的洛克主义结论：一个盲人会有不同的感觉经验，因而对包括上帝在内的一切事物都会有不同的观念。[1] 我们都会想起鲁珀特·布鲁克[2] 的著名诗句。在诗中，水中的鱼儿把上帝想象成：

> 鱼的形状、鱼的思想，无限庞大，
> 鳞光闪闪，无所不能，仁慈宽厚。

在思考的过程中，狄德罗发表了许多有意让虔诚的信徒惶恐不安的见解，而这些见解基本上来自培尔和英法两国早期的自然神论者。狄德罗的观点比伏尔泰更极端。伏尔泰虽然信奉自然神论，但他认为信仰上帝对于道德和社会秩序很重要。狄德罗则赞成培尔的说法，无神论者也能像宗教信徒那样做一个好公民。是否信仰上帝"根本不重要"。

因此，1749 年，当局借一纸"密札"突袭狄德罗的住宅，将他投入万塞讷监狱。这严重影响了《百科全书》的编纂进度，但也可以说反而给它做了某种免费宣传。狄德罗在狱中受到的待遇良好，可以读书、写作，甚至在晚上可以公开地去见情妇。几个月后，狄德罗保证不再重犯"乱写乱说"之错，因此被释放。他的朋友卢梭

1　一个先天失明但后来复明的人能否通过视觉认识原来通过触觉所了解的对象，这个有意思的问题是由爱尔兰人威廉·莫利纽克斯在 1692 年给洛克的一封信中首先提出来的。这个问题以各种形式成为 18 世纪的一个哲学话题。——原注

2　鲁珀特·布鲁克（Rupert Brooke，1887—1915），英国诗人。

正是在到万塞讷探望他的途中决定撰写一篇关于艺术和科学的论文的，这篇论文使卢梭在学界一举成名。《百科全书》第一卷是由狄德罗和达朗贝尔主编的（主要工作一直是由狄德罗承担），及时得到了国王的批准，于1751年年中出版。尽管主编之间发生争执，与检查官员也不断有摩擦，狄德罗的个人生活也跌宕起伏，但《百科全书》还是每年推出一卷。到1759年，第8卷正在付印，当局突然颁布了一道国王敕令，谴责并查禁全套百科全书。

惊恐的保守派认为《百科全书》宣传"自然神论、唯物主义和无神论"。爱尔维修那部轰动一时的著作《论精神》（1758）使《百科全书》受到牵连，从而助长了这种偏见。爱尔维修是一位富有的金融家和业余哲学家。他写的这本书公开暴露了启蒙思想中的一种倾向，即支持赤裸裸的利己主义或享乐主义道德观。不管怎样，在这股反动潮流袭来后，《百科全书》的编纂工作中断了6年。当时，英法之间也在进行一场激烈的战争。这是18世纪最激烈的战争。哲学家们和百科全书派都被视为不仅缺乏爱国主义，而且在知识品味方面亲英崇英。此时的狄德罗实际上已经是单枪匹马。他凭借极大的毅力和坚定的信念继续进行编纂工作，终于在1766年欣慰地看到大功告成。后来，17卷的《百科全书》又增添了11卷图片以及7卷补充资料和索引。

在法国，凡是有出人头地欲望的人都会像购买布丰的《自然史》或伏尔泰的剧本那样购买《百科全书》；在拉图尔[1]为国王情妇蓬巴杜尔夫人画的著名肖像画上，她书桌上的一排书中醒目地放着

1　拉图尔（La Tour, 1704—1788），法国18世纪著名肖像画家。

一卷《百科全书》。《百科全书》被公认在传播启蒙思想方面具有巨大影响。该书是得到政府许可后付印的，至少在名义上接受了审查。但主要的审查官马尔泽布[1]是一个真正具有宽容精神的人，他本人几乎就是一个启蒙哲学家，因此审查很宽松。我们很难用几个形容词来概括如此浩繁的内容。应该指出，这部百科全书会使现代读者惊讶，因为在人们的印象中，这类书籍应该是文字直白，态度客观，注重事实，不露声色的。但该书文采华丽，充斥着纯粹个人的独白，"你""我"的称呼，以及偶尔的狂放宣泄。（"噢，诗意的甜蜜幻境！你的魅力毫不亚于真理本身，使我沉迷。但愿你陪伴着我，使我快乐，直到我生命的最后一刻。"你在现代的百科全书中能看到这种句子吗？）它的选题有时显得异想天开和随心所欲：狄德罗对什么感兴趣，就把什么写进去。这种习惯也造成了意想不到的麻烦。虽然《百科全书》通常对地点和历史不感兴趣，例如，在"法国"这个标题下只有几行字，但书中给"日内瓦"一个很长的词条，或许受伏尔泰的影响，它讨论了加尔文宗和其他教派。其态度既冒犯了日内瓦人，也冒犯了法国教会。

《百科全书》明显地强调科学、数学、技术等学科。《百科全书》以启蒙运动的典型方式颂扬实用知识，贬低虚张声势的形而上学。它用各种方式贬斥正统宗教，包括讽刺性的旁白，关于可以做双重解释的异教众神的词条，对耶稣会的抨击，对穆罕默德的颂扬等。它在政治上并没有显得很激进，但洛克的原则渗透进许多词条中。《百科全书》用许多方式宣传新思想。这部书很实用，因此成

1　马尔泽布（Malesherbes，1721—1794），皇家出版总监。

为必不可少的工具书。虽然书中的实用知识可以为任何人服务，但这本书中巧妙地夹杂着对哲学家们所钟爱的事业的宣传。

尽管《百科全书》在 1759—1763 年遭遇了危机，但哲学家们已经变成一个强大的群体。尽管总是有敌人，但他们已经变得妇孺皆知，讽刺作家开始拿他们来取笑，因为他们已经成为"现有体制"中一个有权有势的因素。他们在宫廷里有朋友，包括权倾一时的蓬巴杜尔夫人和首相舒瓦瑟尔。伏尔泰也曾与百科全书派合作，但他一直疏远其主体部分，与狄德罗也从未建立起亲密关系；他还曾允许一些词条署上自己的名字。（看来，即便是意识形态的战友也惧怕伏尔泰的辛辣笔锋，对他也无爱戴之情。后来，伏尔泰出版了自己的《哲学词典》。）然而，由于一场内部的争吵，哲学家的统治时代中断了。

晚年伏尔泰

伏尔泰的晚年是他最辉煌的岁月，但一种悲观主义情绪或者一种饱经风霜的乐观主义慢慢袭上心头。按照某些人的说法，这位不知疲倦的作家坚持写作长达 60 多年，却没有显示出任何哲学上的一贯体系。虽然他的每部作品都明晰易懂，富于教益，但放在一起却成了"各种明晰思想的大杂烩"。对于一个写作如同谈话那么容易的人，人们很难因为他偶尔的前后矛盾而责备他。总的看来，随着年龄变老，伏尔泰的思想越来越趋于灰暗。这本来是自然过程，只是情妇去世、与腓特烈大帝的友谊破裂、1756—1763 年战争以及 1755 年里斯本大地震等一系列事件使得伏尔泰愈加悲观。

伏尔泰对里斯本大地震的论述，使得这场灾难载入人类永远的记忆。地震和海啸对葡萄牙美丽首都的袭击在方方面面造成了巨大的灾难（地震和海啸也给欧洲其他地方带来了程度较轻的影响）。毋庸赘言，这并非人类历史上的第一次毁灭性灾难。但在 18 世纪，它具有特殊的重要意义。用研究伏尔泰的著名学者西奥多·贝斯特曼的话说，它"犹如晴天霹雳落到整个西方世界，使得所有思想家的哲学都发生了持久的变化"。贝斯特曼或许有些夸张。但早期启蒙思想家，包括伏尔泰在内，倾向于乐观主义的信条。最极端的莫过于蒲柏的说法："凡是存在的，都是对的。"伏尔泰是一个真诚的自然神论者，他与其他自然神论者、理性基督徒一样，信仰上帝，也相信宇宙是有序、和谐的。他相信人是有理性的，已经在牛顿和洛克的引导下步入正轨，必将继续阔步前进，用理性消除荒诞与邪恶。这些乐观的希望被伏尔泰的个人经验和社会经验打破了。伏尔泰很不幸地遇到了里斯本地震。他开始谈论"这个世界血淋淋的悲剧和荒唐可笑的喜剧"。他否定历史进步，开始论述循环，即"白天与黑夜的永恒交替"。他对人性也不太尊重了。

很难说他已经放弃了希望。在那首关于里斯本地震的诗中，他还是以希望结尾：尽管现在不好，"总有一天，一切会好起来"。伏尔泰的名著《老实人》最后暗示了实现理想的手段：让我们耕耘自己的花园。但讥讽的笑声充满了这位不幸的老实人赣第德的冒险经历，受嘲弄的是那些以为自己生活在一个慈善世界里的人。这个世界充满了苦难和残忍，而且这种邪恶捉摸不定，既无规律也无理由，就像里斯本地震无缘无故地摧毁了这个城市，不分青红皂白地杀死了所有人，却饶恕了其他同样罪孽深重的城市。没有人能掌握自己的命运。在七年战争期间，他写下了《老实人》，还发表了另外一些悲观的看法，他认为这个世界"疯了"，几乎无法忍受。

对伏尔泰来说，这种幻灭反而成为一种动力。莱布尼茨和蒲柏的乐观主义——就像伏尔泰所表述的，在可能存在的最好世界里，一切都向最好发展[1]——早就有了自鸣得意的情绪。如果"凡是存在的，都是对的"，谁还会被激怒去发动反对邪恶的斗争？伏尔泰认为一切都出了问题，因此挺身而出来纠正一些错误。耕耘自己的花园，也就是说，在日常生活中尽我们的力量来反对邪恶。我们抛弃大而无当的乐观主义，脚踏实地地翻土耕耘，坚持不懈地一点点进行改革。

伏尔泰的批判视野从来没有放过基督教教会的不宽容。他年轻时目睹了詹森主义争论。18 世纪 20 年代，在他思想成熟之时，自然神论运动达到顶峰。法国教会的弊病随处可见，改革迫在眉睫。修道院大多都很腐败。高级教士已经成为特权贵族阶层的一个重要组成部分，其行为方式经常是最背离宗教的。除了耶稣会，其他教士对法国知识生活没有任何重要贡献。鉴于这些事实，或许我们能理解为什么伏尔泰会愤怒地要求"消灭"这些"丑行"。我们知道，他是自然神论者，主张用自然宗教取代天启宗教，用哲学取代僧侣权术。不过，他相信宗教的必要性——尽管少数开明人士不需要宗教，但"人民需要一种宗教"。学者们认为，伏尔泰的宗教观非常含混，无法判断他究竟是把基督教完全视为古代迷信的遗存来加以否定，还是仅仅想改革基督教。他与教会的关系显然是剪不断理还

1　显然，伏尔泰误解了莱布尼茨，否则就是故意歪曲莱布尼茨的观点。参见第四章。——原注

乱，爱恨交加。他一直在恶作剧般揭露《圣经》中的矛盾和荒谬之处，旨在败坏天启宗教的声誉。但他在整顿教会、利用教会方面表现出比狄德罗和其他哲学家更大的兴趣。他晚年时参加教会礼拜活动，对费尔奈附近的当地教会团体表现出强烈的兴趣。他赞扬基督教各个教派中神学教条最少的贵格会。

1762 年，伏尔泰与教会方面的长期斗争达到了顶峰：图卢兹的让·卡拉斯案件给他提供了教会不宽容的最好例子。虽然直到 1787 年宽容才被写进法律，但其实 18 世纪的法国很少发生宗教迫害。后来的研究表明，被伏尔泰搞得声名狼藉的卡拉斯案件确实令人悲痛，但不是一个典型事件。它发生在比较特殊的环境，与当时法国正在和英国与普鲁士两个新教国家打仗有些关系。这个案件在 18 世纪的法国是十分罕见的反新教的狂热表现。（时隔不久，在 1780 年的戈登暴动中英国爆发了反天主教的疯狂行为，尽管宽容在英国似乎早已根深蒂固。）卡拉斯案件的基本情况是，一位上了年纪的信奉新教的小店主被指控为了阻止自己的儿子皈依天主教而杀害了他。鉴于看起来铁证如山的弥天大罪，卡拉斯被处以残忍的极刑。由于伏尔泰的激情投入和巨大影响力，这个案件最终得以平反，但为时已晚，未能及时挽救不幸的卡拉斯。

人们普遍认为，宽容是 18 世纪哲学家的主要美德和贡献之一。这种说法有道理，因为他们反对宗教不宽容和教会的狭隘。但应该指出，他们并没有打算宽容一切。狄德罗和伏尔泰的传记作者都指出，哲学家们只希望自己有言论自由，而不给自己的敌人言论自由。就像哲学家的反对者希望压制他们一样，哲学家们也想方设法压制自己的对手。阿瑟·威尔逊（著有《狄德罗传》）认为，检察官马尔泽布反而是最宽容的人，因为他希望在不失礼貌和政治安全的条件下让双方都有发言权；互相争执的双方，无论哪一方有压制别人的权力，都不会让对方说话。虽然主要是笔墨之战，但也残酷无情。哲学家们持有坚定的信念，认为自己的使命就是在这个世界清除谬误、确立理性。理性只能是某一种东西，不是什么都算理性，因此对理性的强烈信仰也就意味着采取一种不宽容的态度，即便把这种不宽容称作文明的不宽容。伏尔泰不打算宽容偏执的教权主义的"丑行"！他也非常典型地不宽容任何被他视为"愚蠢"或"错误"的东西——这类事情很多。说他促成了卢梭的流亡（见本章下文），似乎也是有可能的。

伏尔泰与大多数哲学家一样（卢梭是一大例外）不太赞成民主。在18世纪，民主主义者是极其罕见的。伏尔泰通常把人民说成"群氓"。他曾经表示，群氓永远是群氓。鞋匠和家仆绝不可能成为哲学家！这种态度使得许多现代崇拜者多少感到难堪。彼得·盖伊写过一本论述伏尔泰政治观念的出色著作。他竭尽全力为这位理性主义的英雄辩护，但在大量反民主的言论中只能找到赞成民主的只言片语，而且大多是在晚年说的。伏尔泰在这方面的立场是合乎逻辑的。这个世界需要用哲学理性来挽救，而哲学理性只能出自启蒙运动的少数先进代表。最终所有人无疑都会变得开明，但现在以及在未来很长一段时间里，愚昧的大众是教士的同盟者。如果说民主就是由多数表决来决定事情，那么伏尔泰一伙的道德专制主义是敌视民主的。他们的主要目标是让理性君临天下。为此，他们主要指望着"开明专制君主"。他们宁愿要理性的专制，也不愿要愚昧的民主。伏尔泰的追随者孔多塞指出，一个江湖骗子误导人民要比一个天才拯救人民容易得多。米拉波在赞扬腓特烈大帝时写道："一个贪图喝彩的君主永远不会得到后代的赞赏。"有些重农主义者（后面还要讨论）也宣传开明专制。他们信奉理性不可抗拒论，认为君主不可能不按照理性行事！

　　上面所说的几点仅仅是为了指出启蒙哲学家与现代自由民主思想之间的某些差异。18世纪的哲学家对后来的思想运动做出了某些贡献，但在许多方面也有根本差别。直到1789年革命爆发为止，整个18世纪是一个贵族世纪。与政治家和社会领袖一样，那个时期的知识分子也显示出这种时代特征。我们会注意到，当时支配艺术和生活方式的新古典主义精神是一种贵族精神，因为它注重秩序、等级和高雅。只有等到浪漫主义出现，才会有对古怪个性、社会动荡和异域经历的兼收并蓄。而浪漫主义只是在启蒙运动结束后才全面兴起。在启蒙哲学家中，只有一个人预示了浪漫主义和民主以及其他的未来趋势，而他命中注定要疏离其他启蒙哲学家。

卢梭

　　让-雅克·卢梭似乎天生就是伏尔泰的完美思想对手。两人的鲜明反差和冲突成为法国启蒙运动中的重要戏剧故事。（直到20世纪，一些追随者仍在延续这两位巨人的争执，甚至和他们一样大动肝火！）鲜明的反差也体现在他们的生平方面：伏尔泰少年得志、成竹在胸、阅尽沧桑，卢梭则漂泊不定、历经挫败，年近40岁时才意外成功；伏尔泰是巴黎人，卢梭则来自外省的穷乡僻壤；伏尔泰在高级社交圈中如鱼得水，卢梭则是个乡巴佬；伏尔泰是所有女人的征服者，而卢梭一靠近女人就张口结舌，只能在幻想中做一个热烈的情人。至于思想方面，伏尔泰是个怀疑论者，才思敏捷，玩世不恭，卢梭则是一个内心紧张严肃、感情热烈的信徒；伏尔泰是个悲观主义者，卢梭则是个乐观主义者；伏尔泰赞成贵族统治，卢梭则主张大众民主；伏尔泰是古典主义者，卢梭则是浪漫主义的创始人之一。两个人都是鼓动宣传的罕见天才，能够用生动的文学作品呈现当时的重大思想问题和争论。人们对卢梭有一个著名的评价："他没有发明什么，但他点燃了一切。"这个说法几乎同样适用于伏尔泰。两人的才华和各自在知识谱系中的基本地位极其相似，这就使得他们之间的冲突更加激烈。两人合在一起，几乎可以代表整个18世纪。

16岁时，卢梭告别了在日内瓦不太愉快的生活。他终其一生都是学习者、思想者和梦想者，但缺乏社交能力。他既不是伏尔泰那样的处世能手，也不像狄德罗那样是喜欢交际的天才。他于1742年抵达巴黎时，并没有像当年的伏尔泰那样作为一个神童处处受到社会的欢迎，此时的卢梭是一位30岁的成年人，过去漫无目的、四处漂泊，如今依旧一事无成。后来，卢梭在那本引人入胜的《忏悔录》中，假作不动声色地尽可能暗示读者：他悲惨的少年生活不应归咎于他本人，而应归咎于他的生活环境或是其他人的过错。但是，他生来懒惰和过分敏感也是其中的原因。正是这种敏感使得他可以不停地写作；他对大自然和内心活动的描写，给欧洲散文开辟了一个新的方向。

初到巴黎的卢梭带着一套新发明的记谱法，把自己想象成一个音乐科学家。但是，这套记谱法并没有引起卢梭设想的那种轰动。

西方现代思想史：从中世纪到启蒙运动

不久，这块外表粗糙的"钻石"怯生生地挤进了珠光宝气的沙龙。他被任命为法国驻威尼斯大使的秘书。结果一塌糊涂。卢梭认为他的雇主智力低下，大使则以他过分傲慢为由将他辞退。卢梭一生都在争吵之中。显然，他是个很难相处的人，性格有些病态。这次挫败之后，卢梭又经历了一些艰难不快的岁月。这使他对冷漠无情的巴黎上流社会逐渐充满怨恨。他觉得，自己没有足够的社交能力来对付巴黎上流社会，而巴黎上流社会也拒不承认自己的才华。

有奖征文活动拯救了他，使他有机会把自己对社会的积怨用公众可接受的文学形式表达出来。征文的题目是："艺术与科学的复兴究竟是净化道德还是败坏道德？"卢梭采取的立场通常被人视为出乎意料，但第戎科学院的学者（第戎是一个严肃的外省省会）很可能基于旧式基督教原则，喜欢一个赞同后者的回答。不寻常的倒是，居然有一个像卢梭这样聪明的巴黎作家会持这样的主张。后来，卢梭描述自己读到这个题目的感觉犹如一次宗教顿悟和信仰转换，就像笛卡儿在 1619 年 11 月经历的那样，犹如一道光亮给他指示了以后的整个人生道路。这发生在 1749 年 10 月，当时他去万塞讷监狱探望忧郁憔悴的狄德罗。他激动地说："我看到了另外一个宇宙，我变成了另外一个人。"

卢梭的观点是，文明总是被艺术败坏。这种观点在逻辑上经不起推敲（根据一项仔细的研究，有 68 篇文章批判这篇论文。卢梭后来也承认这篇论文有缺陷），但也很难否认它的实际意图还是有些道理的。卢梭的意思是，巴黎上流社会充斥的是被自诩艺术庇护人的夫人们所控制的所谓文人墨客以及那些阿谀奉承的势利小人；这个灯红酒绿、骄奢淫逸的上流社会本身糜烂不堪，而且在败坏整个社会。它越来越偏离人们关于思想文化之都的想象。在这种描述中确实包含着真知灼见。为了持续地做些严肃的工作,伏尔泰也不得不抽身退出巴黎。高谈阔论与风流韵事、钩心斗角交织在一起,这种氛围可能非常好玩,但这就是哲学吗?对这个荒淫无耻的"所多玛"和伪哲学家们,卢梭表达了一种普遍的不满情绪。

卢梭在获奖的论文中宣称,埃及、希腊和罗马都是因为骄奢淫逸而衰落的。随着生活方式变得精致文雅,真诚也就丧失了。这样的话,我们的知识最终不都变成浮华虚荣了?我们最终造成的不就是怀疑主义吗?卢梭呼应蒙田的"我知道什么",谴责人类理智的傲慢。与此同时,他又有些自相矛盾地赞扬培根、笛卡儿和牛顿,因为他们带来了有用的知识。他实际上并非反对所有"文明",仅仅是反对当代上流社会糜烂而矫揉造作的文明的某些方面。不过,他的基调是强调"回归自然",以此作为克服矫揉造作的法宝。他赞扬斯巴达人和斯基泰人;在他看来,诚实的农民要比谄媚的朝臣好得多;没有过多"书本知识"的人要比学者好得多。对此,伏尔泰以不屑的口吻反击道,卢梭想让人类回到四肢爬行的状态。

巴黎上流社会最初并没有认真看待卢梭的这篇论文,而是把它当作一个娱乐品来消遣。这确实有矛盾之处:一个人既通过写作来竞争奖品,又在文中论证所有这类智力活动都是让人堕落孱弱的。(卢梭所赞扬的斯巴达人大概没有举办过文学竞赛。)卢梭被各种邀请搞得不知所措。他的土气被看作与他的观点相互印证,被人们津津乐道。或许是由于胆怯,或许是出于原则,卢梭拒绝觐见国王,也拒绝了一份皇家津贴(这发生在歌剧《乡村卜师》获得成功后)。当时,巴黎的哲学家们常常在无神论者霍尔巴赫男爵的沙龙聚会。

卢梭不久就开始与这些哲学家争吵起来。

卢梭从第一篇论文的原始主义很快就推进到他后来作品的观点：人在自然状态中是好的，但现存社会使他堕落。由这一基本观点引发出来的耸人听闻的观点有：爱情与婚姻是文明的灾难性发明，是女性的阴谋；私有财产是另一种有害的发明，是巧取豪夺的结果，带来了不平等、贪婪和战争。对于第二点，伏尔泰尤其不能赞同。他直言不讳地指出，卢梭攻击私有财产是再次攻击文明本身。

卢梭接着提出，创造了国家的社会契约出自欺骗和伪造，是富人奴役穷人的一个阴谋。他的意思是，现存国家是不合法的，因此需要在民主的基础上全部推倒重来。卢梭推演出的结论成为现代民主主义、社会主义和无政府主义的出发点。虽然这些结论在他那里只是一些想法，甚至让我们觉得不过是一些辞藻，但在一代人之后的法国革命期间，这些词句却被人们极其热烈地引用。这是因为卢梭的作品已经广泛流传，几乎没有人能够抵挡他的文笔所散发出来的那种特殊魅力。可以说，卢梭的《社会契约论》和《论人类不平等的起源和基础》是自原始基督教时代以来欧洲世界所接收到的最令人震撼的社会启示。

《论人类不平等的起源和基础》写于 1755 年，是为了响应第戎科学院的又一次有奖征文。但是，这一次卢梭没有获奖。有奖征文的题目是："人类不平等的起源是什么？它是自然法所认可的吗？"卢梭受到启发，想继续阐明他在第一篇论文中提出的一些相当模糊的思想。在第二篇论文中，他向我们展示了他所设想的人在自然状态中的状况。卢梭笔下的自然人与霍布斯笔下的自然人大相径庭：他是快乐的、健康的人，没有文明及其压力和束缚所造成的那些不幸，他的需求不多，也很容易满足。他在捍卫自己的合法利益时，对别人的痛苦也怀有恻隐之心，因此他有社会意识。卢梭关于原始纯真状态的描绘简直是一幅伊甸园的画面。那么，为什么人类要告别这种快乐状态？堕落从何而来？实际上，卢梭把这一切归咎于贪婪和自私。至少有一部分人欲壑难填，贪求超出必要范围的财富和权力，为此不惜牺牲自己同胞的利益。私有财产不祥地出现在人间，为了保护财产而产生了国家。从此，总的情况是越来越坏。

应该指出，这里有一个矛盾。卢梭说人天性是好的，但丧失了原初的美德，原因是——他很坏！或者至少是有一些人很坏，其他人显然无力抵抗他们。他在其他地方谈到人的两种本性，一种是高级的，另一种是低级的。但既然有两种人性，那就应该永远都有。人们不禁要问，为什么人类曾经幸福，后来就不再幸福了呢？或许，这种原初的自然状态只是一种文学比喻？卢梭的思想充斥着"两极性"，即莫衷一是的二元论；但毫无疑问，人的心灵本身就是如此。在洞察人的心灵方面，卢梭是无与伦比的专家。

在《社会契约论》（1762）中，卢梭进一步表明，这种伪造的政府契约是由少数富人阴谋家强加给人民的，并借此建立起一种专制统治，却通过某种方式获得了合法性。因此必须建立一种全新的契约，这不是统治者与被统治者之间的契约，而是所有人彼此之间的契约。在撰写这部著名论文之前，卢梭还发表了两部"小说"。三部作品都产生于1761—1762年，这是他创作活动的高潮，也是他事业顶峰的标志。随着教育和情感小说《新爱洛伊丝》与《爱弥儿》的发表，他的文学成就达到顶点。也正是在这个时候，他与"哲学家"团伙正式分道扬镳。他与狄德罗发生争吵；他与那个把他当作自己宠爱的哲学家的上流社会夫人决裂；他离开巴黎，住到乡下；他给伏尔泰写了一封充满敌意的信（"我不喜欢你，先生……"）。他于1761年写道："我坚决地与'哲学家'团伙分道扬镳。当他们宣传亵渎宗教的思想时，我根本不喜欢他们。这就是他们不能原谅我的地方。"卢梭又补充说，他也坚决地反对宗教偏执，绝不会取悦教会。他小说中最著名的段落是"萨伏依牧师的信仰自白"。这是对自然神论的上帝的一首充满激情的赞美诗。它确实两边不讨好，无论对虔诚的教徒，还是对不敬上帝者。它既充满了宗教情感，又完全背离正统。威廉·布莱克的诗句概括了卢梭的命运：

嘲笑，不停地嘲笑，伏尔泰、卢梭。

他与18世纪的无神论和反基督教思想发生了某种联系，但也正是他与它们的对立导致了他与伏尔泰的争吵。诚然，卢梭激烈地抨击基督教教会的欺诈和虚伪，很想用自己的自然宗教取而代之。与那些自称的自然神论者相比，他是更真诚的自然神论者，因为对于他来说，上帝和宗教真的很重要。18世纪的其他自然神论者，要么像狄德罗那样觉得上帝不重要，要么像伏尔泰那样，出于实用主义考虑，认为维持对上帝的信仰是有用的。

伏尔泰认为，卢梭此时已经疯了。实际上，卢梭也在向这个方向发展（除了天生的喜怒无常外，又增添了一种病痛）。由于有钱有势的朋友不多，在发表了《爱弥儿》和著名的《社会契约论》后，他受到迫害，不得不逃离法国。他指责基督徒和哲学家结成邪恶同盟来迫害他，并非没有道理。

《新爱洛伊丝》是一个关于道德问题的充满激情的感伤小说，歌颂了一个美丽妇人的贞淑。她战胜了肉欲的诱惑（尽管曾经陷入其中），坚持忠于自己并不爱的丈夫，甚至使自己的意中人也相信有一种友谊高于肉体结合。这是历史上最成功的小说之一，似乎欧洲所有的妇女和一半的男人都为之落泪。人们常说，浪漫主义伴随着这部小说而诞生。我们毋宁说，卢梭是浪漫主义的先知。但在某种程度上，他是受英国作家塞缪尔·理查森的小说《帕梅拉》和《克拉丽莎》的启发，借鉴了纯洁少女遭受诱惑这一时髦的感伤主题。这是感伤小说的时代。

《爱弥儿》是一部教育论著，宣讲的是卢梭的信念："离开造物主之手时，一切都很好；落入人类的手中，一切都堕落了。"后来伟大的法国批评家泰纳[1]对卢梭的这一核心思想做了如下解释：

> 抛弃文明人矫揉造作的习惯、多余的需求和错误的偏见……回归自己的内心，倾听它隐秘的情感，让自己听从本能和良知的指引；然后，你就会发现那个原始的亚当……他长期被埋在泥土的硬壳下面，在被清除了污垢而发掘出来后，他能够以完美的形式和纯洁的面貌重新回到原来的基座上。

《爱弥儿》被称作"现代教育的基本论述"，因为它显示了一种意识，即需要把儿童当作一个发展中的人格来对待。卢梭批评洛

1　泰纳（Hippolyte Taine，1828—1893），法国思想家，著有《艺术哲学》《当代法国的起源》等。

克的观点，指出儿童不是小大人，不能简单地对其晓之以理。他区分了儿童的成长阶段：例如，5 ~ 12岁是前理性阶段，感觉占主导地位，教育应该诉诸具体的经验；12 ~ 15岁，应该引入需要智力来解决的问题；然后是逐渐灌输道德，最后是探索性的奥秘。这里，我们再次看到卢梭最珍视的思想：儿童的天性是无邪和善良的，尽管他承认存在着一些邪恶倾向，因此他在这个问题上不能一以贯之。他断定，顺其自然而不是与自然对抗的"自然教育"是最好的教育。现行的教育建立在错误的原理上。卢梭的忠告是，"反常规而行之"，你倒可能做对了！他抨击由奶妈代哺的习俗，引发了母亲自己哺育的时尚，甚至贵族妇女也竞相效仿。人们已经熟悉的原始主义主题再次显露出来：把真正的斯巴达健身方式强加给可怜的儿童（例如，冬天开窗睡觉）。卢梭还借机发表了一个讲演，鼓吹简单诚实的劳动优于名不副实的职业：我们都应该当木匠或类似的匠人。

卢梭也将前面提到的著名的萨伏依牧师信条放进《爱弥儿》中。这位牧师主要凭直觉意识到上帝的存在，但也引用了"设计论"的论证（即把宇宙看作上帝设计的杰作）。培尔和伏尔泰认为，邪恶问题是批驳一切宗教宇宙观的最强有力的论据；卢梭也探讨了这一问题，并认为邪恶必然存在，因为它是自由意志的必要条件。如果人们不能自由地选择，如果人们只不过是一些机器，美德就不可能有任何价值了。自由意志使人们能够选择善，从而赋予它价值。如果人们不选择善，他们就会因自己的选择而吃苦头。后面这个命题会让许多人觉得十分可疑。但卢梭的答案是一种古典的回答，而且他用很雄辩的方式将其呈现出来。他的基本观点是，有善必有恶，恶是善的对立面。这样说有道理，但并没有解决这个问题：世界上为什么有或似乎有那些不必要的、多余的和反常的恶呢？也许人们会说，譬如，为了享受食物，就必须有饥饿感。但是，人们为什么要受饥饿之苦呢？不过，卢梭毕竟是始终如一的乐观主义者，曾经回信反驳伏尔泰关于里斯本地震的观点。

萨伏依牧师在探讨了这个棘手的问题之后，对于灵魂不朽的问题发表了一番完全背离正统的说法。其中根本没有基督教的救赎教义。美德本身就是奖励，邪恶本身就是对邪恶者的心灵惩罚。卢梭当然不能接受基督教的原罪教义。人性在本质上是好的。人性确实被败坏了，但我们知道，卢梭提供的是一种完全不同的堕落故事：人类抛弃了简朴平等的生活，追逐财富，建立了私有财产，从而造成了一系列的不幸。这种情况是可以矫正的，因为人类没有丧失自由意志，也没有背负任何先天的罪愆。

萨伏依牧师最后呼唤一种更纯粹、更简单的宗教，这种宗教应该少一些教条，或者根本没有教条，有些类似于虔敬派或寂静派[1]。爱弥儿在 18 岁时，适时地聆听了萨伏依牧师的道德教育。然后，他前往巴黎，但又富有象征意义地离开了这个"嘈杂、泥泞、烟雾弥漫的城市，那里的女人不相信荣誉，男人不相信美德"。爱弥儿回到乡村。接下来的爱恋经历这里就无须详谈了。这本书在法国被查禁，甚至在荷兰也被查禁。这是因为它既冒犯了正统宗教，也冒犯了强大的"哲学家"群体，还因为它包含着政治激进主义的思想。

1　虔敬派是德国路德宗教会中的一派，斯彭内尔、弗兰克等是其主要领袖。该派强调信仰的要旨不在于恪守死板的教条，而在于日常生活中表现出内心的虔诚。寂静派是天主教的一个神修学派，主张人的修德成圣在于绝对寂静，直接与上帝对话。

（这本书包含着《社会契约论》的一些思想萌芽。）在伏尔泰和其他哲学家，即所有的理性主义者看来，这是一派胡言乱语，包藏祸心，想要消除理性的成果，使人类回到原始的野蛮状态。他们嘲讽卢梭，促成对他的驱逐，但他们无法消除卢梭的作品给读者公众造成的印象。卢梭的读者要比《百科全书》和伏尔泰戏剧的受众多得多。

社会契约

卢梭是一个浪漫主义者、原始主义者和个人主义者。他倡导回归田园般的自然，后来又写了动人的《一个孤独漫步者的遐想》。这个卢梭难道不是与《社会契约论》的作者形成了令人迷惑的反差吗？因为从表面上看，《社会契约论》包含着大量的国家主义和社会主义思想。卢梭号召用一种全新的社会组织、一个新的社会契约来取代骗人的旧契约。他鼓吹平等和一种民主政体，但他几乎废黜了个人的所有权利。因为这个新社会把所有权力都寄托在共同体上，把公众的意志变成一种公意。公意是一种集体意志，但不是个人意志的总和。

为了解决或解释这个矛盾，我们就必须回顾卢梭的核心思想：个人在本性上是善的，恶是社会的产物。由这一点可以向两个方向推理。人们可以断言，由于个人是善的，社会是完全没有必要的赘物。卢梭的一些追随者（特别是本书后面要论述到的葛德文）就采取了这种无政府主义的立场。有时卢梭也试探一下这条路，但他主要采纳另一条路线。社会绝非不必要的，而是影响个人的决定性因素；人们的任务就是重新建构它，把它从一种败坏人的力量变成一种振奋人的力量。良好的社会不应建立在自私，即个人主义的基础上，而应建立在无私，即共同体的基础上。它应该是一个理想的社会，是精心组织起来的乌托邦。总之，卢梭在《社会契约论》中顺理成章地描述了一种民主的和社会主义的乌托邦。

国家是怎么产生的？它既不像菲尔默说的是由家庭演化而来，也不像亚里士多德说的是自然形成的有机体。卢梭批驳霍布斯的说法，认为人类绝不会自愿地把自己交给利维坦式国家，让它来奴役自己。国家确实应该起源于契约，但迄今还没有一个真正的契约；一些强大而较少顾忌的人完全靠着欺骗和暴力来推行他们的意志。群众原来一直是轻信的，但他们就要觉醒了。为了确保他们的自由，人们将要在平等的基础上制定一个契约。他们将不会再把一个国王推上宝座，而会将自己确立为自己的统治者。他们的主权者就是公意。这是全体的意志。它是全体人民的政治意志。但在卢梭的许多批评者看来，他刚把人民解放了，旋即又使人民重新受到奴役——使人民屈从于这种抽象的公意。因为公意不是个人意志的总和，而是一种理念，表示人民应该有的意志，而且必须是正确的意志。此外，个人要把自己的全部权利交给国家；与洛克所主张的社会契约（受到大多数法国启蒙哲学家的欢迎）不同，这里没有给个人保留任何“自然权利”。卢梭认为，离开了社会，不可能有任何“权利”；人在自然状态中没有“权利”，只有强权。

卢梭当然无意于支持一种极权主义国家；实际上，他也不可能知道自己的理论会意味着什么。他甚至没有预料到，就在自己去世（1778）后不久爆发了法国革命，在革命期间狂热的独裁者们会那样利用他的公意理论。尽管如此，卢梭的政治学说显然是国家主义的，他的直接后继者可以说是黑格尔。他甚至鼓吹一种公民宗教，即一种官方的自然神论；所有的公民都必须接受它，拒斥者甚至有可能被处以死刑！现在，卢梭的批判者常常把他说成是一个法西斯先驱；他们的主要依据就是这种强制推行的国家宗教。但应该指出，至少按照一些卢梭思想研究专家的说法，卢梭是在描述一个尽善尽美的国家，在这样的国家里，个人利益彻底融入公意，社会团结达到最完满的程度。我们无法搞清楚卢梭是否会支持迫害政策。他确实认为，在一个完美的社会里，个人的最高忠诚应该奉献给那个社会，而不应该奉献给其他某种权威。这与柏拉图的结论完全相同，人们有理由因此而批评卢梭的思想是非自由主义的。但是，说卢梭的政治体系带有宗教裁判所的性质，则不免过于夸张。卢梭确实深受柏拉图的《理想国》的影响，从他的《社会契约论》可以看出，他同样不能容忍任何人挑战法律，同样把国家视为有机体。这就造成了某种令人困惑的情况：卢梭与卢梭在打架，即浪漫主义和个人主义的卢梭与极权主义和国家主义的卢梭在打架。

在法国革命中，同样可以看到民主主义的狂热和几近极权主义的独裁的那种结合。"雅各宾民主"就是卢梭思想的一个产物。有人将现代社会主义追溯到卢梭。对现代法西斯主义，也有这种看法。很显然，现代世界的许多东西出自这个日内瓦人的思想。不过，现在流行的一些卢梭专论错误地严重夸大他的极权主义侧面。由于个人与国家的关系本身就具有扑朔迷离的性质，也由于卢梭本人的论述自相矛盾，因此这种争论恐怕永远不会完结。但值得注意的是，一些新的研究结果认为，卢梭基本上是站在个人一边，他并不想要任何利维坦式国家，实际上他很像约翰·斯图尔特·穆勒（见阿尔弗雷德·科班的《卢梭与现代国家》，1964 年修订版）。正如科班所说："他的思想始终保留着一个坚实的、不可化解的个人主义核心；即使逐渐高涨的共同体价值观潮流也不能将其冲刷瓦解。"如果没有注意到卢梭对国家和共同体的区分，就会产生某种误解。"公意"是共同体的意志，它不可能完全或者根本不能由现存国家体现。卢梭认为，实际上，就像民主一样，它也是一个在现实世界很难实现的理想。他没有像黑格尔那样神化国家，只是神化了"人民"。

"原始主义"、已逝"黄金时代"的神话或者"高贵的野蛮人"的神话，有着源远流长的历史，实际上属于一种人类的意象或神话原型。[1] 因此，卢梭可以归入一个悠久的传统，或者说，他重申了一个人类熟知的古老而简单的思想。但他改写了这个神话，赋予它一种新的意义，使之适应现代人的需要。关于黄金时代的神话大多只是设想了"最初"有一个理想的、幸福的、天堂般的时代。按照一些说法，那时人类长生不老，能够与上帝交谈，没有任何罪愆，也不需要工作。基督教对这个神话的演绎别具一格：它反而把亚当和夏娃的堕落看作一种幸运，因为人类不可能停留在这种原始阶段，必须在历史中前进，从而达到比原始阶段更好的最后阶段。卢梭将这种思想表达得更为明确，同时将其世俗化了。人性或许曾经是纯洁的，人或许曾经是自由的；但人类有一个被贪婪腐蚀的伤口，由此导致了堕落，坠入私有财产、物质主义，无信仰、无道德。如果

1　参见洛夫乔伊和博厄斯的《原始主义及相关古代观的文献史》（1935）以及 M. 伊利亚德的《神话、梦幻和神秘》（1960）第 2 章。洛夫乔伊教授曾经正确地指出，严格地说，卢梭不是一个"原始主义者"，因为他并不认为人类可能或者应该停留在野兽般的早期生存状态。把这个术语应用于卢梭，只是在这样的意义上，即他对早期人类生活做了许多论述，而且他在将现代人与古代人比较时，常常否定前者。——原注

人类能够为自己的罪恶真心悔改，决心建设一个新社会，完全从那个腐败的旧社会挣脱出来，人类就能获得拯救。这个新社会不是简单地恢复那个无忧无虑的原始状态，而是在一个更高的层次上重建完全的和谐、自由与平等。这就是卢梭设想的并广受欢迎的说法。这种说法究竟是深刻还是幼稚？这是一个现代人赖以为生的神话，还是一个古老的幻想？

卢梭没有像伏尔泰和理性主义哲学家那样把目光投向开明专制君主。对他来说，理想的政体就是纯粹民主制，即便这是不切实际的（他也这么想），那也应该尽可能最大限度地实现人民对政府的直接参与。因此，政府管理的单位应该小一些。一个大国应该实行由这样一些小单位组成的联邦制；由此，在提倡联邦主义，即较弱的中央政府方面，卢梭产生了强大的影响。当我们听到有人将卢梭称作"潜在的极权主义者"时，千万不要忘了这一点[1]。他所宣扬的紧密结合的共同体更像是城邦国家，它们应该拥有的民主统一是那种在紧密结合的小型共同体中常常能够实现的东西。卢梭几乎不可能赞同将这种共同体扩大成一个大型国家。他确信，谁也不能把公意中自己的那一份委托给别人，即使是通过选举的方式也行不通：卢梭不接受代表原则。今天我们会自以为实现了民主，因为我们每隔几年就会选举某个人代表我们进入立法机构或行政机构。如果卢梭活到今天，听到我们自吹，肯定会嘲笑我们。

因此，更确切地说，卢梭应该被视为一种小型共同体的提倡者。这类共同体应该是极其民主的和社会主义的，并且松散地组合

1　指卢梭的联邦主义倾向。

成一个联邦。还应该记住,《社会契约论》仅仅是没有完成的宏大的政府论研究计划的一部分。他的政治理论的另外一些内容可以在其他著作中看到,例如他为科西嘉岛制定的很有意思的宪法。

人们早已指出,卢梭实际上不是什么革命者,那些在法国大革命中利用卢梭的人发明了一个神话的卢梭。[1] 卢梭不仅对群众和暴力有一种过敏似的不信任,也对中央集权的国家怀有一种敌意,而中央集权的国家恰恰是革命中的激进派所追求的东西,也是大革命最持久的后果之一。但是,我们不应该忽视卢梭思想中暗含的革命内容。如果说有不止一个卢梭,马布利和摩莱里[2] 就制造了一个现实的卢梭。卢梭成为大破大立的提倡者,即提倡对一个没有希望的腐败文明进行彻底改革;他还是一个民主理论家。尽管法国大革命的方向并没有完全遵循卢梭的理想社会观念,但我们确实可以把他看作促成法国大革命的全部因素中最深刻的因素。

最后,我们需要对这个复杂的"卢梭问题"做一个简短的总结。或许,最好的方式是从"两极性"或矛盾性的角度来看待卢梭。人生而自由,但又自己奴役自己;人就天性而言是善的,但就天性而言又易于腐败;人痛恨权威,但又需要权威;人必须有宗教,但又不愿服从任何神;历史是一部恐怖的记录,但会以乌托邦结束。卢梭运用语言的魔法将这些深刻的见解深深刻在欧洲人的思想里。卢

---

1 参见戈登·H.麦克尼尔的论文《反革命的卢梭》(《美国历史评论》,1953 年 7 月)和《卢梭崇拜和法国革命》(《观念史杂志》,1945 年 4 月)。卢梭还曾应邀为当时的波兰拟定一部宪法。卢梭在这部宪法中表现得相当保守,力求以传统为基础,而不是大破大立。——原注

2 马布利(Gabriel Bonnot de Mably,1709—1785)是孔狄亚克的长兄和达朗贝尔的堂兄,也是著名思想家。摩莱里(Morelly,1717—1778),著有《自然法典》。马布利和摩莱里被视为 18 世纪的空想社会主义者。

梭对许多人来说意味着许多意义。他是平等和民主的鼓吹者，是简朴和社会主义的宣传者；他既鼓舞人们回归自然，又激发了一种乐观的未来主义。研究卢梭思想的学者们对其思想含义争论不休，但都认为他被误解了，而且认为他也不易理解。但平民百姓却自认为可以完全理解卢梭，并且受到启发去改变世界。

直到 1778 年去世，伏尔泰一直具有强大的影响力。最后几年，他已经被奉为德高望重的圣人。1778 年，他最后一次前往巴黎，那成了一次盛大的凯旋。1763 年后，卢梭心情很坏，几乎陷入疯癫，但他还是创作了一些不朽的作品（包括无与伦比的《忏悔录》）。他与伏尔泰同年去世。此时，浪漫主义的风格与情绪喷薄欲出，而卢梭是浪漫主义的一个先知；法国大革命的政治民主和社会民主浪潮即将席卷而来，卢梭的名字将会挂在许多人的嘴边。伏尔泰的名字也将被反复传颂。从政治意义看，这两个人都具有毫不逊色的革命性，但法国大革命造就了一种不亚于卢梭崇拜的伏尔泰崇拜，将伏尔泰奉为"对偏见、迷信、狂热、封建特权以及所有专制暴政进行正面攻击的第一位哲学家"。总之，这两位伟大的 18 世纪哲学家共同促成了革命。但在革命期间，他们最终还是攻击对方。

第6章

启蒙运动：怀疑主义者和"科学家"

> 在某些时期，虚假的怀疑主义到处泛滥……而真正的怀疑
> 主义总是不够。
>
> ——雅各布·布克哈特

> 我不喜欢你所说的 18 世纪的人。他们处理事物都太简单
> 化了。
>
> ——亨利·柏格森

英国的怀疑主义

如果说卢梭的背叛在某些方面促成了理性时代牧歌的结束，那么在打破自信的理性主义方面，出自英国的反戈一击则起了更大的作用。英国是牛顿和洛克的故乡，这两人曾经决定性地影响了 18 世纪的思想。几十年后，同样的风向带给欧洲大陆一个令人不安的消息：英国经验主义谱系中的洛克哲学后继者们得出了一些令人不安的结论。他们接受洛克的基本假定并加以推演，但不是导向肯定，

而是导向怀疑主义；不是导向实在论，而是导向"非唯物论"。这一点，在前面讨论洛克时已经有所提示。

乔治·贝克莱主教既是杰出的科学家，也是卓越的哲学家。他对牛顿和洛克提出了尖锐的批评。与17世纪的帕斯卡相似，贝克莱认为牛顿和洛克的观念太浅薄，而且过于唯物主义。他的《论运动》（1721）在今天看来很不同凡响，因为它认识到牛顿绝对时空假定的错误；与莱布尼茨一样，贝克莱这个聪敏的爱尔兰牧师在某种程度上是马赫和爱因斯坦的先驱。此外，贝克莱还看到，任何科学理论都不能自称是在原原本本地描述事物的性质；我们能说的仅仅是，这是一组起作用的符号，借助于这些符号我们对某个范围的现象有所预见。这是现代物理学家最终被迫接受的观点，而这一点使贝克莱成为一个真正的先知。当时没有什么人重视这个观点。

这位克罗因教区主教[1]所做的视觉研究在很长时间内是实验心理学的经典。他具有充沛的精力和广泛的兴趣：关注自己家乡爱尔兰的社会改革（《询问者》），试图在北美的罗得岛建一所学院，与自然神论者进行交锋（《阿尔西弗朗》），也与辉格党人唇枪舌剑。身为保守派，他希望能用自己的唯心主义驳倒大不敬的唯物主义者。他对焦油水治疗疾病的功效怀有一种奇特的热情；这成为他的一个怪癖。但是，贝克莱具有敏锐的才思。他的唯心主义被认为是他的最大怪癖，因为这个发疯的主教似乎以为自己已经抹杀了物质的存在。但这实际上包含着他对哲学的非凡贡献。虽然贝克莱也了解欧

---

1 贝克莱在都柏林大学三一学院学习哲学，之后成为该学院研究员，后来被任命为德里学院院长和圣公会（爱尔兰）教会克罗因教区主教。与18世纪的许多圣公会人士一样，贝克莱只是学者，教会职务几乎是挂名。——原注

洲大陆哲学家马勒伯朗士、莱布尼茨等人的思想，但他一直对洛克保持着最大的敬意，同时又对其认识论进行系统批判。他称自己的"非唯物主义"是严格的经验主义，符合逻辑，甚至符合常识。贝克莱认为，如果我们在感知事物时仔细地考察原委，小心地使用术语，就必然会得出结论：洛克没有完成对这一过程的分析。洛克指出，我们有关于外部对象的"观念"，只是在对象作为观念（今天的说法是"感觉数据"）出现在我们头脑中时我们才认识它们。例如，我们对眼前书桌的认识就是由我们的各种感觉器官带来的一系列感觉印象——大小、形状、颜色、质地等。我们不是直接认识事物，而是通过感觉来认识事物。本来一切都很正常；贝克莱认为，洛克的错误在于把某些性质说成是"基本的"（第一性的），是对象本身固有的，是作为实体或本体实际地"在那里"。洛克确实主张，大小、运动和数量这些基本性质不像次要性质（如颜色、气味、味道等）那样依赖于我们的感觉。但贝克莱认为，其实根本没有什么第一性的性质或本质，所有性质都是主观的，都依赖于我们的感觉。这就是他在一系列对话（1713）中所做的精彩论证。这些对话是柏拉图之后几乎无与伦比的佳作。洛克在他的实在本质论中保留了中世纪思想的残余。我们仔细分析之后发现，"事物"可以被打发掉了，它不过是感觉数据的集合！

除非它被感知到，否则它就不存在。存在就是被感知。对于一个无生命的对象，当我们说它"存在"时，只不过是在说有人感知到它或者有人能感知到它，否则毫无意义。贝克莱挑战读者，看谁还能找出"存在"这个词的其他意义。因此，在这个意义上，实在就变成精神上的存在。存在着的只是"精神"（心灵）和"观念"

（输入心灵的感觉数据）。贝克莱不断重申，这种推理思路是基于经验、遵循逻辑的；他绝不认可任何神秘事物。他的"唯心主义"与起源于19世纪德国哲学家的那种唯心主义不同，后者确认了一种神秘的、不可言喻的精神实体，而贝克莱则拒绝任何本体。现代哲学家会说，贝克莱在否定事物有什么本质特征时是正确的，尽管他在利用这种"现象主义"论证精神的世界和上帝的世界时可能走得太远。贝克莱断言，他让世界恢复了原貌："一切都像以前那样真实。我希望，称一个事物为'观念'时并没有使它变得不太真实。"他补充说，如果你对吃"观念"、穿"观念"这种说法感到惊讶，那么观念这个词本身并不重要；只要你同意下面的观点就行："我们吃的、喝的和穿的都是感觉的直接对象，这些对象不可能在没有被感知的情况下存在。"

当然，这位主教接着论证上帝的存在，其论据是：出现在我们心智中的观念应该是由"无所不在的永恒心智"引起的。我们不可能有一个上帝的"观念"，即不可能将他作为一个感官知觉来直接认识，但我们从可被感知的对象的存在来推测上帝的存在，因为这些对象肯定是由某种东西引起的，肯定有一个至高无上的感知者。我们所知道的世界实际上是上帝的思想——这是一种诱人的描述，但无疑偏离了贝克莱的经验科学。不过，他毕竟是以经验为依据并且进行彻底的推理。尽管人们斥责他陷入明显的矛盾，但他用彻底的推理给了常识性的洛克理性主义沉重的一击。狄德罗不安地写道，唯心主义最荒诞，也最难驳倒。贝克莱在一定程度上颠覆了启蒙时代的唯物主义。

在贝克莱的分析中最具生命力，也被哲学界长期公认最无争议的，是他对认为事物具有固有特性或实体特性这一观点的抨击。即使这类性质存在，我们也无法认识，因为它们只能通过我们的感觉呈现出来，我们能说的就是，我们从外界获得了信号，然后将它们转化成关于这个事物的观念或意象。贝克莱指出，当我们说"这个桌子是褐色的"，细究起来，这么说不对。褐色是一种颜色，而颜色只有具有感觉器官的人才能认识。因此，这个颜色不是存在于桌子中，而是存在于我们心中。"无感觉的事物不可能产生任何感觉。"物体的形状、大小或重量并非真的有什么差异，它们都是我们感觉的结果。

大卫·休谟

如果说贝克莱接替了洛克，那么大卫·休谟就接替了贝克莱。休谟是他那一代人中最敏锐的哲学家。这位爱尔兰人出身低微，很早就怀有"探讨哲学和各种学问"的热情，二十五六岁时在巴黎艰苦奋斗，写成《人性论》，于1738—1740年分三卷出版。用他自己的话说，它"从印刷机上一出生，就成了死胎"，当时并没有什么反响。1752年，该书修改后再版，书名是《人类理解研究》。从书名可以看到洛克的影响。这本书的情况好多了。他的其他论著也有助于他获得极大的声誉。这些论著包括著名的《英国史》，以及有关道德、宗教和政治问题的论文。他在宗教问题上有怀疑论，甚至是无神论的名声，这使他无法得到他所渴望的爱丁堡大学的教职。但1763年访问巴黎时，他受到了"哲学家"们的推崇，而且他在欧洲各地被公认为是当时最伟大的哲学家。从此，他的声誉历久弥新；时至今日，他依然被视为杰出的英国哲学家。

休谟思想大胆，不拘成见，学识渊博，推理严谨。他确实是启蒙运动的一个代表人物，甚至几乎可以说是最典型的。但他所得出的结论，即彻底的怀疑论主张，使启蒙运动乐观的理性主义陷入最严重的困境。它使这种理性主义开始衰落并在康德哲学时终结。康德本人也受到休谟的启发。

休谟的思路是一种坚定的经验主义，是洛克和贝克莱的延续；他证明，这种思路会导致怀疑主义。《人性论》试图将科学方法应用于对人的研究。与洛克一样，为了确定人类认识的性质和范围，休谟从考察心灵入手。他极大地改进了洛克对认识过程的考察。洛克所谓的"观念"被休谟分解成两部分：感觉印象和作为这种感官知觉的结果在心灵中形成的意象。休谟的分析比洛克和贝克莱的要精细得多。无须深入了解，我们就可以注意到，休谟是循着下列方式得出其著名的怀疑论的：

第一，休谟接受贝克莱对"物质对象包含实体或本体"说的批判，但不认同这位主教对"精神"或心灵的信念。他指出，对精神或心灵也可以做出同样的分析。根本没有什么被称作"心灵"的实体，有的只是一系列心理过程。我们怎么能用经验来证明"我存在"？我们认识到的其实只是：感知活动正在进行。

第二，更重要的是，休谟对因果关系的性质做了详细的考察。他发现，我们关于实在的、经验的事物所做的一切推理都是这类寻找因果关系的推理。换言之，如果我们对外部客体世界做任何有目的的思考，而不是仅仅记录它们的存在，就必须引进因果关系——例如，我确定，棒球在空中运动是因为我用球棒击打了它；再如，我确定，冰融化是因为天气变暖了。但休谟在分析结束时得出的结论是，没有任何可靠的证据来证明这种推论的正当性。一个物体紧邻另一个物体（球紧邻棒），在时间上有一种先后次序（球被棒击后在空中运动），这两点都能被经验认定。但是，我们并没有体验到原因和结果；我们完全是在假设这种因果关系。这种假设是基于对同样事情反复发生的经验，但并不能证明将来永远会发生。人们可以说，"自然过程永远持续不变"，但这是无法证明的，因此只能说具有这种可能性，即使是极大的可能性。这实际上是一个信念问题。在感觉经验中，没有任何东西能够迫使我们相信一个事件引发另一个事件。我们被迫得出结论（至少休谟是这样的）：是"习惯"而非"理性"支持着我们的科学定律。我们已经习惯于假设，过去发生的事情将来还会发生，但这是"理性无论在何时何地都永远无法"证明的事情。后来的哲学家发现很难驳倒休谟的这个观点。这正是它的价值所在。

第三，休谟对人类心灵活动方式的探幽洞微，使他得出了另外一些怀疑主义的结论。他认为，"理性"其实在生活中没有多大作用。休谟非常关注道德哲学。他发现，在我们的行动中，"理性……除了服务和服从感情外，绝不能冒称起其他作用"。"道德不能判断，只能感觉。"在价值观念方面，理性不能告诉我们任何东西。道德判断是基于情感上的认同与否，与我们的痛苦和快乐相关联，根本不可能由推理得出。包括洛克在内的一些人主张："道德是可以论证的。"这种主张大错特错。当然，有些道德情感是人所共有的，例如，人们普遍反感凶杀、残忍和欺骗。这些情感值得重视，但它们不是理性的，也就是说，我们不能通过逻辑来理解它们。它们完全是情感、情绪，不能用逻辑来对待。人们当然对它们进行了推理，但几乎一无所获。

休谟对"理性"所做的精细界定，特别鲜明地出现在他对道德决定的分析中。"理性"不仅仅是一种沉着而明智的状态。人们在压制某些狂野的非道德冲动时，通常会说是在用"理性"来战胜"情绪"。休谟却说，他们其实是在用一种更冷静的情绪来战胜另一种更激烈的情绪。"理性"有两种用法。一种是在数学和逻辑中进行的抽象推理，对各种观念进行比较并对它们彼此的关系加以辨析（例如，4大于3，2+2=4）；另一种是经验性和实验性的推理，例如，在外部世界寻找和验证事实。经过考察，这两种理性似乎都不能决定道德选择，但可能起到辅助作用，承担类似奥古斯丁为理性所设计的那种"婢女"角色。例如，如果我们需要决定是否去教堂，就可以运用我们的观察力计算周围教堂的数量，并估量抵达它们的距离；我们可以考虑邻居们的习惯，检查《圣经》中的印刷错误，阅读教会史书籍，还可以做其他许多涉及理性的事情。但休谟坚持认为，当我们做决定时，肯定超越了理性而转到感情或情绪层面，也就是我们想不想去教堂。事情就是这样。理性绝不可能告诉我们这是对还是错，因为这不在它的管辖范围。休谟在一段著名文字中指出，道德家是如何经常在不知不觉中把"实然"（是）变成了"应然"（应该）；严格地说，这是行不通的。而这一点恰恰是伦理学的全部问题所在。有人说休谟把理性驱逐出伦理领域，这种说法固然不对，但休谟的确说过："理性是而且应该是情感的奴隶，除了服务和服从感情外，绝不能冒称起其他作用。"现代哲学家也得出了极其相似的结论：价值的认定超出了推理范围，是纯"感情的"。

第四，几乎毋庸赘言，休谟认为上帝的存在也不是用理性能够证明的。他并没有自称是无神论者，而且明确地表示在这个基于上帝智慧的宇宙中很可能存在某种一般秩序原则。但这只是一种猜测，远远没有得到确切的证明。这个猜测与因果关系的情况一样。我们不是基于经验或理性，而是基于信念接受它。我们可以信以为真，但这纯粹是一种信念的选择——"纯粹信念"。休谟确信，自然神论者和理性基督徒都错了，因为他们大谈用理性来支持各种宗教。

第五，休谟在政治论著中同样得出怀疑主义的结论。他最初似乎还满怀信心，希望发现一种政治"科学"。但他很快就断定，政治现象不可能得出数学那样的定理法则，"在政治学中，确定任何一般原理都必须极其谨慎"。他支持孟德斯鸠将社会契约说成一种虚构。他还补充说，这甚至是一种不必要的虚构。与其杜撰这种难以自圆其说的神话来为政府正名，不如干脆说，政府是建立在有用的基础上，"完全是基于舆论"。在卢梭流亡和受迫害的艰难日子，他认识了卢梭并与其结为好友。他比较赞同洛克，尤其支持卢梭的观点：人类没有政府也能生存。他认为美洲印第安人就是一个例证。但随着财富的增加和社会的日益复杂，政府因为有用而逐渐兴起；历史上并没有明确的契约，契约观念也许是一个象征，或者是对历史的简写。武力和暴力是人类政治史上迄今为止最明显的现象（这种看法也与卢梭一致）。休谟嘲笑洛克所说的"缄默的同意"。大多数人被迫生活在他们出生的国家里。他们服从政府，是因为政府有用。今天的社会没有政府就不可能存在，因此就有了一种服从的义务。但如果政府不再有用，例如，它变成"令人无法忍受的压迫"机构，它要求我们服从的权利也就失效了。

因此，政府的好坏与它对社会的用处成正比。佩利[1]和边沁不久也追随休谟，将这种有用性界定为快乐的总和；休谟是功利主义学派（后面要详细论述）的思想来源之一。诚然，这种解释并没有让我们完全满意，因为我们还必须界定什么是"有用的"。但这至少免除了用政治形而上学来确立政府合法性的种种努力，如世袭权利、君权神授或社会契约。休谟的怀疑主义在这里既表现为对这一大批神圣原则的否定，也表现为反对将抽象理性当作这种事情的指南。政治社会实际上是基于本能和习惯。习俗是比理性更好的指南。从休谟的思想出发，只需迈出一小步就能抵达埃德蒙·伯克的结论：政治中的理性主义是极其危险的思想。

休谟对历史的兴趣没有什么超常之处：他懂得政治信念和忠诚乃是长期社会演进的结果。它们不是出于人们的意愿，而是自然发展起来的；人们不能随心所欲地改变它们，因为"凝结的习俗"[2]是理性无法操纵的。只有时间能带来进步和启蒙（亦有可能相反）。在17世纪，历史学的地位很低。到18世纪，历史学开始引起人们越来越多的认真对待；休谟和伏尔泰就是最好的例子。历史学不再只是一种闲暇话题或治国宝鉴，而是智慧和真理的储存器，生活的指南。

应该指出，休谟并没有从怀疑主义得出阴暗消沉的结论。相反，他竭力强调，我们健全的人类本能终归能够制服这些理性的诡辩，而且也确实做到了。我们有道德观念，我们信仰上帝，也相信

1　佩利（William Paley，1743—1805），英国圣公会牧师、功利主义哲学家。
2　"凝结的习俗"（cake of custom）是英国政论家沃尔特·白芝浩（W. Bagehot，1826—1877）创造的一个比喻，意思是，社会习俗日积月累，会凝聚成坚固的结块。

科学法则——这不是出于理性，而是出于本能，或者说出于生存意愿。这是非常自然的，值得尊重。理性在日常生活中是而且应该是感情的奴隶。休谟说，如果我们停留在理性上，就会被疑惑所困；如果所有人都是哲学家，生活就会停顿，幸好实际情况不是这样。（启蒙运动的另一位伟大的怀疑主义者皮埃尔·培尔也得出同样的结论。）"十分幸运的是，因为理性不能驱散所有这些乌云，大自然本身足以达到那个目的。"休谟说，我吃饭，与朋友交谈，打牌，相比之下，我的哲学思考就显得"冰冷、造作和可笑"。我发现，它们不过是游戏而已。这种游戏值得一玩，但总归只是游戏。按照一些人的看法，英国经验主义和实证主义哲学的某些方面或许贻害无穷，其中一个方面就是始于休谟：让哲学脱离现实生活，成为一种文字游戏。

但至少休谟把自己的怀疑主义贯彻到底了，因为怀疑主义者必须对自己的怀疑主义持怀疑态度。"真正的怀疑主义者对自己的哲学信念和哲学疑问都会有所保留。"不信任理性也就意味着回归本能和习惯，回归休谟经常说的"习俗"。这些即使在哲学中不受青睐，在生活中还是可靠的指南。应该指出，在这个意义上，休谟不是"怀疑主义者"。我们可以和应该信任自己的本能。

为了反驳休谟，托马斯·里德、托马斯·布朗和杜格尔德·斯图尔特等苏格兰"常识"哲学家抛弃了经验主义，退而承认某些"先天观念"或直觉原则的存在，力图用这种拼凑的方式来挽救"常识"结构。在他们身上，既可以看到启蒙哲学的某种混乱，也可以看到一种强大的冲动，要维护其明晰性和确定性，以及不愿因过分推理而陷入迷惑不解的困境。启蒙运动的核心悖论恰恰在于，它所说的"理性"其实是一种追求澄明的宗教信仰，而理性本身扼杀了这种理性。扼杀启蒙运动"清晰的理性之光"的元凶却是最彻底的理性主义者：贝克莱和休谟。

当然，有了休谟之后，原来指望全新的方法会产生确定性的那种信心已经残留不多。确实可以说，休谟就像蒙田一样认为，我们从"理性"那里实际上不可能获得什么确实的知识，至少不可能获得什么真正重要的知识。不过，在运用精细观察和严格分析这些科学方法方面，没有人能超过休谟这位苏格兰人。尽管他贬低了人类的理性，但他确实极大地推进了人类的认识。休谟之后，启蒙运动已不复原貌，但依然不失为一种启蒙运动。

正如我们已经看到的，休谟本人欢迎将他的结论斥为异想天开的那种批评。至今他仍常被视为英国最伟大的哲学家，还没有人能够鞭辟入里、令人信服地批驳他的怀疑主义论证。但与贝克莱一样，他的时代不愿承认他的贡献。过了很久，人们才完全承认他是一个哲学家。在18世纪，"贝克莱和休谟对经验哲学中观念的刈除，对经验哲学的发展进程几乎没有什么影响。洛克和牛顿的观念继续统治了一段时间"（M. H. 卡雷）。

休谟思想开放，虚怀若谷，坦诚待人。例如，他曾经帮助一个批评他的人：他觉得那个人的批评有待完善，因此他提供意见，使之更加尖锐。他还帮助他的对手解决论著发表的困难。他反对一切绝对主张，但有一个明显矛盾，即他迷恋新古典主义的风格和品味。在这方面他写了一些文章：推崇中庸、温和、简洁和严整的风格，否定莎士比亚和弥尔顿，居然认为一个现在已经无人提及的剧作家约翰·霍姆优于莎翁。由此可见，他的观念也不免带有时代的盲点。

当然，休谟的思想博大精深，绝非简短的评述所能涵盖。他的影响极其深远，浸润至今，依然强劲有力。我们已经提过当代的分析和实证哲学家；休谟还影响了埃德蒙·胡塞尔，后者是今天在法国和德国如日中天的那种哲学的创始人之一。因此，可以说，他是当今所有哲学的共同先驱。他的伦理学和政治思想也同样很有影响。埃德蒙·伯克和杰里米·边沁在两个不同的方向上延续了休谟的政治学谱系；休谟的朋友亚当·斯密在创建现代经济学说时深受他的启发；19世纪英国自由主义从休谟那里继承了宽容和大度。绝对主义者和"圣战斗士"大都不喜欢休谟及其顽固的怀疑主义，但一些非正统和有影响的现代派则赞同这种精神。例如，我们会想到美国的大法官霍尔姆斯[1]。他对空想社会主义者和改革者的"欺骗"极为蔑视，但他本人也对一切神圣原则提出深刻质疑。哪里能够摆脱成见和偏爱，让心平气和的批判智慧一展身手，哪里就有休谟精神。有人说它具有破坏性，有人说它令人振奋。很显然，它兼有这两种作用。再重复一遍，它在瓦解其他各种信仰的同时也瓦解了启蒙运动的绝对信仰。

社会科学在启蒙运动中诞生

毋庸赘言，18世纪使"科学"享有极大的荣耀。达朗贝尔在《百科全书》里写道："哲学精神现在也就是观察和精细的精神。"观察、实验、分析；基于细致的研究制定清晰严格的一般法则——这是确

1　霍尔姆斯（Oliver Wendell Holmes, Jr., 1841—1935），美国著名法学家、联邦法院大法官。

实可靠的方法，是笛卡儿和牛顿的产物，现在被认为臻于完善。因此，需要做的仅仅是将这种方法应用到依然被迷信和混乱困扰的各个领域。培尔的思想代表这个世纪的精神——"错误并不因为古老就好些"，让我们用有效的脑力劳动来清除过去的一切马虎和轻信。这也是亚历山大·蒲柏在著名诗句"人类的正当研究对象是人"中表达的意思。

在18世纪，自然和物理领域的新进展鼓舞了人们对科学进步的信念。18世纪中期，电成为大众的玩具，专家和业余爱好者都喜欢演示这种神秘的力量。1746年，穆申布鲁克[1]发明了莱顿瓶（电瓶）；1752年，美洲的本杰明·富兰克林进行了著名的实验，证明闪电就是电。18世纪末，亚历山德罗·伏特发现了将电能储存在一种简单电瓶中的方法。人们制造出最初的蒸汽机和简陋的火车，在人群的围观下乘气球上天（1783年在巴黎）——"工业革命"开始了。凯伊、克隆普顿、阿克赖特、纽可门和瓦特使英国进入了一个机器技术的时代。其后果到19世纪初才显露出来。汽车、铁路、飞机、电报和机械化工厂的萌芽在18世纪已经隐约可见——仅仅隐约可见，但足以暗示技术无限进步的诱人前景。在理论方面，达朗贝尔、拉格朗日与18世纪末的拉普拉斯等数学家改进和完善了牛顿力学。在其他科学领域，布丰描述了各种生物形态，瑞典的林奈对生物进行了分类，莫佩尔蒂和狄德罗对生物的起源做了推测，多少预示了19世纪的进化理论。化学也不甘落后，开始反叛亚里士多德，并且在

1　穆申布鲁克（Pieter van Musschenbroek，1692—1761），荷兰实验科学家。

18 世纪，大约从施塔尔（1717）到拉瓦锡（1783）[1] 逐渐形成一门现代科学。

但在启蒙运动期间，占据舞台中心的是对人的研究。[2] 这里是令人振奋的前线，在这里人们能够把当时对人本身的强烈兴趣与同样受到尊重的牛顿和洛克的科学方法结合起来。今天，我们往往强调 18 世纪社会科学的缺陷，即过分的简单化和过分的乐观主义。错误似乎就在于要把人文简化成物理，把人和社会说成牛顿式机器。但不能否认，18 世纪奠定了各门社会科学的基础。经济学、社会学、历史研究、政治科学、心理学、人类学等，后来在现代世界得到了发展。它们都脱胎于启蒙运动，其创始人是当时那些全能的启蒙者，如休谟、伏尔泰、孟德斯鸠。作为法国启蒙运动的经典著作之一，孟德斯鸠的作品是他对政治科学的开创性贡献，这在前面已经谈过。18 世纪六七十年代，人们的兴趣开始集中在经济学家身上。他们在法国被称作"重农学派"。（Physiocracy 的意思是"由大自然进行统治"。）

经济学

18 世纪经济理论的背后隐含着当时人们的某种伦理关怀和问题。现代经济学家非常讲究"科学性"，得知这门学问最初是道德

---

1 施塔尔（Georg Ernst Stahl，1659/1660—1734），德国化学家和医生，提出燃素说。拉瓦锡（Antoine Laurent Lavoisier，1743—1794），法国化学家，用氧气学说推翻燃素说。

2 在 C. E. 雷文看来，科学在 18 世纪可能遭受了一次"突然的日全食"。与 17 世纪相比，真正伟大的科学家确实寥寥无几。参见《自然宗教和基督教神学》（*Natural Religion and Christian Theology*，1953）。——原注

研究的一个分支他们会很惊讶，但这在很大程度上是事实。18世纪最伟大的经济学家亚当·斯密是道德哲学教授。在写出不朽的《国富论》（1776）之前，他写过一部论述道德情感的著作（1759）。爱尔维修的《论精神》对重农学派产生了深刻影响。这部著作在1759年引起轩然大波，因为它公然鲜明地支持享乐主义伦理——带来快乐就是善，造成痛苦就是恶。沙夫茨伯里伯爵、弗朗西斯·哈奇森（亚当·斯密的导师）和休谟都以比较温和的方式论证类似的主张。对于经济科学来说，这个主张的意义在于，经济学把永远追求个人幸福最大化的"经济人"作为自己的基本假设。第一位重农主义者魁奈在其开创性作品《经济表》（1758）中开门见山地宣布："用最小的公共代价获取最大量的快乐，乃是最完美的经济行为。"没有这种"经济人"，也就不可能建立一门经济科学。"经济人"相信现世幸福就是人生目的，因此他们要以系统的、有预见性的方式来为之奋斗。现代意义上的经济科学的一个前提，显然就是对这一享乐主义伦理的普遍接受。今天的人们对此似乎已经司空见惯，但启蒙思想家对"追求幸福"的重视则反映了某种新的倾向。古希腊人重智慧轻幸福，古罗马人重权力，中世纪人推崇圣洁；加尔文和新教徒据说是带来了"资本主义伦理"的某些因素（勤劳、节俭、节制），但无意把现世成功作为终极理想。

现代经济学的另一个前提是经济个人主义。"政治经济学"的初学者和信奉者想当然地认为，不受任何团体支配的自立自强的个人乃是最典型的社会单元。社会和思想的进化在很多方面都为此做了准备。霍布斯、洛克和卢梭帮助这些独立的个人走到一起创立政府。在新的经济思想中，另一种现在为人所熟知的因素是社会和谐观，即认为个人活动的总和可能产生社会和谐。如果我们每个人都是经济人——正如亚当·斯密所说，"每个人都不断尽力为自己所能控制的资本谋求最有利的使用"，用什么才能防止出现那种意愿相互冲突的混乱局面？或者说，救治社会无政府状况的良方是什么？斯密指出，幸好上天凭借一只"看不见的手"，确保在个人追求自己的利益时社会整体随之受益。《国富论》的一部分接受了曼德维尔提出的著名观点，即"私人恶德乃是公共美德"。人们追逐财富，贪求奢靡，反而给穷人提供了工作，给国家带来了财富。这种社会和谐观显然在很大程度上源自牛顿的宇宙比喻：所有的质点都在运动，合在一起形成了一个宏大体系。

在重农学派和斯密之前，人们对经济问题也有许多思考。1748年，孟德斯鸠就已经提出建立一门研究社会现象的一般科学的概念。所有的法国重农主义者都承认从《论法的精神》中受益匪浅。甚至自博丹那时起，除了大量探讨具体问题的务实文章外，还有一股严肃的经济理论思考的潜流在涌动。洛克本人以及与他同时代的达德利·诺思都提出了重要的思想。在法国，坎蒂隆[1]的《商业性质概论》在 18 世纪初期就以手抄本的形式流传（直到 1755 年才出版），梅隆[2] 于 1734 年发表的《关于商业的政治论》也是对"重商主义"经济思想的攻击。

这里应该谈谈这些被称作"重商主义"的早期经济学思想。思考经济问题，并不新鲜。在亚当·斯密之后，人们往往把斯密之前

1　理查德·坎蒂隆（Richard Cantillon，1680—1734），英国经济学家，长期住在法国。
2　梅隆（Jean François Melon，1675—1738），法国经济学家。

的一切思考都斥为即兴遐想和不着边际——思维简单，支离破碎，错误百出。对于这些从 16 世纪晚期到 18 世纪初期的早期经济论著，人们夸张地使用了"重商主义"这个词——这个词是后来发明的，旨在对各种现象进行分类，有些像现代历史学家把"封建主义"套用在中世纪的政治秩序上。现在的一些研究者怀疑这个术语是否够用，以及对这批文献的贬低（说它们至多具有历史价值）是否公平。重商主义据说是一种用显而易见的方式来增强经济实力的纲领。它着眼于商业，其判断通常是管窥蠡测、浅见薄识。尽管与"古典"经济学家（亚当·斯密及其之后的一些人）相比，这些思想散乱而缺乏系统性，但这些开拓性思想为后来的大综合做了准备，而且最先提出假设，即人能够有意识地指导自己的行动去增加财富。17 世纪，威廉·配第的"政治算术"就试图把笛卡儿的数学分析方法应用于经济现象。一般而言，与后来更辉煌的重农主义者相比，重商主义者对用计划来改善经济的可能性怀有更大的信心，也更乐观。但他们也看到，有时"法则"会压倒统治者的意志，因此他们建议明智的政治家应该顺应"自然"，而不要对抗自然。

无论他们有多少可取之处，早期经济学者到了重农主义者和亚当·斯密的时代就逐渐衰落式微。重商主义者提倡干涉"贸易自由"的主张受到人们的指责，因为它违背了自然法则。旧的经济秩序，无论是否得到所有"重商主义"理论家的认同，本身都是管制性和歧视性的。它实行贸易保护主义。进口商品与本国产品竞争显然是坏事，因为这样会使本国的手工业者失业，因此必须加以限制，甚至禁止。金银流失也被视为坏事，而赢得贵金属则是好事。"良好"的贸易可以获得补贴鼓励，出口本国产品以换取外国的原料就属于这种贸易。关税、禁令、补贴都被用来确保实现"贸易顺差"和保护国内制造业。此外，国家有时还试图控制工资和物价。

这种"体制"很容易导致腐败，因此在1750年以前就零零散散地出现了一些抨击，有人还建议最好用"贸易自由"来取代这种臃肿的特权体系。大卫·休谟提出了一个重要的理论性批判。他指出，贸易顺差是一个幻想，从长远看，经济法则总是在打破这种幻想。顺差带来了硬币，从而导致物价上涨以及出口下降。反之，如果一个国家的贸易是逆差，物价就会下跌，就将赢得市场。因此，最终总会实现一种平衡。（法国的先驱者坎蒂隆大约在同时也提出了基本相同的观点。）与自己的朋友和苏格兰同胞亚当·斯密相比，休谟的经济思想既不全面也不系统，但为亚当·斯密的思考做了铺垫。

不过，自魁奈开始，重农主义者最先建立了以经济活动必须完全自由为前提的体系。魁奈是路易十五的宫廷医生。他的思想很快得到米拉波侯爵（法国大革命时期政治家米拉波的父亲）以及其他人的支持。他们形成一个学派，在18世纪70年代很容易就成了最有影响的运动。伏尔泰笑谈形势：1760年前后，法国人逐渐厌倦了戏剧和警句妙语，开始大谈小麦。从1756—1763年战争到1789年革命爆发，法国经济陷入困境，其中一个表现就是长期无法弥补政府预算的亏空。因此，重农主义者对旧体制的抨击和彻底改革的建议得到了一些人的赞同，当然也遭到了既得利益集团的反对。重农主义者或许太执着于教条，因此不能成为成功的改革者。但是，他们的教条改变了思想史。他们主张，在自由竞争的经济中，以私人产权为基础，实现经济活动的完全自由。这就意味着打破整个政府管制结构，废除关税壁垒，彻底简化税收体系。归根结底，这意味着在经济上对所有人一视同仁（权利上的平等，但不一定在财富和社会地位上平等，因为人的天赋各不相同）。

重农主义者对农业有一种明显的偏爱。从现在的眼光看，他们的信条中最令人吃惊之处在于，他们完全否认商业和工业的价值。法国当时是一个农业国，这使它比主要对手英国更重视农业。因此，这不是多么古怪的事情。亚里士多德也把农业放在第一位，"因为它符合正义（自然）"；后来，美洲的圣人本杰明·富兰克林宣称，耕作是唯一诚实的谋生之路。这种轻视工商业的偏见广为流布且根深蒂固。在中世纪的基督教里，这种偏见表现得非常突出。重农学派认为，只有农业才生产出剩余价值。商业不过是交换而已，制造业增添的仅仅是工匠劳动的价值；但是，土地能够生产出价值。这种"唯农"主义实际上与重农学派的自由贸易思想紧密相连。他们坚决主张取消一切税费，只保留一种土地税，其理由是所有的税收都应出自那一个来源，因为只有它才创造价值。而且，他们建议应该放手实行贸易竞争，因为他们认为大富商是通过垄断来获得不义之财的。自由竞争可以确保商人和企业家只获取应得的回报。与英国亚当·斯密的理论不同，法国的重农主义并没有很容易地转向工业时代的经济学。虽然重农学派获得了一般意义上的现代经济科学创始者的不朽声名，但他们与"农业之树"一起凋零，随着工业时代的来临而销声匿迹。

但我们不应该把亚当·斯密说成是"资本主义"的辩护者。由于按照学理，19世纪资产阶级工业主义经济学家（李嘉图、西尼尔、穆勒）都出自斯密门下，因此当时工业资本主义的批判者大多认为斯密是其辩护者，但事实并非如此。首先，斯密不时地斥责一切追逐财富的人，称赞简朴的生活。他不仅推崇伏尔泰，也赞扬卢梭。更引人注目的是，他根本不喜欢商人。他对农业社会怀有极大的同情；在非常醒目的"论劳动的穷人"这一章中，他对这一阶层的苦难所表现出的深切同情远远超过了当时的一般人。斯密认为，工人受到了雇主的压迫和欺诈，雇主们合谋压低工人的工资。工人还是消费税的受害者。消费税不公平地落在穷人身上，进一步压低了工人的工资，从而使整个国家受到损害。这些观点和《国富论》中其他的论述表明，斯密的思想中有一种激进的反资本主义的倾向。因此，他后来以"资本家《圣经》"的作者而闻名，岂非咄咄怪事！

《国富论》完全支持重农学派的经济自由纲领。斯密认为，只要政府停止补贴和管制，许多不平等和不公正就会消失。只要扩大了个人的活动范围，个人的潜力就会得到释放，从而导致整个社会的经济进步。国家（政府）的职责不是"监督私人的产业，指导它以最符合社会利益的方式运作"。政府的权力应该用来保卫国家疆域，或许还应该开办邮局和学校，同时公正地伸张司法正义；除此之外，应该让每个人照看自己的利益，因为个人最清楚自己的利益所在，并知道如何使其增进。政府绝不适合承担经济职能。没有人能管好一个与自己没有利害关系的企业——根据这个原则，斯密不仅反对政府插手企业活动，而且反对联合股份公司，即现代大公司的前身。斯密不可能成为现代大公司的盟友，正如他不是当时的垄断商人和非经营地主的盟友。实际上，他是为小企业家说话。显然，他相信或部分相信自由放任原则也能使"劳动的穷人"受益，因为它打击了穷人的主要压迫者，即富有的垄断商人。

斯密的这部开创性的经济科学教科书全面探讨了各种经济现

象，确立了后来所有学者论述经济科学的模式。如果一定要挑出一个他最得意的理论，那就是劳动分工论（虽然他绝不是第一个思考这个问题的人）。专业化可以提高经济效益。裁缝自己不做鞋，而是从鞋匠那里买鞋；鞋匠自己不做衣服，而是花钱让裁缝做。这样，双方都受益了。国际贸易也应该如此。重商主义反对与外国人做生意，但如果外国人生产的产品比我们的便宜，我们就应该从他们那里购买，用我们生产的比他们便宜的产品与之交换。显然，自由贸易与分工理论紧密相连。世界上的贸易障碍越少，实现专业化的机会就越大。

斯密没有像重农学派那样否定商业和工业的生产能力。他认为重农学派过于教条。他利用了在约翰·洛克那里以粗糙形式出现的劳动价值论（洛克也不是该理论的最早发明者）。洛克宣称，直到人在土地上劳动后，土地才产生价值，因此，"将绝大部分价值加在土地上的是劳动"。斯密写道："对于拥有任何商品的人来说，如果不打算自己使用或消费，而是用它来交换其他商品，它的价值就等于他能购买或支配的劳动量。"由此开创了一个具有远大前程的理论。这个理论被李嘉图和马克思以不同的方式采用，直到《国富论》问世一个世纪后才被抛弃。但斯密并没有把生产出来的全部财富都归功于劳动；"股份"（资本）和土地都有功劳；利润和地租也是生产成本的组成部分，前者包含着利息和风险回报。斯密不太清楚它们之间的确切关系。在这个问题上，他也发起了延续到19世纪的讨论，就像在其他问题上一样。另一个例子是工资理论。他提出人口增长总是使工资降到维持生存的水平，这个说法后来与托马斯·马尔萨斯的名字联系在一起。

斯密的这部著作几乎成为18世纪的代表作。只要是想开列18世纪最具影响力的书籍目录，就会发现它与《论法的精神》《社会契约论》一起成为少数几个理所当然的、公认的必选项。不久，政治经济学就被小威廉·皮特等政治家当作废除重商主义的管制条例的依据。新观念的推广虽然进展缓慢，但势不可当。在法国，伏尔泰长期执着于科尔伯的重商主义，反对重农学派的攻击。[1] 腓特烈大帝则受到杰出的米拉波伯爵的影响，从重商主义转向了自由贸易。米拉波伯爵后来在法国大革命的第一阶段声名显赫，他父亲米拉波侯爵是著名的重农主义者。霍尔巴赫男爵的《社会体系》(1773)这部开创性的政治论著，也显示了重农主义对他的强烈影响。尽管受到书刊检查的压制，甚至受到嘲讽，重农主义者依然怀着传教士的热情极力宣传他们的信条。这个时代要求学者必须表现出机智，而经济学家的大多数论文却令人遗憾地显得沉闷、乏味。斯密等人成功地让经济学论文具有了可读性。他们努力传播经济学思想，俨然是时代的代言人。一种新的科学思想已经诞生，而且必然要成为西方思想的一个永恒部分。小米拉波的态度十分典型。他赞扬这门"被称作'经济学'的简明而深刻的科学"，说"它在我们这个时代最终论证了长期遭到忽视和不为人知的原理……一旦君主们熟悉了它，人们就将获得幸福"。

它确实符合时代的需要。应该再次指出，重农主义者在那个时代是大胆的改革家。他们的一项基本原则是不分阶级，在税收面前

1　伏尔泰最初对重农学派的主张很感兴趣，开始在费尔奈附近经营农场，排干沼泽，种植苜蓿，但由于没有赚钱，后来转而反对这些重农主义者。——原注

人人平等。这与法国大革命要实现的目标相去不远。这些经济学家提出的一个基本命题是，人应该受到一视同仁的待遇。他们的另一个基本命题当然是自由——人应该不受干涉，摆脱专横的不平等的限制和恩惠。这些原则在当时是很激进的，尽管后来有一些激进派可能不喜欢它们。富人和特权阶层是他们的敌人。此外，这些经济学家忠于启蒙原则，认为对任何地方的人都应一视同仁。他们的观念是一种理性主义的国际主义，目标是"世界公民"。

我们应该特别注意经济科学是如何与启蒙世界观相契合的。经济学致力于寻求与牛顿定律一样的普遍法则；它试图把社会有机体说成是一部机器，后者受制于人类可以确定的原理，因此也是人类可以理解的。它主张自由或自由放任，是因为它认为社会就像一部良好的机器，或者说像牛顿揭示的世界机器，能够"自行运转"。社会将像大自然一样显示出自然秩序。社会不应该是单纯由意志驱动的，而应该是一个有序的体系。发现了这把钥匙，这部机器就会上紧发条，从此遵循着永远不变的经济行为法则自动运转起来。

历史编纂

启蒙运动的精神是寻找实在且确定的事实，不能容忍科学研究中的偷奸耍滑，同时拒绝用超自然力量来解释人类社会中的自然现象。这种精神非常有利于历史研究，因此在 18 世纪涌现了大量的历史著作，其中不乏上乘之作。在撰写严肃史学作品的伟大作家中有伏尔泰和休谟的身影。但是，比伏尔泰的《路易十四时代》和休谟的《英国史》更著名的则是爱德华·吉本的《罗马帝国衰亡史》。

在此之前，具有历史意识的孟德斯鸠也对这个题目颇感兴趣。这些作品立足于比以前大多数作品更充分详尽的研究基础之上（17世纪的理性主义者明显地贬低历史）。它们还显示了某种分析和解释史实的能力。因此，有些人认为现代的历史研究创立于18世纪。

但从另一方面看，启蒙运动实际上没有高度发达的历史意识。它对过去基本上怀有一种偏见，认为往昔充斥着谬误。达朗贝尔表达了一种愿望：过去应该统统否定。伏尔泰唯一感兴趣的是由笛卡儿开辟的"理性时代"。许多哲学家对进步观念产生兴趣，并且像孔多塞那样勾画了人类历经不同时代向前和向上发展的轮廓，但除了最近一两个时代外，他们对其他所有时代的看法都是天马行空、不着边际的。他们对民族历史毫无兴趣，对民族差异也几乎毫无认识。人们写历史会有许多原因，但把历史当作一个严肃而持久的研究课题可能就需要有一种信念，即认识过去对于理解现在，乃至理解人类的一般处境具有至关重要的意义——要理解任何事情，我们都必须对它进行追本溯源的研究，追溯它的发展过程。启蒙运动基本上没有这种信念。哲学家们看不出研究遥远的过去时代还有什么必要（在这方面孟德斯鸠是一个例外），认为解决现实问题的办法出自某种社会科学。他们根本不想将历史作为认识现实的一个手段。

在只重现实的启蒙运动中有一个十分重要的例外，这就是詹巴蒂斯塔·维柯。今天人们往往把他看作现代历史学的最伟大的理论先驱。维柯驳斥笛卡儿的科学主义，认为人类的历史是所有认识对象中最容易了解的，因为历史是人创造的，因此人也能理解历史。他认为，理解过去能够帮助我们理解现在；他给历史学家提供了许多实用的方法论准则；他十分清楚，过去的时代与我们的时代大不相同。他提出了一种历史循环模式。维柯是一个令人目眩的天才，他不仅对历史，也对语言、神话以及法律的演变等都提出了惊人的想法。但他在那不勒斯写作时，长期偏处一隅，对该地区以外的世界知之甚少。他可能对后来的赫尔德以及浪漫主义时代的德国历史学家产生了影响，但对于18世纪的其他人几乎没有影响。维柯和后来德国的浪漫派都确信，历史上的各个时代和民族都对人类整体做出了自己独特的贡献，没有更好和更坏的分别，用19世纪历史学家兰克[1]的话说，都"与永恒保持相同距离"。这显然鼓励人们对过去的各个时代进行认真研究，因为它们各有各的价值。这不是18世纪的主流观念；按照主流观念，过去的时代几乎不值一提，大多数时代都陷入令人绝望的愚昧之中，只有现代才是有价值的；现代并不是从过去自然而然地发展出来的。就整体而言，这种追本溯源的解释——发生学的研究方法——迥异于启蒙时代的思维方式。

不过，18世纪有一批文章推测了人类发展的过程，从而促成进化观念的诞生。古希腊人和文艺复兴时期的人文主义者，例如马基雅弗利，实际上没有相信社会不断完善的进步观念。其实，正像有人指出的，只要对基督教关于人类走向最后得救历程的图式稍微做一点逻辑上的改动，我们就可以得到一个千年王国的世俗版本。这在逻辑上只是小小的改动，但在实质上是巨大的变化。它使天堂降到人间，用充满希望的现实乌托邦取代了那个虚无缥缈的彼岸天堂。到18世纪末，伏尔泰的弟子孔多塞侯爵在那篇关于人类精神进步的著名论文中，把欧洲历史分成10个发展阶段。他认为自己生活在第

1　兰克（Leopold von Ranke，1795—1886），德国历史学家。

九阶段，接近那个具有无限的"尽善尽美能力"的第十阶段。这种相信人类历史贯穿着一个有序计划的观念，主要源自玄想而不是基于实证的历史研究，但它提供了一个有利于历史研究的框架。

历史研究或许是一门保守的学问；1790年以后，它是以埃德蒙·伯克的世界观为依托发展起来的。按照伯克的观点，人类社会是一个缓慢生长的复杂有机体，不能按照一张社会蓝图来任意编排，几乎根本不听从人的意志。现代历史学与社会学一样，起源于法国大革命后的保守主义思想流派，而不是起源于启蒙运动。在历史观念方面，休谟是一个例外，而18世纪哲学家基本上持极端的理性主义和乐观主义态度。他们相信有一种理想的社会秩序，理性可以发现它，政治工程师可以实现它。那种缓慢而无限的生长过程的观念不适合他们的口味。他们喜欢的是一蹴而就，直奔乌托邦。

不过，他们追求准确、强调批判（考证）的方法论，确实为历史科学奠定了基础。而且，正是在18世纪，大型公共博物馆、图书馆和档案馆陆续问世，方便了历史学家的研究工作，为他们提供了最重要的条件。

其他社会科学

对于其他的人类科学本应给予详尽阐释，但限于篇幅只能做简略概述。有一种心理学非常接近启蒙运动的主旋律，即洛克的白板理论。这一理论认为，"复杂观念"出自"简单观念"，即感觉印象，而后者是考察认识过程的基础。我们已经知道，休谟把这一理论发展为一种更精细的分析。大卫·哈特利以"联想定律"为基础，提出了一套机械心理学。这位英国人因此而名噪一时。他的联想心理学后来长期被许多心理学教科书引用。18 世纪洛克主义心理学相当于我们现在所说的"行为主义"理论，也就是把精神现象归结为因外部刺激而产生的可预见的机械反应。这已经暗含了社会改革的意味。爱尔维修写道："如果我能证明人实际上完全是教育的产物，那么无疑是在向人类揭示一个重要的真理。他们会明白……要想幸福和强大，没有比完善教育科学更重要的了。"人的思想受制于严格的学习规律，因此完全可以被操纵，正如我们可以通过精细地调控环境来决定人的选择。这种说法在今天会让人想到令人反感的极权主义洗脑手段，但在 18 世纪，它意味着一种令人鼓舞的消除邪恶、保障持久进步的手段。人的思想具有无限的可塑性，因而可以无限地改进；根本不存在什么固定的、先天的局限——例如，根本没有什么原罪。许多人就是这样来诠释由哈特利、爱尔维修等人所推进的洛克主义心理学的。

这就意味着一场教育革命。在这个领域里，改革者不止卢梭一人。像法国拉夏洛泰[1]这样的改革者确信，人在实践中学习（"人天生要行动"），并且批判传统的学习方法太书本化、太重视智育。他们是 20 世纪美国所谓"进步主义"教育的先驱。

启蒙时代的心理学是现代实验心理学（行为主义和巴甫洛夫心理学）的鼻祖；另外，它还有一些更深刻的见解。在狄德罗包罗万象的著作中，有一些猜测预示了弗洛伊德的理论；色情小说家萨德

1　拉夏洛泰（Louis-René La Chalotais，1701—1785），法国法学家、高等法院法官。1763 年，发表著名论文《论国民教育》。

侯爵这位有争议的人物可以说开创了性学研究。这种"深层心理学"虽然探索到了非理性无意识领域的边缘，却不代表启蒙时代的心理学。启蒙时代的心理学主张"外因论"而不是内因论，是在社会中寻找决定人的思想的因素。一部最为人诟病但意义重大的著作就是拉美特利[1]医生的《人是机器》（1748）。这部著作大胆地断言，人只不过是一部机器。拉美特利由此得出的伦理学结论惊世骇俗（机器不对其行为负责，因此就不存在什么犯罪，生活的唯一正当目标就是追求感官享乐），但把人视为机器的观念与启蒙运动心理学的主流合拍。

历史学家维柯和政治科学家孟德斯鸠也可以被称作社会学家。这个名称是 19 世纪由孔德创造出来的；如果我们把这种研究本身定义为用科学方法研究社会现象，那么 18 世纪的学者已经对这种研究很感兴趣了，只是缺少开展研究的条件。可以说，历史学、社会学、心理学和政治科学在它们的童年时期是混合在一起的，构成一门"人学"。后来，它们才分崩离析，自成专业。经济学长期被称作"政治经济学"，就表明了其中的联系。还需要指出的是，从制度角度看，系统地收集和保存统计资料刚刚开始。例如，到 18 世纪末，人们才有可能获得准确的人口资料。

博物学家布丰的《自然史》乃是 18 世纪最杰出的学术著作之一。他扩展自己的研究范围，写成了《人的自然史》（1749）。人类各种族之间为什么会有差异？这些差异是怎么形成的？当时，在这方面还只是一些大而化之的说法，但探究毕竟开始了。我们知道，

1　拉美特利（Julien Offray de La Mettrie，1709—1751），法国哲学家、医生。

孟德斯鸠的《论法的精神》就论述了人类的文化差异，并将这些差异归结为气候和地理因素的影响。有关陌生民族的信息已经开始传入：人们开始有了关于中国历史文化的真实知识，威廉·琼斯爵士和法国安基提尔-杜佩隆[1]翻译的印度文学的最早译本也已问世。

这仅仅是开始，大部分工作还有待完成。但是，思想已经产生。孟德斯鸠表达了这一思想：人类的法律和习俗形形色色，令人眼花缭乱，但并非"胡思乱想的产物"，而是有规律可循的（"必然的关系源自事物的本性"）。特殊的规律可以导向比较一般的规律，由此循序渐进，最终上升到统一的人类规律，即与牛顿万有引力原理相对应的社会原理。这就是启蒙思想家梦寐以求的目标。他们注定空手而归，但这种探索激发了众多的天才在此后一个多世纪里致力于学术活动，现在依然如此。

启蒙运动的扩散

以上我们主要论述了法国的启蒙运动。在 18 世纪，法国是西方世界最重要的国家；除了在艺术和科学领域里的巨大声望外，它还有数量超过其他任何一个欧洲国家的庞大人口——是英国人口的四五倍，甚至比当时俄国的人口还多。此外，它还拥有巴黎这个独一无二的伟大城市，巴黎集中了它的全部辉煌。巴黎属于全世界。

我们也提到了英国的启蒙运动，提到了洛克、贝克莱和休谟，

1　威廉·琼斯（William Jones，1746—1794），英国东方学家。安基提尔-杜佩隆（Anquetil-Duperron，1731—1805），法国东方学家。

以及最后由亚当·斯密体现的杰出的"苏格兰探索"。英国的18世纪还值得再多说几句。它的氛围与法国大不相同，因为英国当时比较安于现状。没有不可解决的社会政治危机来打扰它的安稳生活。在法国，尽管经济取得进展，但行政改革和社会等级问题一直困扰着这个国家，由于毫无出路，最终在1789年爆发了革命。英国早就经历了革命。在将近一个世纪的动乱之后，英国实现了稳定和自由。1715年以后，英国人无意改变现状。他们与长期执政的"首相"沃波尔一样，都认为最好别惹是生非。当时没有多少尖锐的社会批判，几乎没有政治上的反对意见，直到18世纪60年代才出现抗议运动，但与1789年的法国革命相比，这种抗议也是温和的。英国没有出现伏尔泰和卢梭式的人物，没有对教会的口诛笔伐。如果说英国根本看不上伏尔泰，那么本身就很可怕的塞缪尔·约翰逊博士[1]也会把卢梭完全看成一个疯子。18世纪的英国政体可能不民主，还有些腐败，但给英国带来了繁荣、和平和自由。即便是头脑犀利的休谟对英国的政治也没什么怨言：他对自己能够"在一个宽容而自由的国土上"自由地写作表示感谢。到18世纪70年代，情况有些变化，少数人开始鼓吹议会应该具有更大的代表性，议员应该由民主选举产生。还有一些人要求实现有法律保障的宗教信仰自由和平等，而不仅仅是默认现实。但是，他们还不得不与因普遍繁荣而产生的自满情绪抗争。

自鸣得意、彬彬有礼以及稍微有些过分的节制，或许可以说是

1　约翰逊有一些古怪的言行。研究者认为他患有"抽动秽语综合征"。

18 世纪英国的特征。伟大的大教堂教长斯威夫特[1]曾对这种状况冷嘲热讽，但无济于事。"奥古斯都时代"依然有巨大的魅力。它的帕拉第奥古典风格的建筑或许过于拘谨古板，但给贵族和中产阶级提供了惬意、悦目的住宅，并且提供了许多文雅的教堂。这个时期的文学是一种娱乐，尽管按照后来浪漫主义的标准存在着许多缺陷。这种文学是一种社会艺术，旨在寓教于乐，启迪民风，培养绅士，丝毫没有那种个体激昂地表达自我的浪漫冲动。奥古斯都时代的英国人阅读艾迪生令人愉悦的随笔，讨论鲁滨孙的资产阶级美德，随着菲尔丁和盖伊捧腹大笑（与欧洲大陆的讽刺相比，这两人的讽刺基本上是温和的、建设性的），与理查森和柯珀一起伤感落泪。[2]这种文学无疑有其局限性，但也确实迷人有趣。18 世纪上半叶，最伟大的诗人应该是才华横溢、文采斐然的蒲柏。他的目标是精妙地说出"多有意会却未见精妙表达的思想"，因为"艺术作品应该有更多的智慧，而不是显得道貌岸然"。

1760 年至 1780 年，最伟大的文学家当属约翰逊博士。他是交谈大师、诗人、批评家和辞典编纂家。他主持了英国最好的谈话，把警句格言倾倒给洗耳恭听的博斯韦尔[3]。这些既是文学史，也是思想史，因为在这种沉稳的风格背后包含着一整套关于自然、人类、上帝和社会的观念。这些观念有洛克的、牛顿的、新古典主义的和

---

1 斯威夫特曾担任都柏林圣帕特里克大教堂教长。

2 艾迪生（Joseph Addison，1672—1719），英国随笔作家。鲁滨孙是笛福的小说《鲁滨孙漂流记》的主人公。菲尔丁（Henry Fielding，1707—1754），英国小说家、剧作家。盖伊（John Gay，1685—1732），英国民谣歌剧的创始人。理查森（Samuel Richardson，1689—1761），英国小说家。柯珀（William Cowper，1731—1800），英国诗人。

3 博斯韦尔（James Boswell，1740—1795），苏格兰随笔作家、传记作家。他是约翰逊的文学俱乐部的成员，著有《塞缪尔·约翰逊传记》和《伦敦日记》等。

理性主义的。不过，这些观念要么在前面已经论及，要么与法国启蒙思想大同小异，我们就无须阐释了。

在欧洲大陆，法国的时尚往往支配着欧洲各地的生活。这在历史上是极其罕见的。普鲁士的腓特烈大帝喜欢用法语说话、写作，俄国的情况也是如此。在18世纪，法国维持了自17世纪开始的文化霸权。在其他欧陆国家，没有人能够与伏尔泰、孟德斯鸠、卢梭比肩而立，也没有人能与法国的艺术家一争高下。诚然，法国的"哲学家们"特别喜欢意大利的歌剧，而且把它引进法国。当时流行教育"大旅行"，英国人在进行"大旅行"时，不仅去法国，也去意大利。但高雅的法国路易十五风格绝对统治着家具、装饰和建筑。德国的一些宫廷不仅接受了这种"洛可可"风格，甚至青出于蓝而胜于蓝。今天，我们都很难超越慕尼黑、安斯巴赫、维尔茨堡当年留下的这些文化瑰宝。但是，这种风格起源于法国，也基本定型于法国；法国的服装和礼节也影响着当时的时尚。从哥本哈根到里斯本，全欧洲都在仿效凡尔赛，无怪乎一位法国建筑师在1765年写道："无论去哪儿，你都会发现我们的建筑师坐着头把交椅。我们的雕塑师也遍布世界各地……巴黎之于欧洲犹如雅典之于希腊；它为世界其他所有地方提供了艺术家。"他还可以补充说，它也提供了思想。

不过，我们不要忽略了其他国家。启蒙运动是世界主义的。启蒙哲学家往往很难说是爱国主义者或民族主义者。他们讲的思想没有国界，他们讲的理性放之四海而皆准，他们谈论的只是全人类。孟德斯鸠有一句话经常被人引用：他想了解的不是对法国有好处而对人类有坏处的东西。为了从法国国王那里谋取一点好处，伏尔泰曾经厚颜无耻地颂赞法国的军事胜利。但他表现出的更多是对战争和军队的厌恶，以及对学识和欢乐的热爱，而且不分畛域。有一次，他竟然向腓特烈祝贺普鲁士战胜法国！德国的启蒙思想家莱辛表示，为了献身人类而舍弃祖国，他也心甘情愿。因此，如果说法国学者支配了18世纪，这绝不是出于任何傲慢的民族主义精神，而是因为他们把自己的精神财富慷慨地奉献给了任何国家任何愿意接受的人。

在德国，前面已经提到，从莱布尼茨到克里斯蒂安·沃尔夫留下了一笔思想遗产。莱辛时代（大约从1745年到1770年）反对这种十分枯燥的理性主义，把目光投向法国和英国。莱辛特别喜爱英国人的思想，但他对英法两个国家凡是有价值的东西都来者不拒，兼收并蓄。身为批评家、学者、剧作家和哲学家，莱辛体现了18世纪启蒙思想家的全面才能。虽然他反对沃尔夫，但他依然保持冷静的理性和对澄明的追求，而这正是区分启蒙运动与后来的浪漫主义运动的标志。与伏尔泰一样，莱辛的著述跨越许多领域，也有些散乱，但他对一切都保持旺盛的批判精神，从而发挥了其他学者不可企及的影响——如他自己所说，促成人们思想的活跃。莱辛保持了莱布尼茨的乐观主义，他在《论人类的教育》中指出，人类追求充分理性和完整真理的进步过程是在历史中逐步展开的。[1]这是德国人关注历史的先声。后来，这种历史兴趣在赫尔德、费希特、黑格尔那里得到了充分展示。但这种用进步的计划来勾画历史轮廓的做法带有启蒙运动的典型特征，这方面孔多塞的纲要最为著名。

---

1 给我们的朋友提供一个关于邪恶问题的可能答案：邪恶会随着一代代人而减少，因为随着上帝计划的展开，每个人都为根除邪恶贡献自己的一份力量。允许人类参与对邪恶的根除，这是更高的善。——原注

莱辛常常被人称作"德国文学的奠基人"（这种颂扬可能有些言过其实，毕竟在他之前还有马丁·路德，还有《痴儿历险记》[1]）。他追求格调，喜好争论，这两点都是启蒙思想家的特征。与多数法国启蒙思想家相比，他对宗教没有那么不虔敬。他宣称讨厌"自由思想者"的浅薄和武断。但从他的兴趣、个性和思想基调来看，人们有理由把他称作"启蒙运动的典型人物"。他也确实做了大量的工作，唤醒昏昏欲睡的德国，使之振作起来，投入生气勃勃的精神生活，其标志是具有批判精神、高雅文学、高水平学术，以及乐于接纳新思想。他为德国历史上最辉煌的一代人铺平了道路：那一代人中产生了歌德、席勒、赫尔德、康德和费希特。

在德国其他的启蒙思想家中，特别应该提到的是约翰·尤斯蒂[2]。他是德国的本杰明·富兰克林，提出诸如邮政服务这样的实际方案，从日本引进丝织业技术，撰写了关于政治、经济和教育改革的大量文章，被称作"财政主义之父"。他也推崇开明专制。

其他国家也对启蒙运动做出了呼应。米兰的贝卡里亚侯爵以孟德斯鸠的理论为基础，撰写了著名的《论犯罪与刑罚》。俄国女皇叶卡捷琳娜受这部著作的启发，试图对这个落后国家的法典进行改革。前面我们谈到过那不勒斯的哲学家维柯。他的"新科学"是历史社会学。与革新旧的法律和政府结构的努力一样，被重新唤醒的历史意识似乎也是整个意大利启蒙运动的一个标志。正如历史学家

1　《痴儿历险记》是 17 世纪德国小说家格里美豪森（H. J. Christoffel von Grimmelshausen）的长篇小说。

2　约翰·尤斯蒂（Johann Heinrich Gottlob von Justi, 1720—1771），德国学者，担任过官员和记者。

E. W. 科克伦指出的，在托斯卡纳，人们对伏尔泰、孟德斯鸠等所在的那个时代的法国思想怀有浓厚的兴趣；尽管理解上有所不同，但启蒙运动的概念也冲击了佛罗伦萨，自辉煌的 16 世纪以后，这里第一次表现出兴奋，对许多新思想表示欢迎。

"开明专制"意味着使政府更合理化，也更简单，建立更系统的法律和刑罚体系，并且确认统治者与被统治者之间的某些相互义务。开明专制不仅临到佛罗伦萨，也出现在其他国家，如西班牙、俄国、奥地利和普鲁士。启蒙运动使西班牙民族得以振兴。西班牙在经历了 16 世纪的"黄金时代"之后，随着霸权的丧失，精神生活和政治生活也一蹶不振。1705 年，西班牙只出版了 4 本书，而且这 4 本书均不值一提，其萎靡的程度可见一斑。在西班牙，笛卡儿、伽桑狄和牛顿的学说被判定为歪理邪说，大多数科学学科遭到禁绝。欧洲为争夺孤立无助的西班牙帝国的海外殖民地即将开始大战时，卡洛斯二世（人称"走火入魔的卡洛斯"，1661—1700）的阴暗统治走向终结。在其统治时期，西班牙陷入愚昧和迷信，还公开用火刑大规模地烧死宗教异端。18 世纪带来了某种程度的觉醒。派遣到南美的探险队和新创办的数理工程学院体现出对科学的重视。包括塞万提斯在内的以往西班牙作家的作品全集被编辑出版，报纸和聚谈会（tertulia）开始兴起。聚谈会类似于法国的小型聚会，中产阶级人士聚在一起，严肃地讨论新思想。法国思想的影响越来越大，使得虔诚的传统主义者惊恐不安。他们哀叹："放荡不羁、不讲道德、奢侈腐化、萎靡不振，法国人的这些恶习已经在我们中间广为传播。"这当然是夸大之词。至少可以说，到 18 世纪末，西班牙的启蒙运动还局限于少数人。20 世纪，西班牙伟大的学者奥尔特加·加塞特甚至宣称，西班牙完全错过了启蒙运动，这正是它的根本不足之处。不过，一些学者在对18世纪的西班牙进行深入研究之后，在很大程度上修正了这种以偏概全的极端结论。当时，确实有一些活跃的思想者在敲打这片曾经产生熙德和科尔特斯[1]的土地，使之从长眠中苏醒过来。费霍神父[2]可以看作西班牙的洛克、伏尔泰或莱辛。他主张改革，抨击传统的谬误，对各门学科都有探究的兴趣。但是，他本人是本笃会修士；与法国相比，一般而言，西班牙的启蒙运动远远没有那么放肆不敬，也没有强烈的反教权主义色彩。西班牙启蒙运动的确造就了一些改革者。他们抨击奴隶贸易，谴责压迫妇女，反对虐待美洲印第安人，反对法律上的不平等和贵族的特权。他们不仅不攻击王权，而且指望着王权来改革停滞落后的社会。西班牙的启蒙运动扩散到新大陆，其影响在那里的大学中明显可见。卡洛斯三世在西班牙推行"开明专制"，并且特别重视推动经济的发展。

18世纪末，瑞士的裴斯泰洛齐[3]受卢梭的《爱弥儿》启发，提出了一套教育方法。启蒙运动的影响之大，这里难免会挂一漏万。美国人也感受到了它的影响，因为从这个民族诞生之时起，启蒙运动就通过那些杰出榜样的思想和教养塑造了这个民族。启蒙运动造就的榜样包括：托马斯·杰斐逊、约翰·亚当斯、本杰明·富兰克林、托马斯·潘恩，以及其他在欧洲（尤其在英国和法国）的知识

1　熙德（Cid，约1043—1099），11世纪西班牙著名的军事统帅。科尔特斯（Cortez，1485—1547），16世纪西班牙殖民者，征服阿兹特克帝国。

2　费霍神父（Padre Feijoo，1676—1764），西班牙教育家。

3　裴斯泰洛齐（Johann Heinrich Pestalozzi，1746—1827），瑞士教育家。

界如鱼得水的"世界公民"。罗马教廷和其他教会也受到启蒙运动的浸染，尽管它们对某些启蒙思想十分反感。英国的国教会在信仰上变得极其宽容，以至于接近自然神论了。

自 1540 年以来，耶稣会就成为罗马教会的打手，但在 1773 年被解散。这是他们的对手启蒙哲学家的胜利。当然，这些有学问的教育工作者（指耶稣会士——译者注）在反动阵营中也有敌人，例如，有些君主就忌妒他们的权力，讨厌他们对教皇的忠诚。腓特烈大帝和叶卡捷琳娜女皇这两个主要的开明专制君主拒绝发布镇压耶稣会的教皇命令。法国于 1764 年取消耶稣会这一事件乃是长期斗争的最后爆发。这一次，对耶稣会的指责还是老调重弹：热衷世俗事务，宽宥罪恶，在神学中宣扬自由意志和理性主义，对君主缺乏忠诚（教皇至上），甚至据说赞成弑君行为。1758 年，一个在耶稣会工作过的年轻人刺杀国王，这就使上述最后一项指责显得可信了。这些指责谈不上是进步势力在反对反动势力。它们是由詹森派和高卢主义者提出的，正值战争引起的某种歇斯底里的狂热之时。但也有人指责耶稣会的教育过时，过分注重修辞和古典典籍；他们呼吁教育应该侧重更现代的语言、科学和历史。当耶稣会关闭时，法国至少有 84 所学院也随之关闭，由此可见耶稣会对高等教育的实际垄断。随之而来的危机导致了大量的教育思考和教育试验（在西班牙也有同样的情况）。到 1814 年，作为对启蒙运动和法国大革命反应的一部分，耶稣会才得以恢复。

教皇本笃十四世对伏尔泰采取了一种非常可疑的宽容态度。英国与法国的许多主教也接受了启蒙哲学家的一些观点和态度。有些教会的卫道士指责伏尔泰完全凭借机智和讽刺的伎俩来吸引公众，但他们在反击伏尔泰的观点时也试图模仿伏尔泰的文体。

到 18 世纪 70 年代，在开明专制君主的圈子里，除了老资格的普鲁士腓特烈大帝外，又增加了俄国的叶卡捷琳娜女皇、奥地利的约瑟夫二世和西班牙的卡洛斯三世。他们接受启蒙运动的理想，并试图付诸实践。启蒙哲学家与欧洲不太开化地区的君主惺惺相惜，实乃启蒙运动史上既有趣又意味深长的一页。今天，伏尔泰的大部分手稿和狄德罗的藏书都在俄国，这是因为叶卡捷琳娜收集这些东西的兴趣比其他人更强烈。伏尔泰与腓特烈之间跌宕起伏的友情是众所周知的，这位普鲁士国王还邀请其他法国学者到他的宫廷做客。当时想充当新型哲学王的，不仅有腓特烈和叶卡捷琳娜，还有一群小国君主，如那不勒斯、托斯卡纳、丹麦以及西班牙的君主。正如人们指出的，这就意味着要改革行政机构、颁布新的法典、对犯罪实行比较人道的惩罚（遵循贝卡里亚的箴言：刑罚的目的不是以牙还牙的报复，而应该是恢复人性），甚至推行一些根本性的社会经济改革。约瑟夫二世竭力废除自己落后国家中的农奴制，但叶卡捷琳娜没有这种举动。腓特烈在文章中明确地阐述了君主对人民的职责，承认君主对人民的福祉负有责任，主张君主的统治也要体现理性和法律。开明专制君主还提倡宗教宽容。毫无疑问，这些君主在实践中并不总能兑现对启蒙运动的这些口头承诺：叶卡捷琳娜似乎无法接触到俄国的社会现实，令人惋惜；约瑟夫二世未能使自己的许多改革扎下根来、不可逆转；腓特烈不愿意触动不平等的社会结构。不过，他们毕竟做了许多事情，而且失误也并非都是因为缺少良好意愿。18 世纪开明专制君主的改革，为 19 世纪的民主和民族主义奠定了基础。这一点得到越来越多的人的承认（例如，当代研究意大利复兴运动，即统一运动的历史学家就认同这一点）。总之，开明专制基本上可以说是思想影响政治的一个绝佳例证。

需要重申的是，启蒙哲学家的政治思想，尤其是重农主义者的政治思想倾向于开明专制。雷纳尔写道，"最幸福的统治应该是由一个公正开明的专制君主实行的"（《东西印度欧洲人殖民地和贸易的哲学与政治史》，1770）。[1] 或许，哲学王其实只需要顺其"自然"、无为而治。法国国王问魁奈，如果他是国王，他会做什么。魁奈的回答是："什么都不做。"但是，他会聪明地让"法律"[2] 来统治，他本人则愿意成为理性至上的化身。

如果说叶卡捷琳娜的专制主义受到启蒙运动的影响，那反抗专制君主的思想更是如此。俄国激进主义传统的主要先驱拉吉舍夫是被女皇送到德国大学学习的。他在那里学习了法学和其他学科，接触了爱尔维修和其他较激进的启蒙哲学家的思想，这使他可以在归国之后抨击农奴制和专制制度。他因此被捕并被流放（参见拉吉舍夫的《从圣彼得堡到莫斯科的旅行》，1790）。应该记住，1789 年已经证明，开明专制并不是 18 世纪思想的唯一成果。

需要补充说明的是，各地已经出现文化民族主义的苗头，后来反法、反启蒙的情绪就由此而来。莱辛告诫德国作家不要再模仿法国作家，而应该开始创造自己的风格。民族主义在崭露头角；从长远看，普鲁士不会跟随腓特烈排斥自己的民族语言并按照法国人的方式思考。具有讽刺意味的是，腓特烈本人却成为德国最伟大的民

1　雷纳尔（Guillaume-Thomas-François de Abbé Raynal，1713—1796），法国历史学家。
2　"法律"在这里主要指自然法则，也指人定的法律。

族英雄。对启蒙运动的反叛自卢梭就开始了，到 1800 年形成高潮，其中包括一种强烈的民族主义情绪。这种民族主义反对 18 世纪的世界主义，因为后者在实践中往往意味着接受法国文化霸权。

对于经常被思想史研究忽视的另一个欧洲宗教群体或文化群体来说，启蒙运动对他们的意义十分重大。犹太人的思想发展往往与基督教世界的发展同步。犹太人在中世纪有自己的伟大的亚里士多德式经院学者，最著名的是迈蒙尼德。在文艺复兴时期，起源于希腊化时代诺斯替教，然后体现为喀巴拉[1]的犹太教神秘主义，与当时的新柏拉图主义同时发展，也吸引了一些人文主义者。当然，这时欧洲学术界普遍地越来越重视希伯来研究。为了研究《圣经》和古代文献，能够熟练掌握希伯来语乃是人文主义者引以为荣的一种学术成就。到 18 世纪，我们看到，与基督徒的做法一样，犹太教士也把牛顿原理应用于论证犹太教。虽然阿姆斯特丹的犹太教士将斯宾诺莎从教会开除，但理性主义对欧洲犹太社会产生了深刻的影响。在 17 世纪，可以说，犹太人也有自己的宗教改革狂热，即萨巴泰·泽维[2]的弥赛亚运动。当这种狂热消退时，与欧洲基督教世界发生的情况一样，一种理性主义东山再起。

对犹太人来说，启蒙运动是一个"解放"的时代，因为西欧各国开始允许他们享有公民权，允许他们加入共同的文化。18 世纪的思想家所提倡的理性、宽容和世界主义的观念对于这一进程起了很大的推动作用。犹太人也在思想上做出积极的呼应。在犹太启蒙学

---

1 喀巴拉，希伯来文的音译，原意为"传授之教义"，后指犹太教神秘主义体系。
2 萨巴泰·泽维（Sabbatai Zevi，1626—1676），犹太神秘主义者。生于今天的土耳其，曾自称弥赛亚。

者中，最著名的莫过于摩西·门德尔松。他是莱辛的朋友。他敦促自己的犹太同胞接受所在欧洲国家的公民身份，融入欧洲文化。当然，这并不意味着他们不再做犹太人，只要把公民事务和族群传统区分开，就能既做一个好公民，又做一个好犹太人。门德尔松还对基督徒解释犹太教的性质，澄清种种误解，为更大限度的宽容创造条件。莱辛以门德尔松为原型创作了剧本《智者纳旦》。门德尔松与莱辛一起大声疾呼，宗教最重要的不是具体的信条，接近上帝的途径有许多种；因此，在这个启蒙的时代，犹太人和基督徒不是竞争对手，而是志同道合的伙伴。门德尔松的自然神论（如果可以这样称呼）把这两大宗教传统视为通向同一目标的不同途径，而不是争风吃醋、水火不容的两种特殊启示，从而为二者实现一种新的联合奠定了基础。

启蒙运动的传播可以从空间角度讨论，也可以从时间角度讨论。启蒙运动是何时结束的？——或者，它是否结束了？启蒙运动通常被用于指 18 世纪，或者从牛顿和洛克到法国大革命（1689—1789）这一个世纪。有人把它向前推延，将 17 世纪的科学革命和政治学革命囊括进来——显然，如果用这种更宽泛的界定，就必须把笛卡儿、霍布斯和斯宾诺莎也包括进来。如果做更狭义的界定，启蒙运动就相当于启蒙哲学家的时代，大体上相当于伏尔泰长寿的一生，其中叠加了卢梭和百科全书派的鼎盛时期，或许还可以叠加上重农学派的活跃时期。这就意味着大约从 1720 年到 1778 年这段时间。因此，人们倾向于把结束时间定在 18 世纪末。

从某种意义上看，这种断限有其不可否定的道理。接下来，我

们将迎来另外一场被称作浪漫主义的运动。这场运动具有不同的
"时代精神"。它打破理性时代的戒律，指斥其所爱，推崇其所恨，
完全颠倒。如此绝对的大逆转在时尚潮流的兴替史上是前所未有的。
我们还将迎来法国大革命。法国大革命本身可以说是启蒙运动的一
个产物，但也是一场大动乱。在它之后，一切都不复原貌。伊曼努
尔·康德也是一个伟大的转折点。如果愿意，我们也可以将这位柯
尼斯堡哲学家算作启蒙思想家——他本人以此为荣。但他也改变了
人类思想，使得新的潮流势不可当。总之，1789—1815 年的大变动
构成了现代史上全方位的最伟大革命。18 世纪那种独特的氛围和观
念的大交融再也不会出现。

　　然而，启蒙运动还在延续。也就是说，它在 19 世纪和 20 世纪
依然具有重要影响；与所有伟大的思想运动一样，它在其后人类的
思想上留下了永久的印记；在它发生之后，世界完全改变了。关于
它的种种影响，这里不可能全面具体地论述，只能举几个例子。从
学术角度看，在大部分英美世界，哲学依然倾向于休谟给它修正的
方向。经济学理论虽然已经远非亚当·斯密时代的面目，但至今还
带有他的独特视角所打下的印记，将来或许还会如此。从更一般的
角度看，甚至在 20 世纪的各种社会悲剧发生之后，启蒙运动特有的
乐观的理性主义依然焕发着活力，在美国尤其如此。我们认为，18
世纪贡献了这样的观念：人类现在和将来都会"进步"，科学技术
对推动人类进步起了最大作用，人类的目的就是享受世俗的幸福。
虽然越来越多的知识分子对这些说法表示怀疑，但大多数平民百姓
可能还是信奉它们。与许多社会科学一样，现代自由主义和社会主
义都是在 18 世纪孕育的。今天，公共政策的目标也是由启蒙运动确

定的：物质福利和幸福。人们还会想到宗教宽容，人道主义，法律面前人人平等，言论自由，以及民主和社会平等。所有这些都主要源于这个世纪。

更深入地看，很显然，我们的基本思维习惯以及我们的语言方式，也主要受到启蒙运动的影响。虽然我们可能喜欢引用莎士比亚的作品和国王詹姆士一世颁定的《圣经》英译本，但我们不再用巴洛克文体写作；虽然我们可能还去教堂，但很少有人怀着16世纪和17世纪初的那种宗教狂热。[1]

启蒙运动的局限

既然启蒙运动给我们带来了如此多美好的事物，我们不免要问，为什么浪漫主义时代的人们要否定它，至少是对它的某些部分深恶痛绝？简单地说，为什么我们没有停留在启蒙时代，而是跨越了它？浪漫派认为，启蒙运动具有他们所说的那种庸人之气，因为它蔑视诗歌，贬低天才的想象，不尊重崇高或"热情"。在18世纪，"热情"是一个贬义词。热烈的情感和奔放的想象都受到怀疑，被视为产生谬误、贻害社会的根源。它们甚至会引导人们回归宗教！洛克建议父母扼杀孩子的诗兴，因为那是胡思乱想的领域。牛顿也认为诗歌是"精心编造的胡言乱语"。当然，这种"冰冷哲学的触及"不可能消灭一切诗歌，但会使大部分诗歌变得平淡乏味、生硬

---

1 科学运动产生了对传统修辞的批判，认为传统修辞过于铺张华丽。它提倡清晰平易的文风。这种文学革命对现代语言的影响似乎超过了其他因素。——原注

造作，成为一种说教。诗歌可以用来点缀科学的真理，但不能创造这些真理："真理用诗歌包装，放射出更耀眼的光芒。"[1]伏尔泰和达朗贝尔坦率地承认，"靠想象创作的现代作品普遍不如前人的同类作品"，因为"追求眼见为实而不愿推测臆想的哲学精神已经广泛传播，深入到纯文学中"（达朗贝尔）。

关于 18 世纪的风格，这里做一点讨论。伏尔泰的英雄对偶句当时广受赞赏，现在已失去光彩。卢梭的小说也是如此。他本意是表达内心的情感，结果打破了禁忌，陷入了伤感缠绵。对于 18 世纪的大多数作家而言，之所以不能表达真情实感，既是因为新古典主义规范给文学施加的清规戒律，也是由于他们自己的胆怯作祟。新古典主义追求简洁、升华和澄明，因此显得过于追求文雅，在诗歌中则显得过于斯文。新古典主义的代表人物，例如英国的约瑟夫·艾迪生，并不反对表达各种情感，甚至不反对表达激情（"热情"），但他们对这些情感十分戒备。正如马修·阿诺德宣布的：这是"一个散文时代"，而不是诗的时代。这个时代推崇科学与明晰，没顾得上心灵领域，那里包含着另外不同的更深刻的真理。当这个雕琢的时代变得烦冗之时，我们就看到了洛可可风格，或者往往（在法国）归在"才子"（bel esprit）名义下的类似事物。这是指一种令人愉悦的修饰风格，但相对于早期古典主义的庄严肃穆而言，也是一种堕落。在音乐方面，它体现为所谓的意大利风格，是一种轻松、嬉闹的音乐。卢梭曾为之而战（如果在卢梭身上发现洛可可风格，

---

[1]　诗人汤姆森（1700—1748）在一首诗中这样描写牛顿：解开整个白日的耀眼长袍 / 从混成一片的白色中 / 收集一缕缕的光线 / 将色彩之母那丰富的系谱 / 展现给曾被迷惑的眼睛……——原注

那有些奇怪，但他的音乐确实如此）。在绘画方面，它体现为弗拉戈纳尔-格勒兹-布歇画派[1]的那种精致、造作、轻佻。在建筑方面，洛可可风格表现为小巧、精美，就像路易十五的家具那样。这种品味产生了如此绚丽多彩的装饰作品，因此我们不应该对它过于苛求。但人们或许可以怀疑，一个过分讲究的社会还有多少活力。今天，值得玩味的是，"洛可可"这个词在法语里隐含着"文弱颓败"之意。它毕竟是大革命来临之前的末代风尚。

泰纳在那部19世纪的名著[2]中宣称，新古典主义提倡虚假的清晰，从而败坏了启蒙时期的政治科学。但不可否认，新古典主义也给人们带来了欢乐：蒲柏的平易而机智的诗歌，巴赫、亨德尔和莫扎特的音乐（逐渐趋向洛可可），建筑物漂亮的装饰风格，法国大师的绘画，威尼斯大师提埃坡罗[3]的作品。古典派和浪漫派之间的争论永无休止，也永无结果，因为一边是清晰、秩序和克制，另一边是热情、兴奋和冒险，而人们先是逐渐厌倦这一边，然后又逐渐厌倦那一边。但很显然，18世纪末，其中一个循环又要转完一圈，显出衰微之势。这种艺术与真正的社会现实脱节，是贵族的、上流社会的艺术。它表现闺房里的风花雪月或者高度理想化的"自然"。

年轻的歌德描述了他和朋友们是如何对启蒙哲学家的自然神论和唯物主义不以为然的：因为他们根本无法忍受它们。那些学

---

1 弗拉戈纳尔（Fragonard，1732—1806），法国画家。格勒兹（Greuze，1725—1805），法国风俗画和肖像画家。布歇（Boucher，1703—1770），法国画家、设计师。
2 指《艺术哲学》。
3 提埃坡罗（Giovanni Battista Tiepolo，1696—1770），意大利壁画家。

说都是外在的、肤浅的，无视那些深层的、具有永恒魅力的人类经验领域。他们认为，这种肤浅源于启蒙运动晚期那种极其造作的风格。

针对新古典主义的矫揉造作，在18世纪就出现了一种不加掩饰的反叛文学。这种文学本身并不令人满意。这种变态的、不道德的小说体裁在萨德侯爵的作品中登峰造极而且臭名昭著。萨德扮演了一个引人注目的不光彩形象，把启蒙运动的另一面推至极端。这一面就是爱尔维修和拉美特利主张的享乐主义伦理学：感官享乐应该成为人生目的。许多18世纪的小说都颂扬肉欲带来的快乐，其中包括轻松愉快但声名狼藉的《芬妮·希尔》[1]，但这种享乐主义会显得极其庸俗或者像萨德作品中那些令人恶心的存在主义享乐观。人们可以批评18世纪缺乏崇高的伦理标准。即便我们把萨德看作一个畸形浪子，但很显然，大多数启蒙运动的代表人物都排斥高昂的宗教热情和艺术热情，而仅仅让人们追求幸福。

追求幸福，这个著名的口头语体现了那个时代人们的旨趣。保罗·阿扎尔在《18世纪欧洲思想》一书中专辟一章来论述"幸福"。他指出，当时有许多著作、小册子、小说和诗歌都涉及这一主题。"什么是幸福？"可以与"为什么有邪恶？"一起被视为18世纪最热门的话题。人们已经强烈地感受到，时代已经开始让人们在人间而不是在天堂享受幸福，那些导致人们相互残杀的狂热理想都是欺骗，应予以揭穿。因此，人们能做的就是通过实在的、符合常识的方式来享受当下的幸福。但当人们仔细探究这一问题时，根本不清

---

1 《芬妮·希尔》（*Fanny Hill*），作者克莱兰（John Cleland，1709—1789）。

楚到底什么是幸福。如果幸福仅仅意味着物质和感官享受，那么人们可以谴责这个时代缺乏高贵精神，把人降为低等动物。由此，我们会想起约翰·穆勒在批评功利主义伦理学时讲的那个故事：一个绅士总是把糖果藏在房子周围，因为他只有在意外地发现糖果时才能享用它！如果你也这样孜孜不倦地寻找"幸福"，可能根本就找不到它；因为幸福是追求其他事物的副产品。

狄德罗撰写的《布干维尔环球航行续编》（1772）是这位著名哲学家和百科全书编撰者的一部杰作。书中展现了塔希提岛上居民的幸福生活。他们很自然地满足性欲，不以为耻，直到一个白人（指布干维尔）到来，用他的道德破坏了当地人的兴致。这部著作因被说成是弗洛伊德和玛格丽特·米德学说的先驱而受到推崇，但至少我们可以说，与这两位现代人相比，狄德罗似乎不太懂得无限制的性享乐所需要付出的代价；我们还可以说，这个热带岛屿很难成为欧洲和整个西方的榜样。

这个放荡的启蒙运动（或许可以这样称呼）显示了在这个世纪发生的某种进步或者说某种倒退。理查森的小说是用道德说教包装起来的（狄德罗和卢梭都承认深受其影响，卢梭在《新爱洛伊丝》中也模仿了这种方式）。帕梅拉经受诱惑，可怜的克拉丽莎遭到诱拐和强暴，但小说把这些表现成贞洁的姑娘以基督徒的坚毅精神面对考验，最终美德战胜堕落，而且坏人也恶有恶报。不过，小说是带着明显的色情愉悦来描写那些罪恶细节的。[1]萨德笔下的朱斯汀娜也是一个"克拉丽莎"，只是作者对她毫无怜悯之心。那些强暴者

1　帕梅拉和克拉丽莎分别是理查森两部同名小说的女主人公。

都是聪明人，保持贞洁不过是带有迷信色彩的假正经。萨德的作品贯穿的主题是，那些最为人诟病的冲动其实是"天然的"本能，反对它们乃是一种愚昧的表现。"这种可憎的手足情谊受到万恶的基督教的赞扬"，必须予以打破；爱是一种危险的人性弱点，因为它妨碍享乐。有人认为，萨德不值得认真对待。对此，我们不能苟同。萨德确实代表了18世纪一个杰出群体的一个极端，或许可以说，这是享乐主义和唯物主义哲学的合乎逻辑的结果。拉克洛[1]的《危险的关系》是另一部不讲道德的作品，当然也是一部好作品。

在这个"沉溺于色情"的时代，卡萨诺瓦[2]这个神奇的情场老手是具有典型意义的人物。这位意大利人也是一个哲学票友（与萨德一样），认识伏尔泰和狄德罗，出入上流社会。他身后留下的一部回忆录成为18世纪最重要的私人文献之一。据说，他为路易十五设在鹿苑的著名淫窟招募姑娘。显然，爱情本身没有错，而荒淫是爱情的敌人（萨德对此直言不讳），而且会在道德上陷入死胡同。拉克洛笔下对贞洁妇人的勾引、萨德笔下性对象遭受的凌辱和折磨，都是荒淫无度的表现。这些方式当然不是18世纪发明的。实际上，色情文学主要源于古代和文艺复兴时期（尤其见于阿雷蒂诺[3]的作品）。但18世纪寻欢作乐的贵族社会既摆脱了对神谴的迷信和恐惧，又浸染于情爱小说和绘画的诱惑，因此比以往任何时代都更公开而广泛地沉溺于声色犬马之中。另外，爱尔维修、霍尔巴赫和拉美特利之类的启蒙哲学家显然也对此起了一些作用。

1　拉克洛（Pierre Ambroise François de Laclos，1741—1803），法国小说家。

2　卡萨诺瓦（Giovanni Giacomo Casanova，1725—1798），威尼斯冒险家。

3　阿雷蒂诺（Pietro Aretino，1492—1556），意大利作家。

18 世纪的风格特征要比上面所述复杂得多。它在各方面都做过尝试。在英国，与斯蒂尔-艾迪生派那种优雅、自负的辉格党作风形成对照的，既有斯威夫特的粗犷和悲观，也有菲尔丁的健康的现实主义和理查森的淫荡。虽然卢梭创作洛可可音乐，但他也在其他方面支持严格的古典主义，谴责宫廷"游宴"艺术的造作和奢华。1760 年以后，古典主义再次复兴，表现为英国乔舒亚·雷诺兹和法国大卫的绘画，温克尔曼对古代文物的考古发现，约翰逊博士激昂有力的文学批评等。不过，此时哥特风格也有一点复兴之势，表现为草莓山[1]和恐怖小说。极度造作的洛可可风格也遭遇贺加斯或斯摩莱特的粗犷的现实主义的冲击。总之，这个世纪充满了躁动和尝试。有些学者发现，18 世纪后期，对乏味的古典主义和疲弱的洛可可的不满至少沿着两个方向推动着艺术和表现方式：一个方向是具有更严格的现实主义精神的古典主义，另一个方向是以理查森和卢梭的小说为代表的情感崇拜。

18 世纪的最后 30 年，情感崇拜在欧洲文学界已经深深地扎下根，有时与"理性主义"平分秋色，有时则取而代之。（卢梭竟然能够几乎同时创作《新爱洛伊丝》和《社会契约论》。）"情感人"可以落泪，可以尽情宣泄。一种沉思和伤感情绪风靡社会。英国诗人爱德华·扬格的《夜思》被翻译成多种语言，获得巨大的成功：他属于墓地派，细细地玩味着哀伤和死亡。哥特建筑的阴影和可怜的帕梅拉的命运使那些沿着理性思考接受自然神论的人感到困惑。

1　草莓山是英国文学家贺拉斯·沃波尔所购置庄园的名称。他用哥特风格改建了这座庄园，使之成为哥特复兴式建筑的象征。

1784 年，阿尔伯加蒂 [1] 笔下的女主人公劳拉被 4 本书搅得神经错乱：伏尔泰的《老实人》、卢梭的《新爱洛伊丝》、扬格的《夜思》和霍尔巴赫的《自然体系》。对于那些思想闭塞的人来说，这 4 本书的奇怪组合肯定会让他们大惑不解。令人吃惊的是，理性主义的、冷嘲热讽的、提倡科学的启蒙运动居然与最极端的感伤主义相依相伴。但大约自 1760 年起，后一种潮流确实十分时兴。

不论有多少成就与挫败，18 世纪的艺术注定要被浪漫主义的滚滚洪流所淹没，并且在很长一段时间里成为表示文学性不足的代名词。就此而言，20 世纪的批评者要比 19 世纪的批评者更客观一些。我们可以赞同这种说法：浪漫主义引进了私人的表述、个人的见解以及敏锐的直觉，这是前所未有的。18 世纪的风格更社会化，因而也更形式化。人们不是求新求异，而是因循温故；人们使用的是（也受制于）传统的语言和方式。18 世纪的文学是沙龙文学、客厅文学，反映的是一个前所未有的普遍有教养的社会的品位。但这种文学没有天才个性的概念，也就是那种超越一般人的、无所禁忌的冒险心灵。艺术家与社会的疏离或异化这个现代主题尚未展开，或者说刚刚展开。如果像里卡多·昆塔纳所说的 [2]，18 世纪有一个神话，那么这个神话所描述的就是"正常人"（normal man）和"共有的经验"。这与浪漫主义何等不同！我们在评价启蒙运动的风格时，不要忘了这些。

1　阿尔伯加蒂（Francesco Albergati Capacelli，1728—1804），意大利贵族、作家。

2　参见里卡多·昆塔纳（Ricardo Quintana）所著《乔纳森·斯威夫特的思想与艺术》（*The Mind and Art of Jonathan Swift*，1936）。

启蒙运动的结束

可以说，当启蒙运动开始看穿自己的"神话"时，它的自信也随之动摇。怀特海说，这是一个"基于信仰的理性时代"。它始于一种坚定的信念：科学的经验主义能够使人们得出某些普遍法则。但经验主义导致了怀疑主义，或者说没能找到人们所期待的那种简单且放之四海而皆准的法则。对理性的信仰是对澄明的信仰，即相信一切终究会水落石出。这也是对没有形而上学成分的科学的信仰。还有一种如影相随的信念：自然和科学能够给道德与宗教提供明确的指导。但这些信念都过于简单化了，或者说是严重的误解。科学并不具有规范作用，不能提供价值；科学的"法则"（定律）只是尝试性和操作性的，除此之外，我们不能赋予它们其他的意义。卡尔·贝克尔所提出的著名概念，即"18世纪哲学家的天城"说的是：这些哲学家实际上保持了中世纪基督教的信念，即这个世界具有上天安排的秩序，同时将这种说法用于现世而不是来世的天堂，用科学理性而非神学来揭示这个天堂。（戈登·赖特指出，启蒙哲学家嘲笑那些宗教奇迹，却相信人类能够尽善尽美的奇迹。）

从18世纪人们对"自然"这个词的不同定义中，我们可以发现造成上述基本问题上的思想混乱的某种根源。毋庸赘言，这个词与那个时代的主题紧密相关。新古典主义作家所追求的是"自然"，自然神论者用以取代天启宗教的是"自然"，社会科学家在寻求人类事务的严格规范时所求助的是"自然"，道德家探求人类行为准则时所依据的也是"自然"。阿瑟·洛夫乔伊在《作为美学标准的自然》一文中列举了这个词的8种定义。他指出，"追随自然"的原则对新古典主义来说是饮鸩止渴，因为"几乎所有反对新古典主义标准的人都祭起这面旗帜"。约瑟夫·巴特勒早就向英国的自然神论者指出，"自然"是完全不确定的。18世纪的人在"自然"里看到的是秩序、简明和规律；也有人像某些浪漫主义者那样看到的是无规则、不讲规则、自由精神，以及追随"自然"而不墨守成规。启蒙运动衰落的根本原因或许就在于，它诉诸"自然"时满怀信心地期待着"自然"有一个明确而毫不含糊的权威标准，但结果却恰恰相反。[1]

最后，法国大革命这场大灾变当然也促成了启蒙运动的结束。大革命从18世纪哲学家那里获得了启示和理念。但首先，它很快就横扫了他们的文雅规则，进而探索前所未有的政治领域；其次，它规模如此宏大，使人不由得认为它开辟了一个新时代——不言而喻，也结束了一个旧时代。它的暴烈和过激引起了反感，导致人们反对所有那些被认为激发了大革命的理念。欧洲知识界大多追随伯克和迈斯特，反对法国大革命以及作为其背景的思想运动（启蒙运动）。1789年开始的长达25年的苍黄反复使得整个文明发生了彻底的变化——无论是社会领域，还是政治领域，抑或是思想领域。

启蒙哲学家的思想究竟在多大程度上引发或促成了法国大革命，影响了大革命的方向？这已经是思想史研究中长期争论的一个问题。几乎没有人否认伏尔泰、孟德斯鸠、卢梭和狄德罗起了重大作用：破坏了人们对旧制度的尊崇，鼓励了人们对美好社会的向往。

1　启蒙运动末期，"自然"概念已混乱不堪。萨德侯爵为此提供了一个很好的例子。反对自然就是顺从自然，因为自然本身就是矛盾斗争；"唯一真正的犯罪是冒犯自然"，但这是不可能的，因为自然本身就包含着所有的犯罪，因此其实根本就不存在什么犯罪。——原注

卢梭还向人们提示，在现存社会秩序的废墟上将矗立起一个更美好的新社会。很显然，成为大革命导火索的那些哀怨、不满和愚蠢举措都不是他们制造的；贵族的贪婪、国王的软弱、商人的野心也不是他们引发的。但他们提供了点燃这场大火的火柴，而且，正是在他们的指引下，大革命才成为一场伟大的、影响深远的运动，而没有成为多少世纪以来发生的那类无目的的暴动和抗议。

当然，我们承认，启蒙哲学家和百科全书派既没有期盼革命，也不曾欢迎民主。革命者歪曲了他们，用自己的愿望和目标来解释他们的学说。在大革命期间，卢梭、伏尔泰和孟德斯鸠的语录挂在每一个人的嘴上；这些语录大多被断章取义，所附会的意思会令原作者目瞪口呆。我们现在能够看得很清楚。例如，卢梭的政治思想很微妙，也很复杂，甚至自相矛盾，但按照我们的理解，他的思想并不像圣茹斯特和罗伯斯庇尔想象的那样支持革命的全民民主。这给我们的启示是，历史的运动将思想家和实践家卷入同一潮流，但他们彼此并不完全理解。在组成这一宏大历史事件的整个进程中，意识形态是一个因素，但只是其中的一个因素而已。

无论是大革命的支持者还是反对者，大概都会同意启蒙思想家的思想主要起了一种否定的作用，其破坏性大于建设性。总体而言，他们希望扫除被他们称为迷信、腐败、矫揉造作的东西和过时的法律。至于用什么取代旧社会，他们则含含糊糊地诉诸理性、自然或自然法。伏尔泰认为，如果人们摆脱了僧侣控制的宗教，就会变得很有理性，这就够了。卢梭则提出，如果人们把非自然的污垢清除，就会变得尽善尽美，这就够了。重农学派和亚当·斯密补充说，如果给社会松绑，消除国家干预和社会不平等这些累赘的机制，社会就能自行运转。这些人其实并没有搞明白任何社会问题，只是要求消灭现有的一切。有人批评启蒙哲学家犯了"虚无主义"，是破坏者而不是建设者。他们的主观意图不是这样的，但我们也不难理解为什么会出现这种指责。[1]最早的革命者并不认为这是虚无主义，恰恰相反，他们天真地相信，只要把旧制度消灭，一切都会好起来。但在现实中，他们不得不接受沉痛的教训：人就其"自然本性"而言，不是那么有理性和有道德，因此美好社会不可能自动产生。

法国大革命的支持者认为，正是18世纪的哲学家促成了人们摧毁不公正、不合理的社会政治秩序，高扬起理性和人道的旗帜，给人类指出了前进的基本方向（尽管不能准确地知道具体的路线）。对于他们来说，有这样的荣誉就足够了。而且，仅仅是一代人就享有这么大的荣誉。法国大革命的反对者总是宣称，伏尔泰、卢梭等一伙人歪曲人性、歪曲历史，从而使欧洲人陷入万劫不复的痛苦中。也许我们还涉世不深，没有对现代世界的足够体验，难以客观地对这两种对立的观点做出判断。但没有人能够否认，法国大革命开辟了新的现代历史阶段；它在很大程度上体现了18世纪哲学家的伟大思想和情感，同时也结束了他们的时代。

---

1 当时，启蒙哲学家的反对者常常提出这种指责。夏尔·帕里索在他创作的喜剧《哲人》（1760）中说："他们有本事破坏，但毫无建树。"——原注